천하언재(天何言哉)

정승재 박사가 꿈꾸는 세상

정승재 저

정승재 박사가 꿈꾸는 세상

천하언재(天何言哉)

정승재 저

2024년 01월 03일 초판 인쇄

2024년 01월 06일 초판 발행

발행인: 박진영

발행처: 도서출판 진영사

인천광역시 부평구 주부토로 236 인천테크노밸리 U1 지식산업센터 B동 1507호

전화: 032)505-4207

팩스: 032)505-4206

E-mail: 0183734207@hanmail.net

신고번호: 제2007-000001호(2007.01.19)

ISBN 978-89-6541-633-3 93070

값: 20,000원

프롤로그

누구나 그렇듯, 세상을 살면서 늘 가슴에 담아둔 다짐이 있다. 사람의 근본에 대한 존중이 그것이다. 사람간의 관계에 있어서도, 사회적 상호작용에 있어서도 가장 중요한 요소가 그 진정에 있다고 할 것이다. 스스로 그 가치를 유지 할 수단을 글쓰기로 삼은 것 같다. 메모하고 기록하며, 낙서하는 것을 즐겨했다. 글로써 무언가를 남김으로써 자신에 대한 반성과 성찰을 가지는 기회를 가지게 되었다. 50년 남짓의 일기를 쓰고, 늘 학생들에게 글쓰기 습관을 장려한 버릇도 유지하고 있다.

교육학과 사회복지학 등 전공분야 연구활동을 하면서 적지 않은 논문을 발표하였고, 사회생활을 하면서 많은 비중이 글쓰기 직무였다. 법률안과 정책이슈를 생산하거나 분석하는 일도 많았다. 국회에서 당 전문위원으로 일하는 동안도 하루종일 글쓰는 일로 지내기도 했다. 글을 쓰서 게재약속도 받지 않은 상황에서 특정 신문사에 기고하기도 했으며 당연히 낙장도 수두룩 했다. 그런 와중에 전국 일간지 중 최고(最古) 반열로 '100년 신문'으로 일컬어지는 경남일보의 논설위원으로 일하기도 했다. 지금까지 모두 900여편의 이름을 건 기고 칼럼과 일간지 사설 등 무기명 칼럼을 집필하였다. 때에 따리서 글의 구성과 내용에 대한 지나친 집착을 스스로 느끼면서 한자한자, 한줄한줄 이어왔다는 회고가 일종의 자기만족일지라도 나름의 자긍심으로 다가서기도 한다.

"시인만 시를 쓰는게 아니다" 늘상 되내였다. 그래서 시갑지도 않은 시라는 이름의 글도 썼다. 특정 신문사 신춘문예 등 공모에 응모하여 등단의 길을 여러번 밟았지만 낙방의 고배를 삼키기도 했다. 수백편의 낙서같은 시를 보유하지만 시집(詩集)을 내지는 못했다. 계절별로 구별한 4편의 시로 각 장르, 시론(時論)과 천왕봉 이름의 짧은 칼럼 및 사설로 구분하였다.

조선일보를 비롯한 중앙일간지 기고 칼럼도 포함됐지만 글의 대부분은 경남일보에 게재된 칼럼이다. 시간이 지난, 다소 오래된 글도 있다. 지난 3년간의 칼럼, 사설의 경우는 2023년 한해동안 쓴 것들이다.

이름을 달고 쓴 시론과 짧은 칼럼에 어떠한 거짓과 위선은 없었다고 감히 여긴다. 글을 남기는 작업은 양심에서 발원된다고 믿는다. 하지만 글을 쓰는 때에 따라, 자연인을 표현하는 과정에서는 여러 상황이 혼재되기 마련이다. 사람으로써 따라야 할 범절도 간과할 수 없는 일이다. 신문사 입장을 따라야 하는 사설 집필의 경우는 개인적 생각을 고집할 수 없다. 필자 마음대로 쑬 수 없다는 말이 된다. 자판하나 하나를 두드리면서 수많은 상황을 정리하게 된다. 한글자, 한 단어를 이어가면서 긴 시간을 보내는 경우도 있었다.

한권의 책으로 세상에 내놓는 일에 용기가 필요했다, 부족하고 미흡한 역량에 절로 한숨이 내려진다. 독자 여러분의 혜량만을 갈구한다. 진심으로 고마운 일이다.

추천서

독자여러분! 안녕하십니까?

굳이 말 할 나위가 없는 세상의 이치와 섭리를 존중한다는 천하언재를 부제로 담은 '정승재박사가 꿈꾸는 세상' 출간에 기쁜 마음 이를 데 없습니다. 30년 이상을 지켜 본 정승재박사는 지나치리 만큼 깔끔하면서 절도있는 행동거지를 보여 왔습니다. 미루어 짐작컨데, 글을 쓰고 문장을 다듬는 집필과정에 있어서도 그의 진솔한 의지가 담겼을 것입니다. 때에 따라서는 조선일보를 비롯한 중앙일간지에 기고할 글의 소재와 콘텐츠를 구상함에 있어서도 정박사와 나눴던 소회가 특별히 다가서는 회고가 이를 방증합니다.

정승재박사는 국회에서 당 전문위원으로 일하면서 여러 상임위원회를 거친 전문성이 탁월한 학자입니다. 국회의 교육위원회, 문화관광위원회, 법사위원회, 보건복지위원회에서 역동적으로 활동한 재사이기도 합니다. 뿐만아니라 당 지도부 의지를 구현하는 부대변인으로도 역량을 발휘했습니다.

김종필총재가 이끌던 자민련의 정책국장과 홍보국장을 역임한 행정가로써도 출중한 역량을 보였습니다. JP가 각별히 아꼈던 당료이기도 했습니다. 당 정책위의장을 지내는 동안 정박사는 정책국장으로 일하면서 당시 의정활동 대부분을 그와 함께 했습니다. 의원입법과 정부입법 등 각양의 법률안과 정부정책을 분석하고 입장을 정하는 당 정책위원회는 복잡다기한 역학과 시스템으로 운용됩니다. 특히 여당의 정책위는 대통령비서실과 총리실을 중심으로 중앙행정 각부와 당정회의를 소관하는 직무가 요체입니다. 당과 정부의 정책을 조율하고 조정하는 일을 관장합니다. 그 실무 책임을 수행하는 보직이 정책국장입니다. 그의 진지하고 신중한 보필로 큰 하자없이 정책위의장 소임을 다할 수 있었습니다.

정승재박사는 십 수년간 대학교수 연구영역인 학회를 창설하여 다양한 활동을 펼쳐 왔습니다. 국회 상임위원장 반열의 국회의원과 공동 학술대회를 개최하는 등 이론과 실제를 접목시켜 생동있는 정책을 생산하는데도 정성을 쏟아 왔습니다. 이 칼럼집 또한 그 세세한 진행 과정을 담아 시론과 일간지 사설의 이름으로 반영되어 출간되었습니다. 그가 집대성한 오늘의 소중한 저서가 여러분과 함께 읽혀지게 되어 여간 기쁘지 않습니다. 늘상 '정승재박사가 꿈꾸는 세상'이 저의 책상에 두면서 각 소재에서 지혜를 얻게되는 상상을 가집니다. 독자여러분의 건승을 바랍니다.

원철희 전 농협중앙회장(16대 국회의원)
정승재 후원회장
2024년 새해 벽두

추천서

'정승재박사가 꿈꾸는 세상' 독자여러분! 반갑습니다.

이 뜻깊은 추천서를 쓰게되면서 한창의 시기에 가졌던 소중한 추억들이 또렷하게 새겨집니다. 생애중 가장 힘들고 어려운 기억들의 하나, 그렇지만 삶의 주기중 가장 왕성했던 청년후반기의 정열을 회고하는 행복감을 만끽하게 됩니다. 20대 초반의 미국 유학생활이 떠 올려지기 때문입니다. 미국 워싱턴 DC에 소재한 학교 인근의 포기 바텀(Foggy Bottom), 미 국무부 애칭으로도 잘 알려진 이 지하철역을 오가며 등하교를 하던 시절이었습니다. 캠퍼스와 발걸음으로 불과 10여분 이내에 있던 백악관, 스미소니언 자연사 박물관(Smithsonian Institution) 등 세계적 명소에 산책하고 학업과 연관된 고뇌를 풀어나가던 시간이 유별리 오버 랩 되었습니다. 책의 저자인 정승재교수와 죠지워싱턴 대학교에서 비슷한 시기에 유학하면서 함께 공유한 추억들입니다.

정승재박사님은 성정이 참 맑은 분입니다. 1980-90년대 같이 공부했던 동창 대부분이 그런 인식을 가지고 있을 겁니다. 공부하는 과정에서, 귀국후 국회에서 활동한 시기를 포함한 그의 사회생활 수십년 목도한 바에 따른 인식입니다. 정교수님은 규범적이거나 윤리적 가치에 있어서 아주 보수적 심성을 지닌 분입니다. 세상을 바라보는 시선의 바탕이 그렇습니다. 사안을 이해하고 분석하는 기반이 정의(正義) 내지는 정당성이 관념의 방점에 있습니다. 세상의 근본을 인간적 도리에서 찾아야 한다는 신념을 진정성있게 실천하는 분이지요. 의리 또한 남다릅니다. 존경심의 근원입니다. 그러한 기조로 집필한 사회 각 분야의 촌평(寸評)을 실은 칼럼집이 오늘 빛을 보게 되었습니다. 한자, 한줄에 그의 정성과 열정을 느끼게 합니다. 책 추천서 헌사의 까닭입니다.

2007년, 정승재박사님이 제가 일하는 동서대학교 사회복지학부 교수로 초빙된 계기로 저희의 교류 폭은 넓고 깊어졌습니다. 당시 정박사님은 부산경남의 대표방송인 KNN에서 활발한 방송활동을 펼쳤고, 지역의 대표 언론의 하나인 국제신문과 경남일보에서 각각 독자위원과 논설위원으로도 활동했습니다. 정스런 교분을 통해 세상을 관망하고 사조를 엮어내는 소중한 토킹이 지속되었습니다. 그가 지닌 각 분야의 해박과 조예를 생생히 확인하게 되었습니다.

그 진솔한 역작을 대하는 반가움이 예사롭지 않습니다. 저서의 창창한 빛이 이어질 것으로 확신합니다. 책을 펼쳐준 독자여러분 진심으로 감사합니다.

2024년 새해 아침
동서대학교 총장 장제국

추천서

안녕하십니까?

한국 현대사의 중심에 있던 고 김종필총재님이 창당한 자민련에서의 인연으로부터 지금껏 30년 남짓의 인연을 지닌 정승재박사의 칼럼집 '정승재박사가 꿈꾸는 세상'이 세상에 빛을 받았습니다. 제가 처음 국회에 발을 디딘 때가 1996년, 15대 국회였습니다. 보수정치를 지향하는자민련에서 처음 의정활동을 하게 된 것입니다. 이미 그때 정박사는 당 정책위원회 전문위원으로 활동하고 있었습니다. 미국의 명문으로 수도 워싱톤 DC에 소재한 죠지워싱톤 대학교에서 교육정책(Educational Administration & Policy) 전공으로 박사학위(ED. D)를 취득하고 공채로 국회에서 활동을 시작하게 된 것입니다.

유학 이전에 근무한 한국방송광고공사 재직 경력과 당시 청소년 업무를 소관하던 문화관광부를 소관하던 문화관광위원회에서 역동작 활동을 펼쳐 온 재사입니다. 이후 해양수산부장관, 충북지사, 집권당의 원내대표와 지금의 5선에 이르기까지 시시때때로 정박사와 기탄없는 대화를 나누고 있습니다. 직무는 물론 인간적 소회를 공유하는 동지적 연분을 유지하고 있습니다.

흔히들 정치인들의 급조된 저술과는 달리 정박사는 15년 이상 자신이 각고의 정성으로 집필한 시론을 비롯한 현실적 컬럼을 엮어 한권의 책으로 묶은 역작이라 말하겠습니다. 늘 정박사는 말해 왔습니다. 세상의 이치와 섭리를 강조해 왔습니다. 사람이 지녀야 할 근본과 인간으로써 갖추어야 할 도리가 삶의 근원이어야 한다는 생각을 말입니다. 이 칼럼집에서도 부기한 부제, 천하언재 곧 세상이 가르키는 너무나 저연스런 이치를 담았다고 생각합니다. 저서 곳곳에 정박사의 직무적 전문성과 인간발달과 연관된 이치를 글로써 녹여 놓았습니다. 때로는 당장의 국가정책에 그대로 반영해도 될 정책적 이슈도 발견할 수 있습니다. 경남 사천 태생으로, 경남일보 논설위원으로 재직하는 까닭으로 지역현안을 세심히 살핀 흔적도 역력합니다. 그 현실적 이목이 정책을 입안할 기반으로 작용될 것으로 기대합니다.

정박사가 지닌 교만하거나 우쭐대지 않은 성품을 사랑합니다. 주위의 동료나 지인을 대하는 태도를 보며 그의 젠틀한 풍모를 잘 보아 왔습니다. 이 책을 엮는 순간, 찰라마다 가졌을 저자의 고뇌를 상상하면서 조예깊은 역작을 내 놓은 그의 열정에 다시금 찬사를 보내며 마음깊은 격려의 말을 보탭니다.

2024년 1월
국회부의장 정우택

목 차

시론

목 차

목 차

천왕봉

목 차

목 차

목 차

목 차

사설

시 론

(2022. 12. 25)

선황산의 성탄절

놀랄 보름달의 광채에 빨려드는 눈부심이다.

유리에 걸친 밝은 흔적에 눈 부심이 더하다.

헐벗은 가지사이로 들어오는 별빛에 넋을 놓는다

'휘익'

느긋하게 내리는 달빛에 경솔한 마음이 부끄럽다

차가운기운도 멋대로 삼감다

멀리보는 낙동각의 장대함도 달빛의 어른스런 멋에 흐름을 조심한다

세밀의 허전함에 숨소리만 폭풍이다

시간이 지나도 산 아래의 적막은 더욱 장엄하다

지금을 잃어버리면 허무함이 켜켜히 쌓일 것이다

東亞日報

(2021. 10. 6.)

다음 정부는 작은 청와대로 부터

정부정책을 구현하기 위한 여당과의 조율 시스템으로 '당정청'회의가 있다. 참석규모를 기준으로 여당대표와 총리 및 대통령비서실장이 주관하는 고위급, 여당의 정책위의장과 각부 장관 및 청와대 수석급이 참석하는 회의 등으로 구분한다. 국회 각 상임위원회에 상정될 법안과 현안에 대한 여당과 정부의 '입 맞춤'회의로 불리기도 한다. 과거에는 해당 부처와 여당이 참여하는 '당정'회의였지만 2000년대 이후부터 청와대까지 포함되어 '당청정'회의로 바뀌었다. 이렇게 청와대가 참여하는 '당정청'회의는 정부운영 효율을 저하시키는 이중적 작용내지는 통제수단으로 인식될 수 있다.

정부 각 부처를 통활하는 국무총리의 의법적 역할로 당·정조율이 충분하다. 청와대 참여는 필요치 않다는 얘기며, 옥상옥이 된다는 말이다. 법률에 총리는 대통령의 명을 받도록하고, 정부 각 부처를 포함한 중앙행정기관의 장을 지휘 · 감독하도록 강제하고 있다. 정부조직법 제18조가 그렇다. 이 법률을 바탕으로 당정청'이 아닌, '당정'만으로 정책조율 기능이 작동될 수 있다. 따라서 청와대 인력과 조직을 대폭 줄여도 문제없다는 등식이 성립되는 것이다. 대통령비서실장을 위시한 청와대 참모는 대통령에 보고될 국정현안에 대한 총리 혹은 각부 장관의 보고요건이 미진하거나 충족되지 못할 때, 그야말로 보좌기능에 충실하면 되는 일이다.

청와대 근무인력이 너무 많다. 수석비서관 등 차관급 이상만 10여 명이 넘고, 2급 이상 비서관만 100여명 수준이다. 이른바 '어공'으로 불리는 별정직과 각 부처에서 파견한 행정관 등 600명 이상이 된다. 여기에 방송통신위원회나 국가인권위원회 등 10여개를 훌쩍 넘는 대통령 직속기관의 인력을 더하면 수천명에 이른다.

권력구조나 그 체계가 달라, 단순 비교에 무리가 따르겠지만 일본은 총리대신에 보장된 보좌관과 비서관의 총수가 10명 이내다. 총리보좌 업무를 별도 내각인 관방성에서 수행할 뿐이다. 미국의 경우, 중앙정보부(CIA)와 같은 대통령 직속기관 인력을 뺀 순수 백악관 소속 인력이 불과 400여명 수준이다. 미 연방의 51개 각 주가 일개 국가 규모로, 주의 수장인 주지사 비서실에 10여명 정도만이 일한다. 일본과 미국의 인구는 각각 우리의 3배, 6배에 이른다.

인력감축을 통해 무소불위의 청와대 기능이 각 부처에 환원되거나 귀속시켜야 한다. 정부운영의 민주성과 각 부처의 효율성과 책임성을 배가시킬 수 있다. 그래도 대통령의 법적 권위는 흔들리지 않는다. 청와대 의중, 승인없이는 각부 장관이 해당 부처 일개 사무관 인사도 불가능한 실정이다. 개별 법률로 보장된 각 산하기관의 임원 임면 권한도 없는 엄연한 현실은 천하가 아는 일이다. 내년에 출범할 새 정부는 슬림한 권부, 작은 청와대로부터 출발되기를 기대한다.

東亞日報

(17. 1. 17)

학습권 보장 차원에서 신중해야

경제협력개발기구(OECD) 34개 회원국 중 오스트리아가 16세, 한국이 19세 이상인 상황을 제외하면 나머지 32개의 모든 나라가 18세 이상의 연령에 투표권을 부여하고 있다. 선거 연령을 18세 이상으로 내리자는 것은 참정권을 확대하여 대의민주주의의 정당성을 강화한다는 데 방점을 두는 것이다.

하지만 그 이면의 부작용도 진지하게 살펴볼 필요가 있다. 우선 18세 이상을 채택하고 있는 미국과 유럽 여러 나라의 교육시스템은 우리와 다른 요소가 많다. 다양한 학기제를 자율적으로 운영하는 등 대부분의 고교 학령대가 18세 정도에서 종료된다는 점에서, 고3 나이대인 우리와는 차이가 있다. 더욱이 선진국은 국어 영어 수학 비중이 절반에 육박하는 우리와 달리, 중등교육에서부터 사회의 다양한 현장과 이슈를 배우기 위한 과목의 비중이 상대적으로 높다. 교육을 통한 청소년의 정치사회화를 강화하는 과목 이수가 비교적 많다는 말이다.

20세에서 18세로 낮춘 일본은 새 학년이 출발하는 학기가 3월에 시작하는 우리보다 늦어, 상대적으로 18세인 고등학교 3학년 비율이 우리보다 다소 낮다. 그 외에 문화적 배경이 유사한 동양의 여러 나라가 19세 이상, 대만은 20세 이상을 채택하고 있다. 각국마다 문화와 교육적 배경이 다른 만큼, 외국의 사례가 인하의 전제가 되는 것은 온당치 않다.

18세는 근로청소년 등 10% 정도의 '학교 밖 연령대'를 빼면 대부분 고3인 시기다. 국회의원 총선 및 지방자치단체장 선거가 각각 격년으로 4월에, 대통령선거는 12월에 한다. 고3을 포함한 고등학교 재학생들은 그즈음에 수행평가나 중간고사, 수능을 치른다. 고등학교가 선거운동의 장(場)이 돼서는 곤란한 일이 아닐 수 없다.

선거연령 하향 조정은 교사의 일방적 이념 주입, 고3 학생의 미성숙한 선거의식, 감성적 판단에서의 선거 참여와 같은 반대 요인을 넘어 고등학교 학생들의 학습권 유지 차원에서 신중히 접근해야 할 사안이다. 연령적 제한 취지보다는 공부할 수 있는 권리의 보장이란 측면에서 문제의 실마리를 풀어야 한다는 말이다.

(17. 5. 17)

시종여일(始終如一), 결코 쉽지 않지만

격정의 선거를 치르고 당선되면, 한 사람과 한 표가 뼈져린 간절함으로 고스란히 가슴에 담긴다. 유권자에 대한 고마움과 감사한 마음을 잊지 말자는 다짐을 되뇌이고, 어떤 부당한 유혹도 이겨내도록 마음의 한켠에, 사무실 중앙에 '초심을 지키자'는 경구를 붙이기도 한다. 두손으로 악수하고, 90도에 가깝도록 허리를 굽혀 인사하며 엷은 미소를 디자인한 것처럼 만면에 가득 담는다. 내편이었는지, 상대편이었는지 모르지만 실체없는 국민과 유권자칭호를 달고 다닌다. 거기에 헌신과 봉사라는 수식어를 자연스럽게 갖다 붙인다. 승리한 사람이 가질 인지상정의 당연지사다.

그러다가 임기가 시작되고 부임인지, 취임인지 선량(選良)으로써의 일을 시작한다. 선거전의 일상대로 대중교통을 이용하거나 크기가 적당하고 실용적인 차량을 이용하기도 한다. 하지만 때에 따라서는 자신만의 활동범위, 동선이 노출되는 불편함을 가질 때가 생긴다. 대기업인 자동차회사에서는 그냥 공짜로 주기 그러니, 기상천외한 명분을 붙여 경차수준의 비용으로 대형 고급승용차 구입을 제안하기도 한다. 처음에 당연히 초심을 잃지 말자는 경각심이 작용되어, "왜 그러십니까"정도로 거절한다. 하지만 보험차원의 기업영업 활동이 거기서 그치지 않는다. 종국적으로는 "그럼 그래 볼까"하고 슬그머니 경계심을 스스로 낮추고 받아들인다.

동창회나 향우회 등 친목모임에 참석하면 언제나 헤드테이블 혹은 상석에, 인사말에 적어도 건배사를 우선으로 배정받는다. 기관단체의 공식행사에서는 선량을 못 모셔 환장하는 경우까지 있다. 선거전에 '너나'하면서 격의없던 친구들도 의원님 등으로 불러주는게 처음엔 어색하다. 또 시간이 지나면 자연스럽게 받아들이고, 오히려 성도 없이 이름을 부르면 기분이 언짢아진다. 출입하는 건물 방호원들의 경례나 인사가 황송하게 느껴지다가도 금새 양손은 이미 주머니에, 목은 깁스(gips) 모드로 목례조차도 거북하게 느낀다. 중앙부처나 정부 산하기관의 청탁이나 압력에 '염치불구'를 전제하다가, 몇 번 공식회의 석상 등에서 얼굴을 틀고는 곧장 하수 다루듯 은근한 반말이 입에 묻는다. 좀 비약하고 과장했지만 현장에서 어렵지 않게 목도되는 팔불출 선출직 공무원들의 선거전후 염량세태(炎涼世態)를 모아본 것이다.

새 대통령이 취임했다. 파격적 소탈 행보가 신선한 충격을 안긴다. 친구같은 서민대통령을 지향하면서 "퇴근길에 시장에 들러 소주 한잔을 즐기고 싶다"는 소탈한 심경을 드러내기도 했다. 반대측 지지자는 부정하겠지만, 지금까지 그래 온 것 같다. 천성보다 습관이 중요하다는 성근습원(性近習遠)의 교훈도 있다. 여기에 성정까지 선량(善良)하여 동선과 포부, 진정성에 의심의 여지가 없어 보인다.

하지만 알 수 없는 일이다. 처음과 끝을 일관하기란 참 어렵다. 집권초기, 자기관리에 그렇게도 엄격하고 완벽했다는 노무현대통령이 왜 뇌물혐의를 받고 자살했는지 새겨 볼 일이다. 아리스토텔레스는 "인간은 정치적 동물이다"라고까지 했다. 상황에 따라 변하며 관행에 순치된다는 인간본성을 찌르는 격언이다. 식판을 든 대통령, 경호원과의 사진촬영, 취재진과의 등산과 같은 소박한 장면이 1면 톱, 헤드라인에 걸리는 뉴스행태가 긍정적으로 보이지 않는다. 오히려 대통령의 실제적 서민행보를 좁게 만들 수 있다. 경호문제 등으로 계속할 수도, 한다고 좋을 일 만은 아니다. 역설적으로 상대, 즉 국민이 불편해 할 수도 있다. 더욱이 전임자와 철저한 반대행보로 인기를 유지하거나 구가할 대통령이 아닐 것으로 믿기 때문이다.

(17. 7. 12)

자식보고 누구세요? 치매, 국가는...

얼마전 수많은 관객의 심금을 울리고 막을 내린 연극 '오거리 사진관'은 평범한 가정에서 불현듯 나타난 아버지의 치매, 그 위험성을 적나라게 표현했다. 노망(老妄)으로 불려지기도 했던 치매, 그 잔혹한 고통이 사회적 병리로 옮은지 꽤 오래다. 누구에게나, 어떤 가정에서나 예고없이 들이닥칠 수 있는 뇌질병의 일종이다. 확인된 것으로만 100종류가 넘는단다. 의학적 통계로는 노년인구 중 1할 5푼 정도가 이 병을 앓고 있다. 그러한 주변 어른신이 80여 만명이나 된다. 향후 십년이 못돼 100만명에 이를 것이라 한다.

어른이 치매를 앓게되면 집안은 풍비박산을 맞은 것처럼 불행의 긴긴 터널에 갇히게 된다. 그 배우자는 스스로 당하는 고통보다 더 질긴 삶으로, 인생의 송두리가 파멸된다. 모진병에 효자없다는 교훈을 절감케 한다. 아들딸은 불효자식, 못된 사위, 며느리로의 갈음도 한순간이다. 설령 남편과 아내, 자식이라는 사람됨을 끊임없이 되뇌어도 다짐처럼 현실은 괴리의 간극이 너무나 크다. 본인은 뜻하지 않은 교통사고나 가스사고 등과 같은 변고, 낙상과 욕창발생 등 신체적 위험에 따른 쓰라림을 당한다. 아무런 기억을 되새기지 못하는 삶, 스스로 끊는 목숨, 슬픔이 깃든 애절한 그리움으로 여생을 보내는 환자의 기구한 심리적 애환을 동반한다.

전문적인 치료와 간병을 받는다는 목적으로 병원이나 전문요양시설에 입원시킬 경우, 고통을 방기하는 죄책감에 사로잡히기도 한다. 이러한 심리적 괴로움은 엄청난 기회비용을 떠안게 된다. 여기에 치료비로 인한 경제적 부담은 표현하기 힘든 고통의 덤이다. 가족이 간병하려면 생업을 포기해야 한다. 지금도 다른 질병처럼 의료보험이 적용되어 치료비의 본인부담금은 20%에 불과하지만 배꼽이 더 크다. 즉, 환자를 24시간 살펴야하는 간병비용은 모두 본인이 부담해야 한다. 일부는 이른바 '팁'으로 불리는 가당치도 않을 봉사료지급 여부 혹은 그 수준에 따라 간병의 질도 달라진다는 미묘한 정서도 있단다. 환자의 없었던 일탈을 가족에게 슬쩍 흘려 팁 수령을 은근히 조장하는 일도 있다니 혀가 차질 현실이다.

지난해 치매환자 1인당 관리비용이 2천만 원이 약간 넘는 것으로 국회 예산정책처는 전망했다. 개인의 일로 치부될 일이 못된다. 가족이 감당하기는 너무나 가혹하다. 정서상의 경제활동은 위축되기 마련이다. 국가의 경쟁력 저하의 원인(遠因)이 될 수밖에 없다. 국가가 팔 걷고 나서야 할 명분이 여기에 있다. 복지정책의 최우선급 순서에 두어야 할 가치다. 다행히 새정부는 '치매의 정부책임제'를 표방하면서 대통령 공약과 연계시켰다. 퍽 다행하고 고무적이다.

치료비의 본인부담금을 10%로 낮추고, 환자의 판단범위를 '중증'에서 경증으로 하향 조정하며, 50여 개소에 불과한 치매지원센터를 각 기초자치단체수 수준인 전국에 250여 개소로 늘린다고 한다. 큰 진전이다. 하지만 그러한 공약을 전부 실현한다고 하여 진정한 '정부책임제'로 인정받기는 역부족이다. 언급한대로 문제는 간병비다. 단독간병이 아닌, 다인 간병이라도 100만원 남짓의 인건비 지원에 관한 언급이 없다는 것이다.

며칠전, 치매환자를 돌보는 '시설'에서 뜨거운 국물을 환자 얼굴에 끼얹었던 사건이 있었다. 치매환자를 상습적으로 폭행하는 몰인격적 사건도 다반사다. 텁을 조장하는 언동, 의사소통이 힘든 환자를 대상으로 인격을 모독하는 등 인권침해를 방조하는 요양기관에 대한 관리감독의 철저함이 긴요하다. 정부의 관심이 절실한 근거다. 참혹한 치매, 그 방치는 국가적 재앙이 될 것이다. 오오사정(烏烏私情), 까마귀도 자라면 어미에게 먹이를 물어준다. 짐승도 어미를 보살핀다. 부모를 섬기는 사람의 천륜에서 문제의 실마리가 풀려야 한다는 교훈은 너무나 마땅하다. 그리고 개인이 감당하기 힘든 골을 국가가 거뜬하게 매워줘야 한다.

東亞日報

(17. 8. 3)

비례대표제 순기능, 존중되어야 한다.

비례대표 의원은 특정 정당이 얻은 총득표수의 비례를 근거로 당선되는 선거제도다. 비례대표는 정당 활동을 기반으로 후보자가 정해지고 그 정당의 지지도, 즉 투표수에 따라 의석이 배분된다. 총선에서 당선자에게 주지 않은 '사표(死票)'를 방지한다는 목적에서 도입되었다. 어느 정당이 전국을 통틀어 득표는 많은데 당선자가 없는 불합리한 현상을 타파한다는, 지역선거구 제도의 취약점을 보완한다는 데 방점이 있다. 당에서 비례대표 후보를 선정할 때는 각 분야의 명망가 혹은 직능별 대표성을 전제로 당의 정체성과 정책기조를 철저하게 연관시켜 확정한다.

그렇게 등원한 비례대표 의원 한 명의 행보가 도마에 오른 지 오래다. 새 정부 출범 이후 첫 국무총리 인준을 두고 자신이 속한 정당의 당론인 표결 불참을 반대하고 홀로 투표에 참여해 찬성표를 던졌다. 추가경정예산 파동 때는 역시 소속 당이 정한 방침을 거부하고 찬성 대열에 합류했다.

개별적 헌법기관으로까지 인식되는 국회의원의 개별 행동이 당론과 배치되는 경우가 있을 수 있다. 하지만 당의 존립 기반이 위중한 사안을 두고는 합의된 당 기조에 따르는 것이 조직인의 도리다. 그 의원은 자신이 당선된 소속 정당이 쪼개져 분당됐을 때, 이미 상대 당의 여러 정치 이벤트에 참석한 바도 있다. 최근에는 역시 그 당의 특정 조직 자문위원으로 위촉되기도 했다.

일부에서는 당을 초월한 소신 행보라며 칭송까지 한다. 온당치 않은 일이다. 특정 정당의 유불리나 호불호 차원의 진단이 결코 아니다. 민주주의의 근간인 정당정치를 훼절시키는 비겁한 행보로 보인다. 언급한 대로, 비례대표의 당선은 확고히 후보가 속한 정당의 지지 기반에서 이루어진다. 지역구 의원은 여기에 일정한 '개인기'가 작용하지만 비례대표는 정당을 보고 표를 던지는 비중이 많다는 얘기다.

공직선거법은 비례대표 의원의 탈당을 피선거권 박탈로까지 간주하여 의원직을 내놓도록 하고 있다. 소속 정당을 위한 직무수행 의무를 법률로 정한 것이다. 그래서 그 의원은 스스로 탈당하지 않고, 출당 즉 당이 자신을 내쫓아 달라고 요구하고 있다. 의원직을 유지하겠다는 말이다. 자신을 국회의원으로 만들어준 정당에 대한 규범 침해를 넘어선 처신이면서 유권자의 표심을 왜곡시키는 비열한 행보라는 비난을 면하기 어렵다.

정당과 정책이 마음에 들지 않아 당이 싫으면 탈당하면 될 일이다. 개인 득표가 아닌 정당이 올린 득표수를 기초로 만들어지는 비례대표 제도가 개정되지 않는 한, 소신이라는 강변은 궤변의 범주를 벗어나기 힘들다. 이런 사태가 용인되면 정치 불신의 골은 더 깊어질 것이다.

(17. 8. 18)

행안부장관과 검찰총장의 사과(謝過)

일요일에 국회나 정당에서의 기자회견 등 정치이벤트 개최가 보편화되었다. 언제쯤인지, 미루어 더듬어보면 '국민의 정부'로 불린 김대중 정권의 말기 무렵인 것 같다. 양일간의 휴일로 '뉴스꺼리'가 부족함에 따라 월요일자 지면 확보가 쉽다는 이유에서였으리라. 기획이든, '쇼'로 보이든 그 속내에 따라 보도여부 혹은 그 비중에 울고 웃는 정치인, 정치권생리로 보면 쉽게 고개가 끄득거려진다.

지난 일요일, 치안장관인 행정안전부 수장이 산하 차관급 외청으로 12만여 경찰공무원이 소속한 경찰청을 방문하였다. 상급자의 부당한 지시와 감사대상이 될 만한 비위 여부를 두고 경찰청장 혼자만 갖는 최상위 계급인 치안총감과 그 두 단계 낮은 치안감 보직인 중앙경찰학교장과의 볼썽사나운 SNS상의 불협화음 양상을 경고 등을 통해 조정한다는 목적에서였다. 장관은 국민께 심려를 끼쳤다는 명분으로 카메라를 향해 '차렷, 경례'구령(口令)과 함께 고개 숙여 인사하면서 사과하였다. 퍼포먼스로 보였다.

이 일이 있었던 며칠전, 기소독점권을 가진 검찰조직의 총수인 검찰총장이 기자간담회를 통해 이른바 '시국사건'과 관련해 대국민 사과했다. 과거 권위주의 정부에 있었던 일부 시국사건

등에서 적법한 절차를 벗어나 인권보장의 책임을 다하지 못한 점을 언급하였다. 가슴아프다는 말과 함께. 기자들의 연이은 질문에 특정 두 사건을 꼽았지만 공안사건이 주종을 이루는 포괄적 지난 '과거사'가 대상이었다. 수사결과와 관련한 검찰총장의 사과는 매우 이례적인 일로 받아들여졌다.

개인생각에서든 조직을 위한 것이든, 각각의 최고 책임자로써 당연한 행보로 이해될 수 있다. 방대한 경찰조직의 지휘체계에 대한 경각심을 갖게하고 내부 '총질'에 대한 불안요소를 봉쇄한다는 총수의 의지로 읽힐 만 하다. 또한 피의자인권이 말살된 채 무분별한 기소 등으로 각인된 검찰의 어두운 그림자를 지우고자 한 검찰총장의 고뇌에 찬 용단으로 평가 될만 한 일이다.

그런데 말이다. 자기의 잘못을 인정하고 용서를 구한다는 뜻의 사과에는 그 진실한 알맹이가 수반되어야 설득력이 있다. 과오에 대한 책임으로 자리는 못내놔도 버금갈 수준의 자기 자신에 대한 불이익 혹은 희생이 따라야 하는 것이다. 사과의 형식, 시기, 내용 모두가 합체(合體)된 진정성 말이다. 당연히 '폼'은 났지만 개인의 자존심조차도 구겨지지 않은 알량한 것으로 보이면 안된다. 자타가 인정하는 훌륭한 인품과 역량을 갖춘 정치인출신의 그 장관, 직무에 대한 성실성과 인간적 포용력을 갖췄다는 그 총장의 행보라 해도 그런 회의(懷疑)를 지울 수 없다.

경찰간부의 내부 엇박자를 알지도 않고, 관심도 없는 국민을 향해 톱 뉴스로 전할 필요가 있었을까? 활짝열린 판에 모두가 관람토록 주무장관으로부터 경찰 수뇌부가 집단 꾸중당하는 장면으로 비춰졌다. 전체 경찰공무원의 사기와 자존심은 온전했을까. 조용히 당사자를 불러 더 호되게 야단하고 경질까지 경고했으면 어땠을까하는 아쉬움이 그 진정성 의심의 일단으로 다가온다.

또한 지금까지 '공안검사'가 잘 나가고 승진과 좋은 보직을 꿰찬 것은 공지의 사실이다. 그렇지만 그 이력이 욕되거나 비난의 대상이 될 수는 없는 일이다. 공안이 상징화되는 시국사건 등 과거사에 대한 일괄적 '도매급'사과가 총장 개인한테는 한점의 체면구김도 없을 것이다. 공안검사 혹은 검찰의 집단모욕으로만 전달 될 뿐이다. 마찬가지로 소리없이 더 진중하게 그 의지를 구현할 방안이 없지 않았을 것이다. 조직이나 개인의 자의적 입장이 지나치게 게재된 사과는 오히려 모두에게 불신을 얹는 독이 될 수 있다. 검경수사권 조정과 관련한 민감한 상상이 아니라도 말이다. 속과 겉이 다른, 구밀복검(口蜜腹劍)의 황당한 심상까지 스친다.

(17. 9. 22)

공영방송의 정치적 중립, 쉬운 일 아니다

정부가 전액 출자한 공영방송인 한국방송공사(KBS)와 개인을 주인으로 두지 않은 측면서 무늬만 공영의 틀을 유지하는 MBC가 동시에 파업을 이어가고 있다. 국민의 재산인 전파라는 공기(公器)를 이용하는 이 두 지상파 공영방송 사장의 퇴진이 타깃이다. MBC사장에게는 알마전에 체포영장까지 발부되기도 했다. 이전 정권하에서 임명된 그들의 여러 행보가 새 권력과 궤가 맞지 않는다는 이유가 원인(遠因)으로 작용되어 있다. 이를 기화로 정권의 방송장악 의지 여부를 두고 여야간의 정쟁이 점증되고 있다. 애초부터 방송의 정치적 중립이 불가능한 시스템에서 그들의 정치적중립 의무 위반을 탓하기는 무리가 있다는 인식을 지울 수 없다. 그들을 대변할 이유도, 필요도 없다는 전제로 좀 더 노골적으로 배경을 살핀다.

관련 법률을 따져보자. KBS사장은 그 이사회에서 선출한다. 법률상 주식회사로 운영형태가 상업방송으로 분류되는 MBC는 사장이 그 과점 주주인 방송문화진흥회에서 뽑힌다. KBS 이사회의 구성은 11명으로 하여 전원 방송통신위원회(방통위)에서 추천하고, 역시 방송문화진흥회 이사도 9명 모두를 방통위에서 임명한다. 양 지상파방송 사장 임면의 칼자루는 방통위 손에 들려있다는 말이 된다. 두 공영방송을 포함한 방송통신업계에 무소불위적 권한을 쥔 방통위의 법적 성격은 정부조직법상의 중앙행정기관으로 대통령직속이다. 그 구성은 위원장을 포함한 총 5명으로 되어있다. 그중 2명은 대통령이 직접 임명하고, 나머지 3명은 여당추천 1명, 야당인 국회교섭단체에서 추천받는다.

여기서 방송의 정치적중립이 현실적으로 어렵다는 실제(實際)가 명징화된다. 대통령이 2명, 국회가 3명을 추천함으로써 행정부와 입법부가 균형과 견제를 장치한 것처럼 보이지만 실상은 그렇지 못하다. 즉, 권력대립이 첨예한 상황에서 대통령의 지위가 행정부수반 혹은 국가원수의 의미보다는 여당의 실질적 리더라는 현실적 위상이 더 강렬하기 때문이다. 대통령 추천 2명과 1명의 여당추천은 곧 '정권'의 3명이 되고, 나머지 야당 몫 2명이 되어 여·야 혹은 정권과 야당이 각각 3대 2의 구성으로 명문화되어있기 때문이다. 어떤 정권이든 구성비율 우위를 바탕으로 방통위를 장악할 수 있도록 법제화되어 있다는 말로 귀결된다. KBS와 MBC의 사장 임명과 그 행보가 친 정권 내지는 친 여당에 기울 수 밖에 없는 법률적 시스템을 안고 있다는 얘기다.

모두는 아니지만 대부분의 조직인은 그 수장을 꿈꾸면서 사장에 오르는 것을 목표로 두는 경우가 많다. 방통위 운영이 위원장을 포함한 5명의 상임위원 합의를 전제하지만 3대 2라는 여당 혹은 정권 추천 몫의 다수는 사장 등 공영방송 방송사 인사를 좌지우지하는게 정설이다. 정권과 척을 두어서는 사장이 될 수 없는 구조를 부정하기 힘들다. 시스템을 두고 사람을 탓하기는 이치가 일치하지 않는다. 지금의 법률과 제도하에서는 정치적중립이 어렵다는 말이 되는 것이다.

지금의 방송관련법 효시였던 통합방송법이 제정된 1999년 이래 지금 정부에 이르기까지, 정권마다 똑같은 이유로 방송의 정치적시비가 불거진 것은 그런 이유가 주종이다.

공무원의 정치적중립 의무는 국가공무원법 등 관련 법률에 엄격히 명분화되어 있다. 그렇지만 그들의 최종적 임면권 혹은 영향력을 행사하는 대통령을 위시한 정권, 지방정부의 권력을 받들기 십상이다. 더구나 반기를 든다는 것은 진정코 어려운 일이다. 대통령과 정권을 직접적으로 상대할 위치에 있지 않은 공무원을 제외하고는 그럴 것이다. 공영방송사도 마찬가지다. 정권의, 방통위의 영향하에서 꿰찬 자리이기에 정권에 편향될 수 밖에 없다는 자조로 치부한다면 비겁한 일일까? 사람의 본성이 그럴만 하다는 얘기다. 진정한 공영방송의 정치적 중립은 사람이 아닌, 시스템을 혁신할 법률 개정만으로 가능한 일이다.

(17. 10. 27)

재소자 전직 대통령의 인권침해

재판을 받고 있는 전직대통령이 구치소에 구금되어 있는 동안 인권침해를 당했다는 뉴스가 주요 인터넷포털의 '실검'상위로 등장했었다. 이후 거의 모든 매체에서 보도하였다. 전직 대통령의 국제법률팀이라는 MH그룹이 미국의 유력 보도매체인 CNN에 제보하여 대대적으로 보도됨으로써 기정화 되었다. 춥고 열악한 환경에서 건강이 악화되고 있다는 내용이 핵심이다. 이를 근거로 UN 인권위원회에 보고서를 제출하겠다는 것이다.

당사자인 전직대통령이 인지했거나 본인의 제소 의사에 따름이 아닌 것으로 보인다. 뉴스제보자도, 보도당사자도, 보도를 인용한 2차 보도자 모두가 진중치 못한 호들갑으로 다가온다. 그는 공식이든, 비공식이든 국제법률팀이라는 변호인을 두지 않았다. 이 사건을 계기로 구치소 등 교정시설에 묶여있는 재소자들의 실상이 드러났다. 노출됨으로써 교정행정의 개선여지로 봐야 한다.

일반 재소자들의 경우와 비교한 전직대통령의 구금환경은 인권침해로 보기 어렵다. 피고인으로써 특별한 처우도 없지만 부당한 대우도 없어 보인다. 법무부 교정본부는 전직대통령이라는 점을 감안하여 6-7명이 쓸 수 있는 세평 남짓의 면적을 개조했다. 추위와 더위를 견디기 힘들 정도의 환경, 기름때 그득한 식기 등의 설거지, 화장실과 이격차이 없는 생활 및 수면공간, 소등되지 않은 상황에서의 불면증 야기 등이 인권침해 요소라면 전직대통령에 국한된 사안이 아니다. 대한민국 재소자들의 공통된 것이다.

재소자들은 평상시에 '깜방'에 머무는 동안 편안한 자세로 있을 수 없다. 이른바 '양반다리'라는 몸가짐으로 종일을 지탱해야 한다. 눕거나 편한 다리로 생활 할 수 없다. 일정시간 TV시청이 가능하지만 제한된 뉴스외에는 교정당국에서 편집한 녹화 프로그램이다. 일주일 남짓의 기간을 두고 10분 정도의 샤워가 가능하지만 목욕은 불가능하다. 또한 가족과 지인의 면회는 극히 제한적이다. 플라스틱으로 가려진 공간에서 음량증폭 기기로 얘기를 나누게 한다. 7분 남짓으로 통제하고 대화 내용이 모두 녹음되거나 기록된다.

재판을 받게되면 그냥 시간에 맞춰 법원으로 나오는게 아니다. 수십개 이상의 원칙과 관행에 따라 포승줄과 수갑에 묶인 채 이끌린다. 자신의 짧은 재판시간과 무관하게 하루종일 대기해야 한다. 수감 경험자의 증언에 따르면 구속 이후 재판에 참여하는 것이 가장 힘들고 수치스럽다고 입을 모은다. 모욕감과 자괴심에 따름일 테고 유명인이라면 더 그럴 것이다.

죄 값을 해야 하는 재소자도 하늘이 내린 인격적 존엄, 인권이 있다. 가정파탄이 야기될 가족 등 지인과의 단절, 수입중단 등 경제 및 사회활동 차단 등 자유가 박탈된다. 용변보는 일이 노출되고, 하루종일 생활의 전부가 감시당하는 일이 일상이 된다. 물론 과보(果報)다. 프랑스를 비롯한 교정선진국에서는 가족 등 면회를 필요 이상으로 제한하거나 손빨래 등 잡일로 응보(應報)적 짐을 지우지는 않는다.

각료급 장관이나 웬만한 공공기관장, 광역자치단체장은 물론 일부 시장이나 군수집무실에 어김없이 개별 화장실과 샤워시설을 갖추고 있다. 그중 욕조까지 갖춘 곳도 많다. 전직대통령의 구금환경을 두고 있을 수 없는 특혜라고 일갈하는 국회의원 사무실에도 전용 화장실과 샤워시설이 있다. 그러나 일반 공무원의 직무시설과 비교하지 않는다. 다소 넓힌 전직대통령의 독방 구금은 통념상, 법률상 용인될 수준으로 볼 만 하다.

오히려 대부분의 독거실에 장착된 24시간 감시되는 CCTV가 인권침해로 작용될 소지가 있다. 나아가 더 명확한 인권침해는 일주일에 4회 실시한 재판 감행이다. 법치를 지향하는 민주주의 국가에서의 그 같은 사례가 있는지 모를 일이다. 구속기간인 6개월 이내에 1심을 마친다는 명분으로 그랬다. 하지만 구속 기간을 연장했다. 전직대통령만의 일이 아니다. 피고인의 방어권 말살보다 더 큰 침해, 불공정은 없다.

(17. 12. 27)

선출직 공무원의 행사 초대

국회의장을 지내고 정계를 떠난 한 원로의 회고담이다. 오랫동안 친분을 나눈 지인이 타계했다. 아린 마음으로 상가를 다녀왔다. 상주인 아들에게 진심어린 위로의 마음을 전했다. 그리고 몇 날이 지나 어느 행사장에서 안면이 익은 사람을 만나 "아버지 안녕하신가"라는 인사말을 전했다. 그 젊은이는 며칠전 아버지가 돌아가셨다고는 부친의 성함을 일렀다. 아차! 그때 조문했던 그 망인의 아들이었다. 사람 기억을 못하고 의례적 덕담으로 죽은 사람을 두고 안부를 물었으니 이런 낭패가 어디있나.

몇 번의 국회의원에 당선되고 국무총리를 역임한 한 정치인의 술회다. 매일 아침에 용변을 보면서 반드시 5명의 지역구 지지자에게 안부 전화를 걸었다고 한다. 미리 가족관계가 파악된 자료를 들고 그들의 아들 혹은 딸의 근황을 묻는 등 살가운 관계유지를 위한 노력의 일환이다. 쓴웃음이 여미는 또 다른 경험담도 있다. 두 번의 국회의원과 경제부처 장관을 지낸 분의 회고다. 현역 장관시절에 많게는 하루 10번, 적어도 3번, 평균 5번의 저녁밥을 소화해야 했단다. 기쁘고 즐거운 행사장에서의 저녁도 있지만 몇 번 더 보지 않을 사람들과의 의례적 참석이 대부분이었다고 한다.

처음 접하는 영어단어를 온전한 기억속에 저장하기 위해서는 30번의 쓰고 외우는 단계를 거쳐야만 암기된다는 통설이 있다. 사람을 기억하는 기반도 마찬가지다. 각각이 같을 순 없겠지만, 기본적 인연을 두고 정보를 수용하고 저장하여 적절한 때에 발현되는 사람에 대한 기억력은 제한적이다. 행정학에 조직원리의 고전인 '통솔범위의 적정화'이론도 사람의 기억력을 바탕으로 만들어진 심리학에서 비롯됐다는 주장이 있다. 한사람이 통솔하고 관리하는 데는 6-7명 정도가 가장 적절하다는 논리가 그것이다. 사람을 사귀는 인간관계 틀에 적용하면 이해가 쉽다. 각양의 형태로 나타나는, 정을 나누며 관계를 유지할 수 있는 적합한 각계의 주변인이 그리 많을 수 없다는 말로 환언된다.

연말에 송년회 혹은 망년회라는 이름의 모임과 행사가 집중되어 있다. 대부분이 저녁 식사를 곁들인 회합이다. 고향과 학교를 기반으로 하는 향우회와 동창회는 기본이다. 그것도 서울을 포함한 각 지역별로 나눠하는 경우가 많다. 산재한 사회 및 임의단체, 또는 각종의 친목회 수장의 이취임식을 동반한 만찬행사도 부지기수다. 경쟁이 붙어있는 유사한 사회단체간에 과열로 인한 갈등도 흔지 않게 본다.

어김없이 연고 있는 국회의원은 물론이고 선출직 공무원들을 초대하고 거창한 축사를 맡긴다. 초청받은 그들은 도착 전에 차안에서 보좌진이 마련해 준 주최측 주요인사의 이름과 사진을 대조해 가면서 일시적 기억력을 총동원하여 마음에도 없는 살가운 인사말을 준비했을지도 모른다. 진행자는 그들을 소개할 때 "국정(혹은 시정 등)에 바쁘심에도 불구하시고 참석해주신"과 같은 '립 서비스'를 기본 매뉴얼로 달고 있다. 가는 곳마다 같은 말을 듣는 참석자들도 한참의 고역일 것이다. 모두가 그렇진 않겠지만 이런 행사에 잦다보니 초청받은 이른바 고관들은 저녁밥을 너 댓번을 넘기는 리얼한 실제도 나타난다. 인사말이 끝나면 물 한컵도, 젓가락 한번 사용하지 않은 채, 또 귀하다는 다른 일정을 이유로 자연스럽게 떠난다. 다음 참석 장소도 그런 연출의 반복이다.

인식을 바꾸면 좋겠다. 선출직 '높은'사람의 참석이 체면을 높이고 모임의 빛을 발한다는 생각 말이다. 주최측 임원들에게 더욱. 사람의 일에 왜 불가피한 일이 없겠는가. 마땅히 자신을 뽑아 준 지역민과의 살가운 소통은 필수적이다. 각각이 인간적 정의(情誼)를 위장하며 가식하지 않아도 될 범위를 스스로 정하면 어떨까. 답은 서로가 안다. 복잡다기한 세상살이에 진실이 모자라고 정이 박약한 화학적 악수와 인연이 썩 필요해 보이지 않는다.

(18. 1. 25)

영전과 좌천, 그 한 끗의 차이

연초라 인사이동 시즌이다. 희비가 엇갈리는 현상을 자주 보게 된다. 계급 혹은 직급이 올라가는 승진이나 같은 단계라도 좋은 자리, 이른바 '꽃보직'을 꿰차면 영전으로 여긴다. 짧은 시간이나마 기분이 좀 우쭐해 질 것이다. 인사권자에게 감사한 마음이 생기기도 하고 조직에 대한 충성도를 다지는 계기도 된다. 반대의 경우는 흔히 상상하는 것의 범주일 것이다. 좌천으로 '물 먹었다'는 인식을 갖게 된다. 별 볼일 없는 한직 혹은 외지로 내몰리는 신세로 일종의 투사(投射)심리가 발동되기도 한다. 조직에 대한 냉소와 인사권자인 수장에게는 반발과 함께 적개심이 생기기도 한다.

승진 등 만족할 인사에 대한 여러 목격담을 살핀다. 우선 의욕이 넘쳐 난다. 업무시간은 말 할 것도 없고 밥 먹을 때도, 심지어 잠들기 전 누워 있을 때도 직무와 연관한 여러 상상과 기대로 많은 시간을 보낸다. 스스로 더 잘 알고 있을 자신의 역량에 과신이 생긴다. 전임자와는 달라야 존재감을 어필 할 수 있고, 새로운 일을 기획하고 만들어야 더 인정받는 것처럼 보이기 때문이다. 때에 따라서는 같은 일을 맡았던 전임자의 과오를 들추거나 노출시켜야 후임자 즉, 자신이 더 주목을 받고 능력자로 매김 되는 것으로 여긴다. 나아가 그것이 본인의 역부족과 흠결까지 은폐할 수 있다는 생각도 갖게 된다.

가는 곳 마다 기분이 좋다. 반기는 것처럼 보이는 사람이 많아진다. 없던 연분도 새롭게 만들어지고, 옛날에 눈길이나 수인사 정도 나눴을 뿐인데 그 가치가 커져 정분이 붙은 고매한 관계로 착각하는 주변인도 늘어난다. 동창회 같은 친목모임에서는 귀빈으로 소개받는다. 목이 무거워지고 개선장군 같은 만면의 미소는 아래로 깔려진 눈길을 자연스레 숨긴다. 박수받으며

식장의 한가운데 배치된 테이블에 안내되는 것을 당연히 여긴다. 생애를 통해 일시적, 찰라에 불과할 그때를 자신의 통상적 역량으로 여겨진다. 조직의 배경이 자신의 역량으로 둔갑되어 발휘될 것 같은 착각이 든다. 오직 자신이 만든 기준과 잣대로 말이다.

반대의 경우를 보자. 임명권자의 눈 밖에 났거나 자신의 경쟁력이 발휘되지 못해 종이 한 장의 사령장으로 있으나 마나한 자리로 옮겨진다. 실제로 여느 조직, 특히 공기관의 경우는 그야말로 하는 일 없이 꼬박 급료만 타는 게 일상화 된 자리가 수두룩하다. 근무시간에 조직의 직무와 완전히 괴리된 '자기 일'을 하여도 아무런 티가 없다. 주위에서도 놀면서 소일하는 것을 당연시 한다. 출근하여 대강 눈인사하고 하루종일 외부를 쏴 다녀도 아무런 제재가 없다. 헬스장을 다니고 도박장을 넘나드는 경우도 본다. 그야말로 한량의 기세를 가진들 누구도 간섭하는 사람이 없다. 패배심과 무력감도 그 발단이 된다.

모두가 냉소적으로 바뀐다. 직전에 잠시 '폼'나는 자리에 있을 때 열정을 다 보낸 사실을 과장하여 '오버 랩'시킨다. 나 보다 열심히 일한 사람이 없는데 불이익을 받고 있다는 불만이 그득해진다. 질투가 늘고 특히 한직으로 내 몬 사람의 약점을 퍼뜨리고 '네들끼리 잘해 봐'란 심사가 들기도 한다. 직무와 관련하여 명백한 문책을 허무맹랑한 이유를 붙여 남 탓으로 돌리고 슬그머니 진실을 묻는다. 대상생동(代償行動)으로 심리학의 기초다.

영전이 한때의 끗발이요, 좌천도 일시적 낭패다. 우쭐 댈 일도, 끊길 기운도 아니다. 작은 모임에서의 인적 요동이나, 집권한 권력의 이치도 마찬가지다. 인간지사 새옹지마에 화무십일홍(花無十日紅)의 교훈을 들먹이지 않더라도, 마음으로부터 전임자를 위무하고 후임자를 잘 받드는 인본주의적 기초가 더 다져졌으면 좋겠다. 세월의 흔적으로 사람도 바뀐다. 또한 비약같지만, 엎어진 사람 발로차서 재미를 느끼는 사람을 사람으로 보겠는가. 51%'로 말미암은 영예나 49%'에 따른 나락, 한끗 차이다. 주위의 작은 것에서 나라 일의 그것까지.

(18. 2. 28)

정치인의 퇴행, 교육은 멍든다

오랜 전 일이 아니다. 국회내 한 상임위원회 회의실에 전기톱과 거대한 쇠망치가 동원되어 기물을 부수는 등의 난동이 자행된 사건도 있었다. 회의장석을 점거하여 책상위로 뛰어 다니는가 하면, 대정부질의 중 국회의장석 앞에서 최루탄을 터뜨리는 일도 생생하고 회의장내의 다른 의원 명패를 집어 던진 행패도 선연하다. 일부는 재물손괴죄 등으로 기소되어 벌금형의 유죄가 선고되었고, 몇 사건은 있으나 마나 한 선언적 의미만 담은 "의원으로서의 품위를 유지하여야 한다"는 국회법 조문을 우습게 만들고 없던 일로 끝났다. 지금도 거리싸움패 조차 담기 힘든 모욕적 언사를 아무렇지도 않게 구사하는 국회의원들이 많다.

불과 며칠 전의 퇴행을 본다. 대통령비서실을 소관하는 국회 운영위원회에서의 일이다. 이 위원회를 주재하는 위원장은 여당의 원내대표가 맡는게 관행이다. 몇 개월 전 까지 여당 원내대표가 위원장자리 맡았다. 이후 정권교체로 야당이 되었지만 그대로 그 당에서 승계하였으니, 임기 2년이 도래하는 올 상반기까지 지금의 야당 원내대표가 차지하고 있는 특수한 상황이 이어지고 있다. 야당 소속의 위원장이 회의에 배석한 청와대 직원을 웃었다는 이유로 자리에서 일으켜 세웠다. 곧이어 고압적 언사로 앉아 있던 대통령 비서실장을 발언대로 이동시켜 세운다. 면박성 의도가 그대로 드러났다. 고스란히 전파를 타고 방송으로 전달되고, 주요 장면이 SNS를 타고 퍼져 나갔다. 영상의 전 텍스트를 접하지 않고도 '엑기스'만 전달하는 플랫폼을 통해 흥미요소까지 덧칠되어 생생히 전달되었다.

정권을 뺏긴 야당의 자격지심으로 읽t히기도 하고, 권력의 정점에 있는 청와대를 향한 군기잡기 정도로 인식될 만도 할 것이다. 분명한 것은 신사답지 못하고 본보기 양태가 아니다. 품격과는 엄연히 대비되는 모습이다. 많은 사람이 보는 앞에서 모욕 주는게 능력으로 생각했을까. 그렇게 이해하는 실체적 국민은 별로 없다. 구태의 전형으로 시대착오적이다. 몰인격적으로만 오버 랩 될 뿐이다. 부끄러운 일이다. 여당석에서는 위원장의 일방적 겁박이라며 위원장을 향해 무차별 항의와 비난의 칼날을 쑤셔 댔다. '발언 방해 등의 금지'를 규정한 국회법 위반 소지도 연상될 과격한 언사들이다. 여야 모두 국민이 보고 있다며 실재하지 않은 그들만의 '국민'을 지속적으로 들먹인다.

경제 등 여느 분야와 마찬가지로 현장 정치의 실체가 성장하는 학생, 청소년의 사고와 행동에 지대한 효과를 남긴다. 정치권의 질서가 고스란히 학령기에 있는 이들의 행위 전반에 또렷한 반응을 낳게 한다. 좋은 모습은 긍정적으로, 나쁜 행위는 그 나름대로 투영된다. 배우는 과정에 있는 젊은이들의 교훈적 차원에서도 정치인의 모범적 행동거지는 아무리 강조하여도 무리가 없다. 정치, 지지기반을 달리하는 각각의 정파적 싸움과 대립은 필연적이며 너무나 당연하다. 그러나 그 방식은 상대를 존중하는 기반에서 발원되어야 한다. 처절한 대척점을 두고 이론과 명분으로 논박해야 한다. 물리적인 힘이나 '말 빨'로 가늠될 것이 결코 못된다.

지금 청소년들의 장래 희망으로 정치인을 꼽는 경우는 드물다. 아니 거의 없다. 정치인을 속물로, 최하급의 인간으로 비하하여 희화화하는 유머가 지천이다. 정치인을 아는 사실만으로 수치스러움을 느낀다는 응답도 있다. 상대를 배려하는 '역지사지'를 들먹이면 불가사의한 필드가 정치권인 것 처럼 나락에 빠져있다. 정치활동이 모범적으로 각광받을 때 마땅히 교육의 정치적 기능이 부각되는 것이다. 생각과 행동의 연마를 통해 타인과 시스템에 어울리는 능력을 배양하는 정치사회화를 강화시킨다. 아울러 정치의 실제에 뛰어들어 활동 할 수 있는 식견과 지혜를 수혈하는 정치충원화를 구현할 수 있다. 각급 단체장과 의원 등 양질의 정치인을 공급한다는 말이다. 정치권에 우수한 인적자원이 모여들 때 나라의 앞날은 더 밝아진다. 각양의 의사결정에 역할이 너무나 크기 때문이다. 곧 '지방선거'라는 정치계절에 접어든다.

(18. 4. 19)

영어교육과 '돌봄교실'

일과중 일을 함으로써 방과후 자녀를 돌보기 어려운 가정을 위해 전국 각 초등학교는 오후 혹은 저녁까지 운영하는 '돌봄교실'을 운영하고 있다. 초등학교 저학년을 중심으로 현재 20여만명 이상의 아동들이 이 프로그램을 이용한다. 교육부는 앞으로 약 5년 동안 신설학교는 이를 의무화하고, 전학년을 대상으로 최고 두배까지 그 이용률을 높인다는 계획이다. 학부모의 자녀교육에 대한 부담을 경감시키고 공교육 효율을 배가시킨다는 취지란다. 전향적 교육정책 일환으로 평가될 만하다.

그런데 예기치 못한 암초가 생겼다. 올해부터 초등학교 저학년의 영어교육 수업이 금지됨으로써, 돌봄교실의 인기가 폭삭 내려 앉았다. 영어를 가르치기 못하기 때문이다. 선행학습금지법으로 일컬어지는 공교육 정상화촉진 및 선행교육 규제에 관한 특별법 적용에 따름이다. 방과후 사설학원등에서 영어수업을 듣기 위해 공교육의 돌봄교실이 외면된다는 얘기다. 학교를 마치면 곧 영어학원에 몰리고, 그럼으로써 돌봄교실의 이용률이 급격히 떨어지고 있음이다. 간단히 정리될 문제는 아니다. 학부모의 자녀 영어교육에 대한 인식과 그 비중에 대한 진솔한 속내를 스스로 정리해 볼 시점이다,

영어가 삶속에 반드시 짊어지고 가야할 가치인지에 대한 진지한 숙고가 필요해 보인다. 사회병리의 일종인 사교육 문제까지 얹어서 말이다. 실마리는 유년기의 영어교육에 대한 효율성을 두고 풀려야 한다. 자녀의 교육환경과 향후 영어활용의 필요성을 중심에 두고 학부모의 가치선택으로 결론이 나야 한다. 일생을 통해 영어가 필요충분적 절대요목이라면 더 큰 열정과 더 많은 투자도 있어야 할 것이다. 그 근원적 문제를 훑어보자.

국내외를 막론하고 유년기 혹은 아동기를 두고 모국어(母國語)가 아닌, 영어로 대별되는 외국어교육에 대한 연구결과가 지천에 늘려있다. 조기 외국어교육의 장점과 단점도출이 비슷한 수준으로 공존한다. 인지발달의 속도감에 따라 그 효율이 극대화된다는 이론도 있고, 반드시 그렇지만은 않다는 연구결과도 많다. 영어의 조기교육이 인지능력을 포함한 학습력 향상에 긍정적이라는 보고가 있다. 반면, 그럼으로써 예지력(藝智力) 등 다른 능력을 퇴감시키는 부정적 요소로 작용한다는 보고 또한 엄연히 존재한다. 빠르면 빠를수록 좋다는 논문도, 반면 양과 질에서 그렇지 않다는 조사결과도 긍정적 결론에 견줄만한 정도로 많다.

언어 인지역량을 연구한 네덜란드 한 석학의 최근 리서치가 유독 눈에 띈다. 외국어 교육의

최대 효험시기는 유년기나 아동기가 아닌, 우리나라의 중등학교 학령대인 사춘기에 절정을 이룬다는 연구결과가 그것이다. 영어의 조기교육 찬반을 뒷받침하는 각각의 절대적 우세이론은 존재하기 힘들다는 방증으로 보인다. 사람마다의 고유한 성격과 맞춰진 적성, 사회적 학습이나 정서의 발달정도가 큰 변인으로 작용한다는 것이 학계의 중론이라 할 만 하다.

고려사안이 명료해 진다. 자녀의 삶에 외국어, 영어활용이 절실하면 하는 것이고, 그 반대면 그럴 필요가 없다. 외국어를 읽고 쓰는 것이 일상이거나, 생업에 절박한 요소가 될 것 같으면 소홀하기 힘들 것이다. 반대로 그 빈도가 많지 않으면 굳이 무리를 감수하고 영어에 매달릴 이유가 있겠는가. 단순한 교과목의 하나로 보면 될 일이다. 보편교육 과정이 된 중등학교에서의 한 과목으로 매일, 일주일에 5시간 이상의 영어수업만으로 생활영어로는 준비가 넘친다. 영어의 선행학습으로 학부모든, 아동이든 잠시간의 우쭐함을 상상한다면 넨센스다. 영어권생활에 대한 사대(事大)적 사조가 원인(遠因)이라는 분석도 있다. 영어수업이 없어도, 없어서 더 활력있고 가치있는 돌봄교실을 기대해 본다. 아울러 실용적이고 더 충실한 프로그램 개발에 교육부의 더 많은 역량 투입을 고대한다.

(18. 5. 18)

망나니에서 지도자까지, 그 불편한 진실

큰키는 아니지만 조부를 닮은 듯, 준수한 인물로 비춰졌다. 중산(中山)복이라하여 중국 혁명가 쑨원(孫文)의 아호를 따 만들었다는 인민복, 검약의 상징인 그 옷을 입었다. 여유있는 웃음기를 담고 두발로 역사적 군사분계선을 넘었다. 한마디 농담 끝에 우리 대통령을 이끌며 잠시간의 월북을 연출하는 넉넉함도 보였다. 제왕학(帝王學)을 섭렵했을 듯, 조금의 위축이 없었다. 인구가 두세배 많고, 세계 10위권 경제대국, 국민 총생산으로는 백배 쯤 잘사는 대통령을 처음 만나는 데도 말이다. 정상간의 회담장에서도 유머를 곁들여 대화를 이어갔고, 부부동반 만찬장에서도 만면에 미소로 화답하면서 겸손까지 읽게 만들었다.

부친 사망으로 정권을 승계받아 지구상 전대미문의 3대 세습권력을 구축했다. 공산주의의 시조, 마르크스가 살았다면 뺨 맞을 뻔한 개인숭배가 극치다. 한해 수십만의 주민이 굶어죽는 상황임에도 수십개의 호화별장을 갖추는 등 도를 넘는 호화사치가 일상이다. 백 수십개의 정치범 수용소에 온갖의 만행과 억압을 자행한다. 인권은 멀고도 더 요원할 뿐이다. 혈육인 이복형을 독살하고, 고모부를 살점하나 남기지 않은채 대포로 쏴 죽였다. 한방에 수백만명을 살상하는 핵미사일을 갖고 세계를 상대로 협박을 일삼았다. 불과 1년여 전에는 "남조선의 모든 것을 쓸어버려야 한다"고도 했다. 툭하면 정상국가선 있을 수 없는 외교적 협상절차를 이유불문하고 일방적 중단을 일삼는다. 이틀전의 일도 그렇다.

같은 사람, 북한의 김정은위원장의 얘기다. 소문난 잔치라 했던가. 경천동지할 상징성에 비해 회담성과의 실질적 결실은 별로였다. 멀리는 반세기 전에 있었던 7·4공동성명을 비롯하여 노태우, 김대중, 노무현정부서 일궜던 각각의 평화협정 수준을 넘지 못했다. 지상목표가 된 '비핵'이나 '핵폐기'단계의 주변도 밟지 못했다.

그날 만찬장 모습도 그냥 넘기기에는 애처로움이 있다. 위원장은 넘치도록 당당하게, 너무나 떳떳하게 우리의 장관급 이상 수행원들에게 하사하듯, 한손으로 술을 따랐다. 대통령 다음의 우리 군 지휘권을 가진 국방부장관이 그 위원장에게 술잔을 받는 태도는 어른 앞의 아이, 상급자 면전의 부하를 연상할 만한 두 손 모은 '황공함'이 철철했다. 다른 수행원 거의가 그랬다. 호혜원칙으로 국가원수에 대한 예우차원이라 하겠지만, 남북관계의 상호주의는 왜 배격됐는지를 묻는다면 대답이 궁색할 것이다. 반면에 지난해 대선시 2년여의 연륜이 부족한 후보로부터 어이없는 "버릇없다"는 얘기를 듣고도 즉각적 반격도 않은 등, 몸에 배인 겸손의 심성을 반영하듯, 대통령은 40년 정도 아래인 위원장 여동생에게 술잔을 받으면서 한손이 복부에 가 있었다.

하지만 기대가 크다. 허세라지만 인민위원회 상임위원장과 선군정치의 중심인 북한의 군부, 정부의 최고실력자를 대동하고 우리 땅을 밟았다. 한편의 드라마를 연상하듯, 몇 번을 꼽아도 의미있을 단 둘만의 산책, 포옹장면까지 전에 없던 획기적 대장정이다. 완벽한 핵 제거와 그쪽 주민의 복리에 쓰인다면 작게는 수십조, 많게는 수백조를 줘야하는 '경협'이름의 지원도 좋다. 투자요, 평화의 밑거름이 될 것이다. 경제차원서도 우리기업이 베트남과 중국 등으로 발길을 돌리는 것 보다 훨씬 낫다.

그러나, 좀 냉정할 필요가 있다. 돌변의 이면에는 수작이 있을 만 하다. 세금은 별도로, 갓난 아이부터 죽음을 준비하는 노인까지 앞으로 10년간 '100원 벌면 약 20원을 그쪽에 주어야 한다', 미국의 경제전문지 '포춘'의 핵폐기 댓가를 추산한 분석이다. 받기로 한 돈이 적어서 핵이 여전한 협박으로 재활용되면 어쩌나. 그 가능성이 단 1%이하라도, 그 결과는 국민 생명권의 침탈이다. 냉안관인(冷眼觀人), 더 철저히 살펴야 한다.

朝鮮日報

(18. 6. 12)

선거용 경력' 잘 살피자

6·13지방선거가 코앞이다. 유권자들이 후보자를 선택하는 데는 정책·공약뿐 아니라 학력 및 경력도 중요한 판단 근거가 된다. 학력은 엄격한 공직선거법 적용으로 부풀리는 경우가 크게 줄어든 반면 경력은 과장되는 경우가 많다. 특히 정당 관련 경력을 보면 선거용으로 만들어진 것이 많이 발견된다.

정당의 공식 선거기구인 '선대위' 산하에는 각종 위원회는 물론, '특별'이란 이름을 붙인 특위가 여럿 만들어진다. 각 위원회에는 위원장·공동위원장은 있지만, 정작 기본 구성원인 위원은 거의 없다. 부위원장이 수십 명인 경우도 있다.

이번 지방선거에서 기초자치단체장에 도전하는 후보자들을 보면 여야를 막론하고 정책위원회 부위원장 임명장을 받은 사람이 여럿 있다. 누가 봐도 선거용 직함이 대부분이다.

또 공무원 신분인 국회의원 보좌관과는 별도로 국회의원 보좌역 또는 특별보좌역(특보) 등도 선거를 앞두고 급조된다. 국회의원실에 국(局) 단위 관직의 부서장도 등장한다. 모두가 법정(法定) 직책이 아니라 마음대로 붙인 임의적 자리다. 유권자들은 실제적 권능과 역할이 애매한 '선거용 경력'을 잘 가려내 투표해야 한다.

(18. 7. 5)

김종필

서울의 국립 사범대학과 육사를 졸업하고 국비유학생으로 미국 육군보병학교에 공부한 중령 김종필(JP)은 1961년 5월에 군대를 동원한 혁명을 기획, 주도하였다. 거사 당일 새벽, 그는 '한번, 단 한번, 오직 한 사람'으로 프로포즈하여 결혼생활 하던 아내에게 "뱃속의 아이는 유복자가 될 것이니, 부디 잘 키우시오"고 당부하고 집을 나섰다. 단 한명의 사상자도 발생하지 않았지만 516은 탱크와 총이 그 수단이었기에 쿠데타(coup)라 할 것이며, 정치학 프팩트럼로 살피면 혁명(revolution) 범주로 구분될 만 하다. 통치체제와 양원제에서 단원제로 변경된 국회제도가 빠뀐 연유다. 정작 JP는 극심했던 사회혼란 수습과 나라의 질서가 잡히면 어떤 평가든 상관없다고 했다.

그는 곧장 정보기관인 중앙정보부를 창설했다. 일제침탈에 대한 6억불 정도의 보상금으로 받고 한일국교를 맺었다. 70년대에는 5년여 국무총리로 일했다. 신군부가 등장한 1980년에는 216억원 부정축재자로 몰려 구금되었다. 이른바 세상이 바뀐 1987년에 대통령후보로 나섰지만 노태우, 김영삼, 김대중에 이어 4위에 그쳤다. 이후 김영삼과 김대중의 필요에 따라 그들과 협력하여 정권을 창출하였고, 특히 'DJP'정권에서는 공동지분을 확보하였다. 일생의 꿈, 내각제개헌을 매개로 문서에 엄중히 서명하였지만 산산조각이 났다. 각각의 상대가 파기함에 따름이다.

2004년, 10선 의원 도전에 실패하고 완전한 정계은퇴를 고하고 야인으로 14년을 지냈다. 공(功)만있는 업적없고, 과(過)없는 인생 드물다. 그는 열흘전 별세했다.

516 당시, 한사람이 한 달에 5천원 정도 버는, 극빈과 곤궁에 빠져있었다. 그야말로 초근목피로 연명하는 사람이 대부분이었다. 사회와 정치는 혼란과 혼동, 무질서 그 자체였다. 언감생심, 국가의 어떠한 '성장아젠다'도 없었다. 무항산 무항심(無恒産 無恒心), 못 벌면 생각이 없다. 살기 위해 오직 먹는 것, 도둑질로도 안들키면 식솔을 먹여 살리고 싶은게 인간욕망이다. 부패를 없애고 절망과 기아에 허덕이는 민생고를 해결한다는 혁명공약이 있었다. 무력의 집권계획이 정당화될 순 없다. 평가에 숙고는 있을 만 하다.

미국의 CIA와 FBI, 러시아의 KGB, 중국의 국가안전부의 첩보력은 상상을 초월한다. 악명높은 북한의 국가안전보위부나 정찰총국은 우리 정보기관의 존재가치를 있게한다. 일본으로부터 받은 보상금은 당시 일본 전체 외화보유액의 절반이 넘었다. 그 돈으로 포항제철을 만들고 경부고속도로를 건설하는 등 SOC를 구축했다.

박정희서거후 JP는 대통령 보궐선거를 스스로 걷어찼다. 당시의 체육관 선거가 아닌, 개헌을 통한 직선 대통령을 갈망했기 때문이었다. 그때, 조직이나 자금 등 채비를 갖추지 못한 YS나 DJ보다는 월등히 유리한 국면에 있었다. 여전히 여당에 준한 위상으로 제 1당인 민주공화당 총재가 JP였다. 당연히 '신군부'세력이 공고화되기 전이다. 역사에 가정이 있겠는가. 우선 간선제로 집권하고 차후 직선제에 출마했다면 어땠을까. 여러 상상을 남긴다. 개인재산이 될 수 없는 서산농장과 제주 감귤농장 등 공익법인의 대표라는 이유로, 그 자산을 추산하여 200억원대 부정축재자로 낙인 당하지는 않았을 것이다. 혹자는 대통령이 될 수 없어 내각제하의 총리를 꿈꿨다는 허무맹랑한 의심까지 했다. 내각제하의 집권은 의회 다수당이 취한다. JP가 제 1당을 구축할 가능성은 거의 없었다.

홀연히 국립묘지가 아닌 가족묘원에 묻혔다. JP가 생전에 미리 쓴 묘비명 말미는 이렇다. '내조의 덕을 베풀어준 영세반려와 함께 이곳에 누웠노라'. 죽음을 전제한, 그토록 사랑한 아내를 미망인으로 만들 혁명을 왜 감행했는지. 그 묘비엔 '국리민복과 국태민안 구현에 진력하였거늘 소이부답(笑而不答), 그저 미소만 지은 사람'이었다고 적혀있다. 추모의 예를 다하고 싶다.

(18. 8. 23)

공직공모제, 제대로 해야한다

한해 정부예산보다 많은 물경 650여 조원을 실무로 총괄하는 자리, 보건복지부 산하 국민연금공단 기금운용본부장 공모를 두고 권부(權府)개입 여부를 두고 말썽이 많다. 올초에 공모가 진행되어 3명이 최종후보로 선정되었으나 또렷한 이유를 밝히지 않은 채 '적격자 없음'으로 끝내고 재공모에 들어갔다. 이후 30여명의 후보자가 응모한 가운데 권부내 알력설이 불거졌고 각각의 정치진영에 공방을 위한 칼날은 더 예리해 지고 있다.

공직자 공모제의 순기능을 뭉개는 부작용이다. 인재를 널리 구하고 조직의 활력을 불어 넣는다는 취지로 도입한 공모제에 대한 손질의 당위가 또렷해진다. 정부가 소관하는 대부분 공공기관의 장(長) 혹은 감사 임면권은 해당부처의 장관에게 있거나, 장관의 제청에 따라 대통령이 임명한다. 대통령 혹은 장관으로부터 임명된 기관장은 상임이사나 본부장급 임원의 인사를 장관에 제청하는 경우도 있지만 임명권을 행사하는 경우가 많다. 각각의 해당 정부 산하기관 관련 법률이 그렇다.

명시된 법이 그렇다한들 현실은 그렇지 못하다. 대부분 권부에서 결정하여 사람이 선택된다. 원칙대로, 법률에 따라 본부장을 장관에게 제청하거나, 임명을 기관장 마음대로 결정할 수 있는 일이 결코 못되는 것이다. 그랬다가는 큰일 난다. 지금 정부만 그런 것이 아니라 이전의 정부에서도 그랬고 '추천제'혹은 '공모제'이름으로 이 인사시스템을 도입한 2000년대 초반에도 그랬다. 부인이 불가능한 실상이다.

특정 기관장의 임기가 종료될 시점에서 사실상의 해당 후보가 확정되는 경우가 대부분이다. 공정성과 투명성을 담보한다는 취지에서 '임원추천위원회'가 구성되기도 하지만 형식요건이다. 해당기관을 소관하는 각 부처의 실무국장은 권부로 부터 하달받은 인사의 낙점을 위해 각인의 '임추위'위원에게 유무형적 정부의 뜻을 전한다. 좋게 보면 의사전달에 부탁이고, 나쁘게 살피면 압력에 지시다. 기필코 성사시켜야 할 책무가 된다. 간혹 권부에서 민 인사가 탈락하는 등 일종의 반란이 나면 담당국장의 책임은 정권이 끝날 때 까지 따라 다니게 된다.

공모에 참여하는 순진한 응모자는 각양의 부담되는 제출서류에 시달리게 된다. 경력증명서 발급을 위해 자신이 몸 담았던 여러 조직에 들락거려야 한다. 명예롭지 못한 일도 생긴다. 조직경영을 위한 '업무수행계획서'나 자기소개서 작성에도 진땀을 흘린다. 가족의 금융 및 범죄정보까지 들여다 볼 수 있는 '개인정보활용동의서'서명도 필수다. 편린(片鱗)같은 가능성이 있다면 마땅히 감수할 정당한 요구다. 이미 내정된 사람이 있는데 말이다. 순박한 기대에 부푼 대부분의 응모자는 적어도 언질 정도를 받고 지원하는 예비 낙점자를 위한 충실한 '들러리'가 되는 셈이다. 응모사유를 묻는 질문에 "청와대서 연락받고"라고 답한 웃지 못할 응모자도 있다.

내정된 사람의 얘기다.

새로 출범한 각 자치단체에서 시행하는 산하 및 소속기관장, 교육청의 교장공모제 또한 그 규모나 정도가 다르지만 실상은 도긴개긴이다. 모두의 경우가 그렇지 않겠지만 단체장 등 임명권자가 염두에 둔 인사가 공모과정에서 실격하거나 하자가 들춰질 경우에 그럴듯한 사유, '적격자 없음'으로 슬그머니 문을 닫아 버린다.

공모제는 전문인발굴 등 인재등용을 위한 민주성을 강화시킨다. 권부의 조정, 임명권자의 속마음도 마땅히 중요하다. 문제는 고유한 공모취지가 훼절되지 않을 최소한의 가치는 엄격히 발현되어야 하는 것이다. 다수 응모자의 순수한 열정과 전문성이 미리 정해 놓은 인사, 그 시스템에 굴복된다면 없는 것보다 못한 결과가 된다. 불특정 응모자는 참정권적 기본권인 공무담임권을 부여받은 국민이다. 헌법이 그렇다. 특정인을 내정하고, 허울 좋은 공모제로 위장한다면 국민을 상대한 일종의 기망행위가 되는 것이다. 혁신적 개선을 고대한다.

東亞日報

(12. 20)

남북철도 잇기 전에 해야 할 것들

남북 철도를 잇기 위한 북측 구간의 현지 공동조사가 1, 2차로 나누어 실시되며 마무리 수순에 들었다. 다음 주 남북경협의 상징인 철도연결 착공식이 열린다. 계획대로 순조롭게 진행된다면 큰 행사가 아닐 수 없다. 하지만 난관도 많다. 북한의 희망대로 고속철도 신설을 추진하려면 열악한 철도 환경도 극복해야 한다. 대대적인 토목공사를 통해 사실상 전 구간을 새로 만들어야 할 정도다. 기준에 따라 다르지만 대체로 50조 원 안팎의 추가 재원이 필요한 대규모 사업이다.

이런 분위기에서 현재 전국 곳곳에서는 사회간접자본(SOC) 사업을 추진할 때 필요한 예비타당성 조사를 생략해 달라는 요구가 넘치고 있다. 여기에는 수백억 원 규모의 사업부터 고속철 신설 등 조 단위의 대형토목 사업 등이 모두 포함돼 있다. 올해만도 26개 사업이 예비타당성 조사의 면제를 기대하고 있다. 국가재정법 및 예산회계법에 따라 300억~500억 원을 초과하는 사업의 타당성을 검증하는 예비타당성 조사를 적용하지 말아 달라는 주문이다. 물론 예비타당성 조사는 예산 낭비를 방지하기 위해 꼭 필요한 조치다. 하지만 이런 사업들은 대체로 지역에서 오랜 기간 원했던 숙원 사업이라는 점도 고려했으면 한다. 잘 알려진 새만금국제공항과 서부경남 고속철도 신설 사업, 수도권 도시철도 및 지하철 연장 사업 등이 여기에 해당된다. 대부분 국토의 균형발전을 위해 필요하다는 명분을 가지고 있다.

국가 재정을 투입할 때는 우선순위를 적용해야 한다. 물론 남북 협력이 매우 중요하다. 하지만 현실적으로 지역주민의 편리와 균형개발도 고려해야 한다는 점을 잊지 말아야 한다. 남북 철도 신설에 따른 후폭풍으로 몇백억 원 단위의 각종 지역 숙원사업이 취소되거나 중단돼선 안 될 것이다.

東亞日報

(19. 1. 10)

연동형비례대표제, 대통령제엔 어울리지 않다

지역구의 의원당선자 수와 무관하게, 정당득표만으로 비례대표 의석을 배분하는 연동형비례대표제는 소선거구제하에서 당선된 지역구의원 전체 정당득표율에 따라 정해지는 지금의 체제와 근원이 다르다. 사표(死票)방지에 매우 긍정적 요소를 담고 있다. 그렇지만 우리가 금과옥조처럼 채택하고 있는 지금의 대통령제 권력구조하에서 잘 어울리는 제도인지에 대해서는 큰 회의 (懷疑)가 있다. 이 제도의 도입 취지는 다당(多黨)체제를 지향하는데 방점이 있다는 점에서 그렇다. 지금과 같은 거대 양당체제와 다른 정당시스템으로 변화를 전제하는 것이다.

우리국회는 양당(兩黨) 중심의 철저한 교섭단체 중심으로 운영되어 왔다. 20석 이상 의석을 확보한 정당을 주축으로 대부분의 의사결정이 성립된다. 본회의는 물론, 각 상임 및 특별위원회도 각 교섭단체가 선출한 간사간의 합의 혹은 협의에 따라 진행된다. 국민세금으로 충당되는 정당 국고보조금도 그런 기준으로, 50명 남짓의 국회정책연구위원도 교섭단체 몫으로 배정한다. 헌정이래 한 두해를 빼고는 70여년 이상 대통령제 권력구조를 유지해 까닭이 배경이다. 지금의 제 3당이 교섭단체를 구성하고 있는 상황을 포함, 몇 번의 예외가 있지만 대체로 대통령제하의 양당체제가 이어져 왔다.

대통령제는 그 같은 양당체제가 적합하다는 얘기로 귀결될 수 있다. 다당제는 집권한 절대권력의 대통령을 위시한 행정부 견제가 둔탁해 질 소지가 농후하다는 지적이 설득력을 갖는다. 강력한 야당 출현이 사실상 가능하지 않아 대통령의 전횡과 독재가 평이해 진다는 우려도 같은 맥락에서 풀이된다. 또한 집권당이 국회의 과반의석을 확보하지 못하더라도 미약한 군소정당의 협조를 견인하면 의회까지 장악할 수 있다는 점도 같은 궤다.

정치지형과 문화가 상이하기에 외국의 사례가 금과옥조가 될 수 없다. 그러나 대통령제를 채택한 나라에서 다당제를 발견하기는 쉽지 않다. 20위권 선진국 대열 중 하나뿐인 완전한 대통령제인 미국도 강력한 양당체제가 이백년 이상 유지되고 있음을 직시할 필요가 있다. 아울러, 서유럽 선진 나라는 다당제가 우위를 점하지만 그 대부분이 내각제를 채택하고 있다. 이웃 일본의 경우도 같은 실정이다.

연동형 비례대표제는 무늬와 결, 모두가 아름다운 민주적 정치제도임은 분명하다. 한편으론, 다당제 출현을 필연으로 한다. 제왕적 대통령제하의 우리 현실에 그 적절성과 적합성을 더 심도깊게 대입해야 할 것이다. 민주주의의 숙성도와 그 세련미를 높이기 위해 그렇다. 차제에 대통령제와 내각제 등 권력구조를 더 면밀하게 따져보는 계기로 승화시킬 필요가 있다. 국회 정치개혁특위에서 본격적으로 논의 될 이 제도는 권력구조 개편과 반드시 연동시켜야 할 필요가 있다.

朝鮮日報

(2019. 1. 29)

선거 연령 18세로 낮추면 고3 교실 '정치판' 된다

공직선거에서 투표할 수 있는 선거 연령을 현행 만 19세에서 18세로 낮추는 방안을 담은 공직선거법 개정 논의가 한창이다. 이와 관련해 민주주의를 위한 참정권 확대라는 긍정적 의견이 있는 반면, 이들의 정치적 판단 능력이 아직 미흡하고 '교실의 정치화' 우려 등으로 부정적으로 보는 사람도 많다.

청소년의 정치사회화 과정이 성숙하고 소셜미디어(SNS)를 일상화하는 청소년 문화를 고려하면 이들이 정치 정보 취득 및 판단 능력을 어느 정도 갖추고 있다고 볼 수 있다. 이런 측면에서 보면 선거 연령이 한 살 낮아져도 이에 따른 부작용은 그리 크지 않을 것으로 보인다. 그러나 18세는 고등학교 3학년이라는 점에서 선거 연령 하향 조정에 따른 역기능과 문제점을 고려해야 한다.

우선 고3 학생이 선거에 참여할 경우 한창 공부에 몰두해야 할 학생의 학습권이 침해될 수 있다. 청소년기는 인지발달이 절정에 이르고 학습 능력이 최고도로 발휘되는 시점이다. 우리는 이들이 공부할 수 있는 최적의 환경을 만들어 주어야 한다. 하지만 이들이 선거권을 가지게 되면 교실이 각종 정치적 이슈로 혼란해져 자칫 면학 분위기를 해치지 않을까 걱정하는 부모가 많다.

고3 학생들이 투표권을 가지게 되면 학교 전체가 정치 선전의 장(場)이 되어 정치 바람에 휘말릴 수 있다. 총선 및 대선 때는 물론, 상시적으로 정당 및 후보자의 선전 무대가 되는 것이다. 등·하굣길은 정당 등 정치결사체의 선전 전단과 후보자의 명함으로 뒤덮이게 될 것이다. 학생들이 교사의 정치적 성향에 영향을 받아 교육의 정치적 중립 논란이 빚어질 수 있고, 전교조와 교총 소속 선생님 간 마찰도 우려된다. 그 피해는 고스란히 학생들의 몫으로 돌아간다.

여러 선진국에서 선거 연령을 18세로 규정하고 있다. 하지만 우리와는 학제(學制)가 다르다는 것을 잊어서는 안 된다. 우선 이 나라들은 초등학교 입학 시기가 빨라 대부분 18세 이전에 고등학교를 졸업한다. 미국 등 선진국에서 고교생 유권자는 거의 없다. 교내에서 선거 쟁점이 이슈화되는 경우도 드물다. 우리나라의 경우 18세는 대학입시를 준비하는 고3 수험생이라는 특수한 측면을 고려해야 한다. 성급하게 선거 연령을 하향 조정해 고등학교 교실이 정치에 물들게 해서는 안 된다.

(19. 2. 21)

칼 하나 숨겨두고 살면 대접받는다?

다음주 베트남에서 북미 2차 정상회담이 열린다. '한반도비핵화'의 실질적 개가가 있을지, 잘게 쪼개진 프로세스 한토막으로 '역시나'하는 실망감을 담을지 관심이 쏠린다. 북한은 지난 30년 이상 갖은 위장전술 끝에 핵무기를 보유했다. 우리는 말 할 것도 없고, 초강국 미국을 압박해 왔다. 북한의 '핵협상'은 가깝게 미국을 주축으로 한 UN의 대북제재 완화 내지는 파기, 멀게는 체제보장과 천문학적 경제원조를 따 내는게 본질이다. 본토를 사정거리에 두고, 외교와 안보를 위협하는 북한을 가만 놔 둘 수 없는 상황의 미국은 CVID, 즉 완전하고 검증 가능하며 불가역적인 비핵화를 목표로 한다.

핵을 가진 북한 예우는 세상이 놀랄 만큼 모두가 파격이다. 우리는 1991년 '남북기본합의서'에 담긴 '한반도비핵화'가 공표된 이래, 북한의 도발로 가슴을 쓸어내린 일이 한 두번이 아니다. 우리 돈 수십억불이 투입된 개성공단과 금강산관광 사업이 북한의 일방적 통보로 중단과 재개를 거듭했다. 사실상 그 시설물들은 북한 소유가 되었다. 수십 차례 핵실험을 감행했고, 평화가 깃든 연평도 민가 포격, 천안함을 피격하여 46명의 장정의 목숨을 날리기도 했다. 세계굴지 우리 기업인은 실무자급 당국자로부터 이른바 '냉면 목구멍'이라는 핀잔을 듣는 수모도 당했다. 국민은 '김정은 답방'을 고대하며 수개월 동안 마음조린 대통령의 안스러움을 비평없이 목도 할 수 밖에 없었다.

만행으로 읽혀질 인권유린, 굶어 죽는 사람이 넘치는 최악의 생활수준을 보이는 북한, 유일 강대국을 자처하는 미국은 이런 형편의 체제 지도자의 심기를 건드릴까 노심초사다. 회담개최지도 경호가 용이한 다낭에서 북한의 요구에 따라 하노이로 정해졌다. GNP기준, 세계 최빈국 정상을 '몸 달아'만나는 경우도 드물지만 개최장소가 상대에 밀려 양보한 전례는 없다.

미국에 견제구를 날리는 중국도 북한대우에 소홀함이 없다. 최고지도자 시진핑은 부친 사망으로 권력을 잡은 김정은을 5년 이상 만나주지 않다가, '핵'등장이후 돌변했다. '핵거래'이후 중국을 방문한 김정은에게 그는 '자주 만나자'는 콜을 연발했다. 중국공산당내 권력서열이 손가락으로 꼽혀지는 세도가들을 일거에 불러들여 김정은에게 인사시키는 등 최고급 예우를 다한다. 아시아 맹주였던 일본도 핵을 가진 북한에 굴신한다. '일본패싱'을 염려한 아베 수상도 얼마전 의회 연설을 통해, 북한과의 불행한 과거를 청산하고 국교정상화를 목표로 하겠다는 다짐을 토로했다.

핵보유 대가가 유감없이 발휘되고 있는 셈이다. 북한이 핵을 수단화하지 않았다면 그런 역학이 가능했을까. 북한의 핵은 단 한번 작동으로 우리를 예외로 하지 않는 수백만명의 살상이 가능한 무기다. 한 집안에, 한 조직에, 한 사회에 상대의 목숨을 겨눌 수 있는 칼, 비수(匕首)를 감추고 협박하는 연상이 자연스럽다. 칼 버릴테니, 돈 내 놓고 간섭말라란 요구 말이다. 평안과 화목이 깃든 집안, 세상에 칼든 사람의 집요를 저항없이 받아들여야 하는지 진한 회의가 생긴다.

못된 심성에 불순한 의지로 칼을 숨기고 살면 대접받는다는 사례, 그 모델이 생길까 두렵다. 개인도 국가도 마찬가지다. '생존'이 과정 모두를 정당화시킬 수 없다. 생명을 위해(危害)하는 흉기앞에 무조건적 굴신과 보상이 절대선일까. '핵페기'면 전대미문의 인권탄압 악행과 지구상 유일의 권력세습 해악은 넘어가도 될 사안인가. 오직 권력자만 자유가 보장된 독재체제의 주민안위는 쓸모 없는 일인가. '조선민주주의 인민공화국', 그들의 국명(國名)에 들어간 민주주의는 그러한 야만을 허용하지 않는다. 편향없는 관찰, 특별히 북한의 진정성을 갈망한다.

(2019. 4. 18)

남부권 신공항, 사천은 왜 안되나?

깊은 바다를 매워야 하는 부산 가덕도, 준령이 즐비한 산을 깍아야 하는 밀양을 두고 일단락된 남부권 신공항 논란이 또다시 점화되고 있다. 지난 정부시절인 2016년 이맘때, 양 진영 모두 어림잡아 10조원의 공사비가 필요한 대 역사(役事)임을 감안하여 김해신공항 건설로 결론을 맺었다. 새정부 출범이후인 지난해는 이 방침을 굳히는 김해신공항 기본계획 수립을 위한 용역결과를 발표했다. 이로써 인천공항에 이은 한국의 제 2관문이 될 남부권 신공항은 김해에 들어선다는 정부입장이 확인된 바 있다.

그런데 최근들어 정치권에서 신공항 입지 재검증을 들고 나와 논의의 초점을 되돌려 민의를 호도하는 것 같다. 지금 정부도 이를 방조하듯, 검증 논의를 총리실로 격상시켜 옮긴다는 방안까지 내놓았다. 정부가 공청회를 비롯한 수많은 검증 및 용역절차를 거쳐 확정한 방안을 또다시 재검토 여지라는 꼬리를 붙여 좌고우면하는지 모를 일이다. 확정안의 옳고 그름을 언급하는게 아니다. 물론, 어떤 방도도 신성불가침에 만고불변한 것은 없다. 그렇지만 길게는 10년 이상 창창한 각 지역의 민의를 담은 의견수렴 절차를 거쳤다. 종국적으로는 각 지역 광역단체장의 용역결과에 따른 정부방침을 승복한다는 합의문서까지 찰랑거리고 있는 시점이다.

특정지역 출신의 정치인에 의한 정치적 고려에 따른 재검토 요구가 수용된다면 다른 지역의 감당하기 힘든 반발에 부딪칠 것이다. 심지어 지금까지 들린바 없는 '경기남부 신공항'건설이라는 대체 방안까지 설정되고 있다. 맞고, 틀리고가 아니라 정부방침의 육중한 가치와 비중이 존중되어야 한다는 말이다.

특정지역이 특별히 부각된다면, 이를 계기로 새로운 입지제안도 명분의 틀이 갖춰질 것이라는 전제로 제기한다. 다름 아닌 공군훈련비행단이 있는 사천이다. 남부권 신공항 건설의 골간은 향후 몇 년 안으로 인천공항의 수송한계가 도달한다는 예측과 함께 서울 및 경기지역을 제외한 중남부 지역 주민의 접근성 편의제공에 있다. 이들 지역에서 인천은 너무 멀다는 얘기다. 우선 입지를 보자.

사천은 입지관련 경쟁 당해 지역인 대구와 부산에서 각각 1시간 남짓한 시간대에 접근이 가능하다. 밀양과 부산 지역을 기준으로 본다면 공평성이 돋보인다. 여기에 울산과 광주는 물론, 대전을 포함하는 3개 광역시로부터 1시간대에 도착이 가능한 입지적 장점이 있다. 더욱이 사천공항은 남해고속도로와 수백 발걸음 거리에 인접하여 배후 교통과 관련한 새로운 인프라 구축을 필요치 않는다.

잘 알려진대로 사천공항은 군사용 시설이다. 역시 훈련비행단이 있는 광주와 경북예천으로 분산하거나 이전하여도 군사력 감퇴 등 치명적인 폐해가 발생하지 않는다. 전투비행단과 훈련비행이 가능한 전대(戰隊) 등 수십개 비행단의 전략적 기능을 통합하면 프로젝트 패착을 상정할 결정적 장애는 없다. 기존의 활주로를 십분 활용함과 동시에, 필요한 활주로 신설 및 확장도 비교적 용이하다. 여기에 이미 사천은 항공 및 우수 특화도시로의 인프라가 충분히 구축되어 있다.

군, 특히 군사비행을 수행하는 공군의 역할조정이 말처럼 쉽지 않겠으나, 물경 10조원이 소요되는 신공항건설과 이에 버금가는 김해신공항 확장에 비하면 경제적 부담은 획기적으로 경감된다. 말이 10조원이지, 일 억원이 10만개다. 분명한 전제는 정부가 확정한 정책은 흔들림 없이 이행되어야 한다. 갈등을 야기할 명분과 소지를 방지하는 것이다. 만약 그렇지 못하다면, 사천으로의 남부권 신공항은 이전의 어떤 방책보다도 훌륭한 입지 대안의 하나가 될 것이다. 힘 좀 있는 사람이 앞장서고, 주위에서 '으쌰 으쌰'하면 못할 일 아니다.

(2019. 5. 29)

왜 김천이지?

두 번의 국무총리를 맡았고 지난해 타계한 분께 들은 얘기다. 경부고속도로를 건설할 당시의 에피소드로, 그때 박정희 대통령은 고속도로상의 요금소를 경사가 진 오르막길에 설치말도록 특별히 당부했다고 한다. '하이패스'시스템을 갖춘 지금과는 다른 상황이지만, 요금소에서의 필수 정차후 오르막길 재발진은 더 많은 기름소비를 부른다는 이유였단다. 아울러 돈이 좀 더 들더라도 가급적 도로의 기울기를 최대한 낮춰 곳곳의 급경사를 줄이도록 주문했다고 한다. 초기투자로 항구적 기름 과소비를 방비한 혜안으로 비친다.

수많은 곡절과 위기가 따랐지만 올초에 김천과 거제를 잇는 약 170km의 남부내륙고속철도 공사가 확정된 바 있다. 예비타당성조사 면제 사업 결정에 따름이다. '서부경남 KTX'로 별칭된 이 역사(役事)로 국토균형발전이라는 성장동력으로 발돋움될 것으로 기대가 크다. 등잔밑이 어두웠던지, 공사여부에만 몰두한 까닭으로 노선확정에는 덜 신경을 둔 게 아닌가 하는 아쉬움이 있다. 중부의 심장이자 교통 중심지인 대전이 기점이었으면 여러 측면서 타당성이 더 높다는데서 그렇다. 현재 계획된 김천과 진주노선, 늘어진 'ㄱ자 형태'를 곧장 직선화 노선인 대전과 진주로 바꾸면 많은 측면의 긍정 요소가 많을 것 같다.

만약 대전과 진주로 직선화 시키면 서울까지의 거리와 탑승시간이 획기적으로 단축되고, 이용요금도 많이 저감된다. 진주를 기준으로 김천까지는 약 115km, 김천서 대전까지의 기존노선 약 90km를 더하면 총 205km를 달려야 한다. 그러나 진주서 곧장 대전까지는 약 160km만의 공사만으로, 탑승이 가능하다. 어림잡아 기존계획 보다 50km내외, 시간으로는 약 20분정도가 절감된다. 최대치 기대로는 진주서 서울까지 '1시간 30분대'여행이 가능해 진다. 진주서 점심먹고 서울서 일보고, 저녁을 진주서 지낼 수도 있다. 주 수요층이 될 사천, 통영, 거제시민의 경우도 같다. 요금역시 한 사람당 왕복에 15,000원 남짓 저렴해 진다. 2028년 개통되면 지금의 약 400만명 이용객이 배수 정도로 늘어 날 것이란 전망이다. 시간단축과 비용절감을 단순 수치화하면 엄청난 수준이다. 그 이용객들 한사람 한사람의 비용과 시간 단축이 결코 무시될 수준이 아닌게 된다.

서부경남의 산업적 도약과 성장은 괄목할 수준으로 뻗어 나갈 것이다. 여기에 기존 대전과 진주간 고속도로가 개설되어 있어 이 구간의 토목공사가 가야산을 관통하는 계획노선 신설보다는 상대적으로 수월하며, 따라서 공사비도 절감될 것이라는 예측이다. 시간당 300km 이상을 달리는 고속철은 노선의 직선화가 핵심이다. 국토를 대충 살펴보아도 굽어있는 계획노선에 적지 않은 의아심이 든다.

노선변경이 말처럼 쉬운 프로젝트는 아니다. 난관이 엄청날 것이다. 향후 몇 년 안에 개통 개정인 김천중심의 중부내륙 고속철 노선과의 연계도 간과할 수 없다. 또 버스노선과 달리 철도는 출발지와 도착지만 염두에 두어서도 곤란한 일이 된다. 정차역의 존재도 중요하다는 말이다. 국토 균형발전과도 뗄 수 없는 과제다. 그런점에서 합천과 의령권의 반발은 명약관화한 일이다. 하지만 상대적 개념으로 노선이 변경된다면 산청과 함양의 미래 청사진은 더 빛나게 될 것이다.

철도는 주민의 편의와 국토발전을 위한 반영구적 SOC의 중심축이다. 그런 관점에서 타당성이 새롭게 발견되면 변경의 명분은 생겨난다. 해인사를 비롯한 합천과 의령지역으로부터 가장 근접한 신설 고속역까지의 지선(支線)건설 등 주민이 받아들일 수 있는 다른 인프라 구축으로 대체될 수도 있다. 국가철도망 구축에 따른 정부의 합리적 계획일 것으로 믿는다. 하지만 국토의 교통인프라, 미래의 지역 이용객의 편의와 편리 등 모든 이슈를 두고 재검토해 볼 여지는 있어 보인다.

(2019. 6. 20)

법 안지키는 법무부장관

형(刑)이 확정되기 전이라 단언하기 힘들지만, 재혼 전 남편을 죽이고 시신을 엽기적으로 훼손한 30중반 여성피의자에 대한 손가락질이 유별나다. 생물시간에 실습하는 개구리 해부도 섬뜩하게 여기는게 보통사람의 성정이라면, 참 잔인하고 기이한 살인사건이다. 강간을 피하려고 6층에서 투신한 20대 여성을 잡아 끌고 성폭력후 무자비하게 살해한 사건도 있었다. 그 피의자는 범죄 전력으로 전자 발찌를 차고 있었다. 여성의 아버지는 그를 사형시켜 달라고 애절한 청원의 글을 올렸다. 그런데 그 피해자의 절규는 공허한 몸부림에 지나지 않을 것이다. 재판을 통해 설령 사형선고가 있다 한들, 집행을 22년째 하지 않음으로써 이들의 사형은 없을 것이다.

사전에 모의한 계획 살인이라도 한 두사람 정도를 죽인 피고인에게 사형을 선고하는 경우는 거의 없다. 많아야 무기징역 정도에 그친다. 지금도 기억되는 희대의 연쇄 살인마 김길태, 유영철, 강호순, 정남규 등의 범죄는 오금 저려질 정도의 극악무도한 사건이었다. 이들 사형수중에는 복수단위의 사람을 죽였다. 사형선고를 받고도 많게는 십 수년간 집행없이 복역하고 있다. 반면에 이들의 피해자 가족은 평생을 씻지 못할 극도한 트라우마를 안고 살고 있다. 어쩌면 가해자인 사형수가 생명을 잃은 피해자를 차치하고도, 그 가족보다 더 편한 삶을 살고 있을지도 모른다. 이런 해괴한 일도 있는가.

사형수인권을 들먹이며 사형제 폐지를 금과옥조로 봐선 안된다. 또한 그 존치를 야만적이거나 반인권 개념으로 등식화 시키는 것도 우둔하다. 기실, 사형제도의 유무와 그것과 관련한 인권 및 민주개념을 연관시키는 것은 무리다. 체제와 민족마다의 문화와 사회적 배경에 따라 결정할 수 있는 가치선택의 문제이기 때문이다. 대체로 종교적 교리(教理)가 강하게 남아있는 유럽의 많은 나라는 사형제를 폐지했다. 하지만 공동체 윤리나 죄 값, 응보(應報)개념이 활발한 우리와 일본, 중국 등 아시아 대부분은 사형제를 유지하고 있다. 미국은 범죄유형 등 문화적 배경에 따라 각주마다 다르다. 교포가 많이 사는 캘리포니아를 비롯한 38개주가 사형제를, 알라스카를 포함한 13개주는 사형제도가 없다.

사형제도가 없는 유럽과 알라스카는 민주 혹은 인권범주이고 일본과 미국, 캘리포니아는 반인권, 비민주주의 구분하는 것은 이성적 분류가 아니다. 나라 마다의 관습에 따른 선택적 결과다. 사형제도를 유지하는 나라를 비민주주의 국가로 몰아가는 폐지론자들의 상징폭력이 간단하지 않다. 미국의 텍사스주는 사형제를 부활시킴으로써 이전의 년간 700여 건의 살인사건이 평균 300여건으로 줄었다는 사례가 있다. 범죄예방 효과가 있다는 방증이다.

형사소송법 465조는 사형의 집행을 규정하면서 법무부장관은 형의 확정일로 부터 6개월 이내에 집행하도록 했다. 그런데도 지난 1997년 12월에 23명의 사형수를 형 집행하고는 아직까지 목숨을 내 놓은 사형수는 없다. 법무부장관의 명백한 실정법 위반이다. 사문화된 조문을 방치한다면 입법기관인 국회도 책임이 있다. 행여 사형집행이 비인권론자로 비춰질까 봐 망설이는 것이다. 비겁하게도 비친다. 누가 사람의 천부적 권리인 삶을 박탈하고 목숨을 거두는 형벌을 찬성하겠는가. 하지만 사형수인권 보다 잠재적 피해자가 될 전체 국민의 그것이 더 존귀하다.

언젠가 국회에서 사형제도를 주제로 학술대회를 개최했다. 좌장으로 폐지론 주제발표자에게 공개적으로 물었다. 그 폐지론자에게 늘 하던 질문이다. "그대 배우자나 누이를 강간하고 살해하여 사형수가 되어도, 당사자로써 용서하고 사형불가를 주장할 수 있냐"고. 수준낮은 질문이었는지 멀뚱한 모습에 답을 듣지 못했다. 그는 부산출신으로 당시 서울대 법학과 교수였다. 지금은 실세중의 한사람으로 꼽힌다.

(2019. 7. 18)

경상대학교 사천캠퍼스는?

광역자치단체라는 용어는 본격적인 지방자치 시대가 열린 이후 생겨난 행정단위다. 그 이전에는 직할시가 있었지만 도(道) 단위 행정구역으로 나뉘엇다. 교육은 백년지대계라 하여 역대 정부는 교육을 통하여 나라를 일으킨다는, 교육입국(教育立國)을 위해 정성과 투자를 아끼지 않았다. 그 방안의 하나로 전국 각 도를 거점으로 국립대학을 세우거나, 그 범주 대학으로 전환시키는 정책을 구사했다. 서울에는 서울대학이, 강원도는 강원대, 전남은 전남대, 경북은 경북대, 제주도는 제주대로 하여 도명을 대학 이름으로 사용하였다. 상징효과가 컸다. 그런데, 유독 경남은 그 도명을 사용하는 대학이 사립이다. 지금도 그렇다. 경남의 거점 국립대학인 진주의 경상대학교만이 도명이 아닌 교명으로 오늘에 이른다.

한솥밥을 먹던 처지로, 각각 창원과 진주인근 출신 인재를 육성한 각각의 사립 경남대와 국립인 경상대의 역할과 기여를 보면 예사로운 일로 여길수 있을 것이다. 하지만 진주를 연고로 한 주민들의 서운함을 적지 않았을 것이다. 오죽했으면 교명 획득을 위해 송사(訟事)까지 벌렸겠는가. 이런 배경에 이런 에피소드가 전해 온다. 세계적 기업으로 성장한 LG의 구인회 창업주 실제(實弟)면서 국회부의장을 역임한 진주태생의 6선 국회의원과, '피스톨 박'으로 일컬어지면서 당대 최고급 실력자였던 창원출신의 전 청와대 경호실장이 각각 자신의 연고지에 '경남대'라는 교명을 얻도록 치열하게 싸웠다. 결과로 창원출신 인사가 승리하여, 당시 그가 재단이사장으로 있던 학교가 도명인 '경남'을 사용하는 교명을 획득했다고 한다. 가담(街談)은 아닐 테지만, 굳이 정설(定說)로 확인할 일도 아니다.

경상대 입장에서 살피면 전국의 도명을 사용하는 유수한 국립대학과 달리, 지난 일이지만 굳건한 성장동력 하나를 놓친 것은 분명해 보인다. 도약과 성장을 위한 무량한 몸부림이 절실하다는 명분이 자연스럽게 배인다. 우수한 지역인재를 더 우수하게 육성하도록 말이다. 형식이 내용을 지배한다는 말이 있 듯, 학교가 더 커져야 한다. 인근 사천에 캠퍼스 개설이 그 일환이 될 만 하다. 지금의 통영캠퍼스에 더해, 사천캠퍼스를 조성하는 것이다.

그냥 사천이 아니다. 사천시는 세계 탑 글래스 항공우주도시로 자리 매김한 미국의 시애틀에 견줄 인프라가 촘촘히 구축되어 있다. 국내 항공산업 매출의 6할을 점할 정도의 이 분야 선도적 도시 위상을 확보하고 있다. 항공설비 및 유지산업, MRO를 비롯한 항공우주산업은 이미 고효율 신성장동력 미래산업으로 각광받는다. 그 예리한 콘텐츠가 사천시에 축적되어 있다. 경상대학교 항공우주대학이 사천에 들어 선다면 양자의 '윈윈'이 예약된 듯 보인다. 항공우주관련 학과 신설 및 집적으로 지역 특성을 활용한 화력을 얻게 된다. 전문인력 등 맨 파워 뿐아니라, 물적 인프라도 이만한 데가 없다. 대학의 경쟁력강화에 큰 몫이 될 것이다. 마땅히 강소도시를 지향하는 사천시의 성장 비젼과도 틈새없이 맞아 떨어진다.

지금도 경상대는 십 단위 정원의 특수대학원인 항공우주대학원이 개설되어 있으며 정부 재정지원이 전제된 특성화 분야로 지정되어 있다. 사천시에 소재한 KAI 등 관련 기업 및 단체와의 간헐적 산학협력이 진행되고 있다. 더 넓고, 크게 봐야 한다. 경쟁 대학과 우열을 다투는 자치단체가 엄존한 현실이다. 인천공항이 있는 인천광역시 인근을 비롯한 여러 자치단체가 호시탐탐 사천시를 위협한다. 서울대, 한국항공대, 인하대 등 이 필드 특성화 분야를 구축한 빼어난 대학들이 경상대학교 레벨에 못 미친다 할 수 없다. 우주, 물류, 운항 등 항공분야 전체를 망라한 한국 제일 학부 항공우주대학과 대학원을 포괄하는 경상대학교 사천캠퍼스 신설은 사천시와 경상대학교의 창창한 비전을 구현하는 호기가 될 것으로 믿는다.

(2019. 8. 14)

법무부장관 후보자

교수를 주축으로 학계에 종사하는 사람들의 연구단체인 '학회'에서 주관하는 학술대회의 주제발표자를 섭외하는 일이 생각처럼 쉽지 않다. 여느 토론회와 달리, 새 논문을 기본으로 지금까지 공표된 이론과 별도의 창조적 논조를 처음 공개해야 하기 때문이다. 당사자는 해당 학계에 공적을 쌓아간다는 영예도 있지만 응낙에 많은 부담을 갖게 된다. 논조와 연관된 갖은 공방을 감수해야 한다. 때에 따라서 그 학설과 관련한 파장도 나타난다. 학자로 인정받는 자긍심도 생기지만 고독한, 연구여정의 매우 고달픈 프로세스라 할 만 하다. 주제발표자가 아닌, 토론자로 참여하여도 논문 한편 집필에 버금 갈 정도의 연구실적으로 인정하는 대학이 많다.

몇해 전의 일이다. 당시에도 학회장으로 있던 한국인권사회복지학회는 국회 법사위원장과 공동으로 국회에서 정기 학술대회를 열었다. 지금도 매듭을 짓지 못하고 있는 '사형제'가 주제였다. 명망있는 주제발표자를 찾고 있던 중, 일생 동안 마음속의 '절친', 검찰출신 변호사를 통해 서울대 법대 한 교수를 알게 되었다. 그의 여러 논문을 살피고, 적임자로 정했다. 절친의 절친이었기에 좋은 인상을 가졌다. 지금도 그렇지만 훤칠한 키에 용모까지 준수하여 참석한 여러 여교수들이 그와 사진찍기를 주저하지 않았던 잔상이 있다. 그는 지금 법무부장관으로 지명되어 인사청문회를 앞두고 있다.

사형제폐지와 관련한 그동안의 논거가 포함됐다. 인간생명 존엄성을 근간으로 형벌로써 그것을 박탈할 수 없으며, 교정 및 교화로써 개전의 기회가 보장되고, 법원판결에 대한 오심(誤審) 가능성을 배제하지 못하며, 정적 혹은 그 세력을 처단하는 수단으로써의 정치적악용 가능성 등이다. 여기에 더하여, 독창적 이론을 설파했다. 여적죄(與敵罪), '적국과 합세하여 대한민국에 항적(抗敵)하는 행위는 반드시 사형에 처한다'는 형법 제 93조 개정 당위를 강조했다. 그 전제는 사형제폐지라는 논조였다. 대안으로 감형없는 종신제(終身制)를 제창하였다. 사형제 당위를 오랫동안 주창했지만, 좌장으로 진행을 맡은 처지로 형식적 중립을 취했다. '사형제존치'주제발표자도 당연히 있었다. 또 각 진영 동수의 찬반 토론자가 구성되었고, 정부 입장을 대신한 부장검사 한분도 토론자로 참여하였다.

대회이후, 사단(事端) 일었다. 주제발표자의 논문표절 시비였다. 이전 논문과 동일문장이 대거 사용된 흔적을 제보해 왔다. 자기표절 및 이중게재를 지적했다. 때 맞춰 한 미디어감시 매체의 집요한 취재요청이 왔다. 지금의 매우 엄격한 상황과 달리, 당시는 용인될 수준의 인용이었다는 개인적 의견이 있었다. 학회 임원들에게, 특정 언론의 정치적 악용 소지가 있을 개연성을 강조하면서 취재에 응하지 않았으면 좋겠다는 의견을 전했다. 문제를 덮자는 의미가 아니라 좋은 일도, 문제의 본질이 아닌, 개인을 '까는'취재의도를 의심하기도 했다. 봉합되었다.

시간이 지나 그는 새정부 들어 '민정수석'이라는 엄중하고도 높은 벼슬을 더해 장관에 내정되었다. 정치인이 앞뒤를 살피지 않은, 학계의 리얼한 현실 몰이해도 있다. 다만, 유독 그에게 수많은 표절시비가 비상하는 까닭을 스스로 살폈으면 좋겠다. 품격을 말할 수 없는 SNS상의 여러 구설도 온당치 않다. 공직발탁을 위한 그동안의 인사검증 책임자로서 성공했다고 결코 말하기 힘든다. '폴리패스'와 관련한 상대 평가와 자신에 대한 잣대가 다른 이율배반에 인격적 의구심이 인다. 생각이 다른 세력을 '매국'으로 매도하는 것도 국무위원 행로의 합당한 걸음으로 보이지 않는다. 무엇보다, 계획범죄로 체제전복을 목적으로 한 '사노맹'에 연루되어 징역형 전력이 있다. 곧 있을 청문회를 통해 이러한 의혹과 부정 인식을 해소하여 정해진 자리에 안착할지, 기대 또한 있다.

(19. 10. 17)

안희정과 조국

득표 차이가 적지 않았지만 현직 대통령을 배출한 정당의 후보경선 전당대회에서 2위로 등극했던 안희정 전 충남지사 재판이 지난달에 끝났다. 납득되기 힘든 추문이 재판을 통해 속속 드러났고, 1심의 무죄에서 2심은 법정구속에 징역형으로 반전되어 최종심인 대법원 판결로 유죄가 확정되었다. 업무상 위력 등에 의한 간음이 죄형이다. 이 사건이 없었다면 집권당의 차기 대권후보중 가장 강력한 위세가 나타났을 것이다. 정교한 언어구사에, 출신지역의 독특한 억양과 함께 저항감 없는 언변이 매력을 더했다. 여기에 선후배에 어필한 적절한 범절은 경쟁력으로 읽힐 만큼의 정치적 자산으로 평가받았다.

이 재판을 거치는 동안 새로운 법률 용어가 생겨났다. 이름하여 '성 인지 감수성'이다. 꼭 같지는 않지만 2-30년전 부터 인권의식이 활발한 서유럽이나 미국에서 정착된 '젠더 감수성'과 유사한 것이다. 나라마다 역사와 문화적 전통을 배경으로 하는 남녀간 성별에 대한 인식, 혹은 그 불평등을 없애기 위한 다양한 시책의 근원으로 작용했다. 우리의 경우, 이 인식이 선진화됐거나 모범사례가 풍부하다고 말하기 힘든 형편에 있다. 역설적이지만, 안희정 한 개인의 불행한 사례가 그 인식을 보편화시킨 계기가 되었다. 가해자와 피해자의 신분, 즉 직급차이와 양자의 직무 성격에 근거하여 범죄행위로 밖에 해석될 수 없다고 법원은 판단했다.

온갖의 극단적 논란을 양산하면서 '사태'로 변질시키고 이틀전 사퇴한 법무부장관 행태를 사펴본다. 그의 성명조차 더 옮기기 꺼려진다. 배우자의 피의사실을 확인하기 위한 압수수색중에 현직 장관이 현장을 지휘하는 검사와 통화했다. 범인(凡人)은 상상도 못할 일이다. 그런 통화가 가능한 사람이 몇이나 될까? 이 사실을 두고, 인사권자인 장관이 느끼는 형편과 그 장관의 판단에 따라 보직이 변경될 수 있는 검사의 사태 감지는 같을 수 없다. '직무인지 감수성'이라 말하겠다. 실제로 당사자는 부적절한 통화였다고 술회했다. 검사는 검찰청 소속이지만 그에 대한 인사권은 전화를 건네 받은 법무부장관에 있다.

압수수색을 당하는 배우자의 심신에 대한 우려가 있었음은 당연하다. 사람이면 그렇다. 그러나 모두가 그렇게 못한다. 법무부장관으로서 '관여하거나, 방해하기 위한 어떠한 지시도 없었다'는 취지의 소명에 뭇 대중이 발끈했다. 수사대상인 피의자가 담당 검사를 면전에 두고, 배우자라하여 수화기를 전달할 수 있는 사람이 과연 있을까하는 강한 의구가 든다. 법치를 흔드는 있을 일도, 있어서도 안되는 일이다.

인사권자가 자신의 성적욕구 해소 대상으로 자신의 비서를 마음대로 농락한 사실을 두고 두사람간 느끼고 인지하는 감수성은 동일하지 않다는 사례와 판이하지 않다. 따라서 '성인지 감수성'이라는 생경한 법률용어가 생겨난 것처럼, 앞으로 직권남용과 다른 의미로 '직무인지 감수성'이라는 법률용어가 만들어 질 것이다. 먼 시간 이후가 아닌, 곧장은 아니라도 2-3년안의 재판과정에서 형성될 소지가 있다.

지난날, '상전'이나 '웃사람'허울로 직급이 낮은 사람에 대해 몰인격, 비인권 수준으로 '이래라 저래라'하는 것이 예사롭게 여겨지던 때가 있었다. 세상이 달라졌다. 그런 감수성에 둔감한 것은 지도자로서의 자질에 한참 비껴난다. 그 부당한 일탈에 구질한 변명, 성찰없이 본질을 굴절시키는 비겁함도 속을 매스껍게 만든다. 한때의 지도자 반열에 있었던 두 사람의 공통분모가 분명해 보인다. 양두구육(羊頭狗肉)을 떠올리게 하는 위선이 그것이다. 이성인 비서를 농락하고도, 사랑과 연정(戀情)을 호소하면서 법망 탈출을 감행했다. 생동하는 권력을 업고 현장에 있던 검사와 통화하면서 배우자로서의 책무와 인륜을 들먹였다. 이율배반의 천부적 모습에 실색된다.

통일이 싫다

한창 생애의 20대 북한 청년 2명이 그곳이 싫어 탈북했다가, 우리 정부는 오히려 살인범으로 몰아 북송시켰다는 의혹이 제기되었다. 사실이라면 공노할 인권유린이다. 지난달 말, 북한은 우리의 전역을 사정거리로 하는 초대형 방사포를 시험 발사했다. 여러개의 로켓탄을 단 한번의 버튼으로 발사하는 방사포 시험발사가 올해만도 12번 있었다. 한달에 한번 이상이다. 당사자인 우리는 말할 것도 없고 세계평화를 위협하는 군사도발이다. 청와대 안보실이나 국방부는 위협으로 보지도 않는다. 안보불감증, 그려러니 한다. 아전인수로 해석한 억지 평화구축 분위기를 해칠까 어떤 조치도 없다. 발사대를 남쪽으로 향해 쏴, 수백만명의 사상자가 생기면 어쩌나?

독재자 김정은 꼭두각시에 불과하여 어떤 재량권도 없는 북한 외무성 관리는 며칠전 "기회의 창이 매일 조금씩 닫혀가고 있다"라는 말을 풀어 놓았다. 빨리 경제제재를 풀고, 비핵화 시늉에 대한 대가로 돈을 내라는 뜻이다. 연말까지 시한도 정했다. 환심을 얻기 위한 우리 정부의 애절한 심사가 애처롭기까지 하다. 협박과 유화 제스처를 반복한다. 공산주의 전형 전술인 담담타타(談談打打)다. 상대가 강하면 대화로, 반대로 약하다 싶으면 곧장 밟아버리는 기회주의말이다. 지겹고 역겹다.

왕권체제 같은 3대에 이른 권력세습을 이룬 곳이 북한이다. 천지지지(天知地知), 하늘이 알고 땅이 아는 '신격화'그 실체다. 조부와 부친에 이어 정권을 세습받은 김정은을 용인하기 어렵다. 지구상 어느 국가도 굶어 죽는 데가 거의 없다. 북한은, 한 해 수십만 명이 굶어 죽는다. 김정은은 절경을 이룬 곳곳에 수십개의 호화별장을 갖고, 술과 귀금속 등 사치품을 한해 평균 수천억원 이상 사들인다. 새파란 독재자는 주민을 상대로 일말의 실수도 용인하지 않고 온갖의 억압을 자행한다. 인류의 보편적 가치인 사람답게 살 권리, 인권은 상상조차 불허한다. 백 수십개가 넘는 정치범수용소가 지금도 운용되고 있음이 좌증한다.

개인숭배를 통치기반으로 활용한다. 공산주의를 창시한 마르크스가 통분할 일이다. 면전에서 연습한 듯, 박수조차도 일체감을 드러내야 한다. 사람사는 이 세상에서 사멸된 전체주의 행태가 거리낌없이 자행되고 있다. 김정은이 말하면 모든 사람이 필기도구를 갖추고 받아 적는 흉내가 필수적이다. 젊은 집권자가 공사석을 가릴 것 없이, 단 혼자만의 끽연만 허용된다. 전쟁무기로 실전시험을 장난감 다루듯, 재미를 붙인 것 같다. 그 포탄의 희생은 우리, 지구인이다.

무력도발과 군사충돌 방지협약을 담아, 분단 이후 최초의 평화협정이라 할 1970년대 親성명'공표 이래로 남침용 땅굴을 수십 개나 팠다. 그 출구가 수 백개다. 아직도 생존해 있는 500여명의 전쟁포로와 강제 납치한 수백명의 우리 어부가 북한에 생존해 있다. 툭하면 이들의 생명을 남북협상 카드로 활용한다. 핵무기를 보유하면서, 글자 그대로 목숨을 위협할 비수를 갖추고 우리와 세계를 협박한다.

선의로 결행한 대통령의 방북으로 약속한 답방도 돈 안주면 안한다는게 그들의 불변적 자세다. 서울답방이든 또 한번의 북미 정상회담이든 단하나, 오직 미국 주도의 UN 대북제재 완화가 유일 목적이다. 돈. 돈이다. 그 길이 정권을 유지할 수단이니 말이다. 북한정권의 평화와 통일에 대한 진정성을 의심해 봐야 하지 않을까. 통일이 소원이라 했던가. '핵'을 안고 위장된 평화전략을 구사하는 전대미문의 세습 독재가가 건재한 그 정권과의 그것이 소원이 될 수 없다. 개전(改悛)없는 시혜나 은전은 그의 독재체제를 고착화시킬 뿐이다. 우리의 희생이 북한주민의 억압과 인권침탈로 연계된다. 김정은정권과 함께하는 통일은 결단코 싫다. 가장된 평화로, 자유민주주의가 보장되지 않기 때문이다. 선대의 어떤 희생으로 일군 자유 대한민국인데 말이다.

朝鮮日報

(2021. 8. 12)

TBS 편파성 방치해선 안 돼

서울시 교통방송(TBS)은 세종문화회관이나 서울문화재단같이 서울시가 출연한 재단법인이다. 매년 전체 예산의 70% 이상을 서울시민의 세금으로 충당하고, 서울시장이 임원 임명을 비롯, 사업 전반 및 예·결산 감독권을 가지고 있다. TBS가 송출하는 라디오 방송은 공공의 재산인 전파를 사용하고 있다. 지상파 방송은 케이블을 사용하는 종합 편성 채널 등과 달리 별도의 사회적·공적 책임을 가지고 있다. 하지만 TBS의 간판 프로그램인 '김어준의 뉴스공장'의 경우 정치적 편향성 논란이 빚어지고 있다. 이 프로는 한국방송광고진흥공사가 실시한 조사에서 같은 시간대 다른 방송사의 유사 프로그램에 비해 '중립성'평가 항목에서 30점 이상 낮은 점수를 받았다. 방송법이 규정한 방송의 공정성과 공익성을 정면으로 위반한 것이다. 최근에는 보수 성향 시민단체 등이 TBS의 예산 낭비, 위법 편파 방송, 김어준의 과다 출연료 등에 대한 감사를 청구하는 국민 감사 청구서를 제출하기도 했다. 서울시는 편파적인 '뉴스공장'을 더 이상 방치해서는 안 된다.

(2021. 1. 14)

'대증(對症)입법', 졸속법률 부추긴다

추위가 연일 계속된다. 춥다. 그러니 밖에 나가기 싫어진다. 낮은 기온만큼이나 습도도 매우 떨어져 있다. 건조하니 피부도 마른다. 아토피와 같은 피부질환이 극성이다. 활동량이 줄어드니 소화기능도 약화되고, 열독이 생기니 감기 바이러스가 쉽게 침투한다. 체질의 자생능력과 면역체계를 간과한 채, 너무나 뻔한 대처 방안만이 눈과 귀에 들어온다. 따뜻한 곳만 찾게되고 가려움증 해소를 위해 연고를 바르거나 항생제를 먹는다. 금방 나아지는듯 하지만, 재발된다. 고통이 멈추지 않는다. 일시적 괴로움을 억제하는데 그칠 처방 때문이다. 질환의 근본 치유가 불가능하다. 증상에 대처하는 대증요법(對症療法)의 상징적 과정이다. 체력을 키우는 습관과 환경개선으로 체질을 강건하게 만들어 각양의 질병을 이기도록 해야 한다. 항체를 키우고 면역력을 높여 병을 고쳐야 하는 것이다.

우리 몸과 마찬가지로 사회병리에 대처하는 방안도 그래야 한다. 눌러서 억제하는 방도보다는 문제의 근간을 발견하고 그 장애요소를 제거해야 한다. 비행(非行)이나 범죄 또는 사고가 발생하면, 그 원인이 무엇인지 혹은 그 사안의 발원요소가 무엇인지를 파악하는 고뇌가 뒷전인 경우가 많다. 국회의원 등 정치권은 앞다퉈 감성적으로 접근하여 무조건 법률로 금지하거나 처벌 형량을 늘리는데 관심을 둔다. 인기영합과 같은 대중심리에 어필하고자 함이 까닭이다. 사건터지면 '뚝딱', 입법과정을 살피면 여실히 드러난다. 이른바 '졸속입법'이 양산되는 것이다.

입양한 양부모의 엽기적 학대로 목숨을 잃은 너무나 귀엽고 가여운 '정인이'의 '정인이 사건 방지법'으로 불려진 법률 3개가 사건이 조명된지 불과 6일 만에 고쳐졌다. 발의되고 해당 상임위와 법사위를 거쳐 본회의를 통과한 시간이 그렇다. 번개불에 콩 볶듯한 속전이다. 국민적 공분을 가져올 가해자에 대한 처벌이 더 세졌고, 아동학대 의무 신고대상자의 범위를 넓히는 등의 조문개정은 옳은 방향이다. 전향적이다. 하지만 그렇게 전격적으로 고치게 됨에 따라 불거질 부작용은 없는지, 다른 형사법 체계와 충돌은 없는지에 대한 고민은 부족했다. 최고 사형까지 가능한 징벌적 극형이 늘면 범죄 수법과 그 행태가 더 교묘하고 악랄해진다는 것은 범죄심리학의 기초다. 아동을 한정하는 연령의 법률적 구분도 형사법상 각각의 개별 법률에 통일되어 있지 않다.

천진했던 8세 소녀 '나영이'를 성폭행하고 지난 연말에 징역 12년형으로 만기출소한 조두순과 관련한 '3법'개정도 그랬다. 아동청소년보호법, 전자장치부착법, 보호수용법 개정을 통해 피해자 보호를 강화하고 가해자 이동반경을 더 제한했으며 더 강력히 격리시킨다는 내용이 골자다. 자세히 뜯어보면 범죄입증이 쉽지 않은 조항이 포함됐고, 실효성 또한 떨어진다는 분석이 나온다. 12년동안 가만히 있다가 조두순이 출소한다니, 급거 처리한 '대증입법'이라 할 만하다. 이와같이 사건이 발생하면 땜질식 법안 발의가 봇물 터지듯 하다. 지난 20대 국회에서 발의된 법안이 무려 3만 여개에 이른다. 그중 3할이 넘는 만 여개 법률은 해당 상임위내의 법률심사소위에 회부하지도 못했다. 논의조차 힘든 수준미달 개정안이라는 명징한 방증이다. 전체의 1할 남짓만이 '개정법률'리스트에 올랐다.

국회의원의 핵심기능인 법안 발의는 어떤 활동보다도 가치롭다. 존중되어야 한다. 하지만 진중해야 하며 처절한 골몰이 있어야 된다. 법을 바꾸는 일은 사회시스템을 변동시키는 것이다. 보완책이 절실하다. 법을 만들고 바꿈에 있어, 이로 인한 규제영향평가나 입법영향분석 시스템이 도입되어야 한다. 개정후의 파장을 살펴야 한다. 특정 사업을 계획할 때 환경영향평가나 교통영향평가를 의무화하는 것처럼 말이다. 이러한 평가내지는 분석을 담보할 국회법 개정안이 지금도 계류되어 있다. '인스탄트', 졸속별률을 방지할 이 법의 통과야말로 서두를 일이다.

(2021. 2. 26)

사형제없는, 우리나라 좋은나라?

지난달 충청도 한 법정에서 작은 소동이 있었다. 자신의 두 딸을 살해한 가해자에 대한 선고공판에서, 무기징역의 언도를 듣고 "사형을 선고해야 한다"고 절규하였다. 말다툼 같은 일상속의 흔한 마찰을 두고 가해자가 '여친'을 무참히 목졸라 죽인 참사의 선고공판에서다. 살해당한 딸의 아버지가 죄값이 가볍다며 재판부를 향해 울부짖었다. 마땅히 극형인 사형이 선고될 것으로 기대했지만, 그 바램과 다른 심판이 나오자 울분을 감추지 못한 것이다. 언젠가 또 있을 향후의 공포감도 묻어 있었다. 가해자가 감형되어 세상에 나온다면 그 참혹한 현실을 어떻게 감당하는가 하는 애탄이다.

형법 제 41조에 명시된 사형제도에 대한 논란이 제기된 지 삼십년 남짓 지났다. 아직도 그 종착적 결론을 얻지 못하고 있다. 이전에 헌법재판소는 이 제도가 헌법정신에 합당한지에 대한 두 번의 판결을 내린 바 있다. 처음으로 지난 1996년과 2010년의 일로 각각 합헌 결정을 내렸었다. 이후 2019년에 또 헌법소원이 접수되면서 지금 심리가 진행되고 있다. 올해안으로 판결을 내린다는 헌재의 아젠다가 공표되었다. 재판관 9명 모두가 임명을 위한 청문회 등을 거치면서 사형제도 폐지에 대한 견해를 밝힌 바 있어, 이전과 달리 헌법불합치 판결이 우세할 것으로 보인다. 즉 사형제도가 없어질 것이라는 전망이 지배적이다.

국가인권위원회는 생명권의 본질적 내용을 침해한다는 내용을 골자로 사형제가 폐지되어야 한다는 의견서를 헌재에 제출하였다. 인간의 목숨과 이와 연관된 일체의 권리를 국가가 보호할 의무가 엄존한 반면, 이를 뺏을 권한은 없다는 취지의 견해다. 이와 달리 법무부는 사형제도존치가 절실하다면서 보강된 논리로 의견서를 전달했다. 살인피해자의 죽음에 대한 근원적 두려움과, 극악무도한 범죄에 대한 응보 욕구가 응집된 필요악으로 재단했다. 죄에 대한 죄값이 반드시 필요하다는 인간적 섭리를 강조했다.

양자 모두 이론적, 실제적 타당성이 물씬하다. 세계 각 나라마다 이 제도 인용이 획일적이지 않다. 대체로 기독교의 종교적 교리(敎理)가 강하게 남아있는 유럽 국가는 사형제도가 거의 없다. 반대로 선악에 대한 고락(苦樂) 차별을 강조하는 유교문화가 강한 아시아 대부분의 나라는 이 제도를 받든다. 미국의 경우는 각 주마다 다르다. 대체로 7할 정도는 유지를, 3할 정도는 아니다.

지금도 56명의 사형수가 있다. 그들을 곧장 죽여야 한다며 핏대를 올릴 사람은 거의 없을 것이다. 그런데 사형수, 그 가해자들에게 무참히 목숨을 잃은 사람의 생명권은 어떻게 돌려 받을 수 있을까? 직접적 피해를 당한 당사자 가족이라도 그럴까. 너와 나의 문제가 아닌, 국민 모두가 살인 등 피해자가 될 소지는 늘 그리고 곳곳에 있다. 천인공노할 흉악범 없어, 그래서 극형인 사형없는 나라면 얼마나 좋을까. 그러나 쉬운 등식이 아니다.

사형제와 관련한 학술대회와 각양의 토론회에 참 많이 참여했다. 때로는 좌장으로, 또 때로는 패널로 그랬다. 그럴 때마다 말미에 기회를 엿보고 늘 물었다. '성폭행'으로 순화됐지만 법률용어는 강간(强姦), 엽기적 살인인 범죄를 말처럼 쉽게 용인될까? 십 수명을 죽이는 흉포한 살인자를 징역형으로 용서할 수 있는가에 회의가 크다. 문제는 피해 당사자가 배우자 등 가족이라도 사형은 안된다고 말 할 수 있는가? 라는데 방점이 있다. "그렇다"는 대답을 명쾌하게 들은 적이 없다. 언젠가 사형제폐지론의 대표적 법학자였던 주제발표자 한테도 물었다. 마찬가지로 "그럴 수 있다"는 답은 듣지 못했다. 위선으로 다가왔다. 남의 일은 되고, 나는 안되고. 훗날 그는 잠시 법무부장관도 지냈다.

(2021. 3. 27)

LH 해체? 소는 누가 키우나

툭하면 입에 담기도 힘든 험악한 말로 상대를 굴복시키는데 혈안이다. 시정잡배처럼 멱살을 잡는 일도 있다. 자신과 소속 정당의 이익을 위해서는 앞뒤 불문하고 갖은 억지와 침소봉대를 일삼는다. 사리사욕과 당리당략을 앞에 두고는 이성(理性)은 뒷전이요, 말만 오로지 '국민'이다. 나는 괜찮고 상대는 안되는, '내로남불'이 일상이다. 극히 일부지만 국회의 한 단면이다. 그래서 없애자는 무용론도 나온다. 그렇지만 그럴 수 없는 일이다. 민주주의는 인류가 이 지구상에서 발명한 가장 빼어난 시스템이라는 인식에 이의가 없다. 삼권분립이 기반이다. 주민의 손으로 만드는 입법부, 그보다 나은 국회구성 방식은 없다. 국회를 없애면 무슨 수단으로 입법, 법을 만드나.

신도시개발 광풍으로 온나라를 들끓게 한 한국토지주택공사, LH사태가 점입가경이다. 공직자들이 내부정보를 이용해 불법적 땅거래로 차익을 얻었다는 의혹으로 공분을 사고 있다.

불법을 파헤칠 사정기관과 감독기관인 국토교통부 중심의 합동조사단 활동을 두고도 미묘한 갈등양상을 보였다. 국정조사가 예정되고 특검까지 가자는 합의도 있있다. 땅 투기를 하는 공직자에게 재산을 몰수하거나 불이익을 준다는 처벌에 더해 최고 무기징역까지 가능한 형벌을 부과한다는 관련 법률개정 작업에 착수했다. 통합이전의 단계, 토지공사와 주택공사로 각각 분리한다는 방안도 나왔고 아예 해체 수준 방도까지 제기됐다.

정부의 감독을 받는 공공기관 종사자가 관련 내부 기밀로 투기가 있었다면, 어떤 이유나 명분으로도 문책 범위를 벗어나기 힘들다. 옹호되거나 보호될 일은 더욱 아니다. 여야 가릴 것 없이 정치권은 연일 도매금같은 비난포화를 쏟아낸다. 그 '쓰나미'에 비유할 공세일색에 본질을살펴보자는 견해조차도 용인되기 힘든 형국이다. 그럼에도 곰곰한, 차분한 '팩트'는 따져져야 한다. 오류없는 방책을 만들어야 하기 때문이다.

사건의 발단지역, 광명시흥의 신도시 지정은 지난달, 올 2월의 일이다. 이 지역은 원래 신도시를 상징하는 정부의 '보금자리지구'로 10여년 전인 2010년에 지정되었다가, 부동산경기 침체 등의 이유로 사업이 중단되었다가 2015년에 그 '지구'가 해제된 지역이다. 따라서 지난달에 정부가 급거 3기 신도시로 지정한다는 공표이전은 이른바 '신도시'가 아닌 지역인 것이다. LH직원 몇 명이 그 지역에 땅을 처음 매입한 시기는 2018년의 일로 신도시발표 전의 일이다. 비밀이나 정보도 아닌, 누구나 아는 공공연한 사실이다. 적어도 공직자의 내부정보를 이용한 사익편취라는 등식은 성립되지 않는다.

일부라지만 투기 발각이 사소한 일은 결코 아니다. 일벌백계의 교훈도 있다. 하지만 규범, 윤리적 일탈을 두고 특검이나 국정조사까지 들먹여지는 데 의구심이 인다. 내부개혁 등 수술로 대처할 일을 손발을 자르거나 뇌사시켜 해결할 일은 아니다. 서민을 위한 주거복지, 국토의 균형발전 등 LH의 순기능을 죽여서는 곤란하다. 적으면 10-20%대 재정자립도로 고사 위기에 있는 지방정부, 그 산하기관인 지방공사가 대체할 프로젝트가 못된다. 국민의 정서적 감정에 의존해 해체와 같은 편의적 발상의 폐해는 또 국민의 몫이 된다. 세월호 대처 미완의 이유로 해체됐다가 슬그머니 부활된 해양경찰청의 사례가 명징한 방증이다.

잘못이 드러나면 합리화할 구실과 정당화시킬 소재를 찾는다. 희생양을 살핀다. 집단적 인지부조화의 전형이다. 부동산값이 천정부지로 올랐다. 세금폭탄이 투하된다. 부동산관련 민심이 흉흉하다. 면피가 필요하다. 상대는 수월하게 공격요소를 얻었다. 서울과 부산시장 보궐선거가 목전이다. 선정적이고 즉흥적 처방이 정치질시의 또 다른 한 원인이 될 것이다.

(2021. 4. 28)

본질담은 지상파, 진보먹는 유튜브

두사람 생년월일까지 같은, 올해 꼭 팔순에 접어든 장욱제와 태현실을 만 30세때 캐스팅하여 전대미문의 최고 8할대 시청률을 보인 KBS의 '여로'라는 연속극이 있었다. 불문학도로 불세출의 극작가 이남섭이 직접 연출한 1972년 작, 일일드라마다. 1980년대 중후반, MBC에서 9시에 편성한 '뉴스 데스크' 15초 광고료가 1천만원 수준이었다. 그것도 엄청난 경쟁을 거치고 그 대열에 설 수 있었다. 지금의 가치로 보면 5천만원은 넘을 것 같다. 부동산광풍 시기라지만 1평(3.3m2)당 1억원을 호가한다는 압구정동 어느 아파트 30평(100m2 남짓) 정도가 당시는 7-8천만원 정도였으니 참고 될 만 하다. 1990년, 최초의 상업방송 허가를 득한 SBS는 '모래시계'를 만들어 평균 3-40% 시청률을 자랑했다. 끝날 줄 몰랐던 지상파 3사 전성기때 얘기다.

며칠 전, 요즘 핫 이슈로 등장한 가상화폐, 한 비트코인 가격이 하루만에 5천만원이 떨어진 일이 있었다. 20여만명 구독자를 보유한 한 유튜버가 그 코인을 추천했는데 예측이 불발된 결과였다. 1인 방송, 그 유튜브를 만든 유튜버는 어떤 책임도, 부담 가질 이유도 없다. 구글을 모기업으로 하는 유튜브의 영향력과 파장을 잘 설명한다. 구독자 100만명을 넘긴 한 유튜버가 정치평론을 한다면서 매일같이 청와대가 "발칵 뒤집혔다", 국회가 "난리 났다"는 '구라'를 쏟아 내어도 두 권력기관은 멀쩡하다. 그런 선동으로 그는 연간 수억원을 벌어 들인다. 세계 전역을 시장으로 하는 유튜브의 한해 광고매출만 20조에 육박한다. 도입된지 10년 남짓한 한국 유튜브 매출도 3천억원이 눈 앞이다. 준조세로 국민이 KBS에 내는 시청료의 2/3 정도며, 지상파 3사 각각의 그것인 3천억원과 맞먹는다.

생애를 통해 사람이 가지는 잠재능력을 구현하고 세상의 지혜를 습득하는 '배움'작용을 돕는 교육은, 그 지향점을 몇 개로 나눈다. 흔히 교육철학 필드에서다. 그 한 축으로 삶에 나타나는 특정 형태의 인식에는 실재가 존재하며, 그 근원을 존중하는 사조를 본질주의(Essentialism)로 일컫는다. 관념론을 배경으로 한다. 어린이가 있으면 그를 낳고 성장시킨 부모가 있기 마련이다. 그 역학적 과정을 중시한다. 자연의 섭리처럼 변화하지 않는 영원불변을 웅변하는 또 하나의 획, 항존(恒存)주의와 마찬가지로 사람의 이성을 강조한다. 이와 달리, 현재의 생활편리나 삶의 편의를 중시하는 사조를 진보주의로 분류한다. 교육자의 관점보다는 학생의 환경과 교육여건에 초점을 맞추며 즐거움, 기교습득에 상대적 방점을 둔다. 글보다는 말, 신문보다는 방송을 연상하면 재미난 추론이 될 것 같다.

온전한 방송프로그램 한편에 많게는 수십억원이 드는 경우도 있다. 지상파의 경우, 매출의 절대 포션을 인건비를 포함한 제작비에 할당한다. 공영방송은 비중이 더 할 것이다. 편성과 제작

모두가 '프로'의 손을 거친다. '게이트 키핑'과정도 엄격하다. 뒷면을 보지도 않은 책으로 진열한 책장이나, 천으로 두르고 컴퓨터 한 대로 맞춤법도 틀린 표기와 때로는 비호감 '내러이션'으로 떼우는 유튜브와 견줄게 못된다. 비교적 그렇다는 말이다. 유튜브 영상의 상당량을 지상서 퍼다 쓴다. '알고리즘'서 검열하는 저작권침해 여부만 신경쓰면 된다. 과장, 가짜정보도 문제가 안된다.

파장이 두렵다. 시공을 초월한 입 맛 맞는 영상은 확증편향을 잉태 한다. 모두가 그렇진 않겠지만, 당장의 이익과 흥미보다는 근원을 따져 양식을 쌓는 고전(古典)과 트렌드에 맞는 기술과 방식을 응용하는 잡지를 대비 시킬만 하다. 둘 다 존중되어야 한다. 치우쳐선 곤란해진다. 본질주의와 진보주의 교육철학을 강의하면서 자주 써 먹는 예시다.

(2021. 5. 26)

내일의 가정, 준비해 볼만 한 것

빌 게이츠! 마이크로 소프트! 이름만 들어도 수 만가지 환상이 몰려오는 명성이다. 지난 30여년 동안 세계 최대 소프트웨어 기업인 마이크로 소프트사를 창업한 사람, 빌이 이혼했다. 그 회사서 일로 만난 부인과 27년간의 결혼생활에 마침표를 찍은 것이다. 이 혼인 파탄에 눈길이 가는 것은 그 유명세에 더하여 과연 재산분할 규모가 어느 정도일까의 궁금증이 더해지는 이유도 있다. 이미 천문학적 돈이 기부된 자선 재단의 자산은 개인 것이 아니기에 빌의 사재만이 반분되어 전 부인한테 건내진다는 추측이다. 지구상 최대 갑부인 빌의 개인 재산은 160조원 정도로 추산된단다. 따라서 전부인 몫은 약 약 80조원 정도일터. 그의 거주지와 마이크로 소프트사가 소재하는 미국 워싱턴 주는 이혼시 양측의 합의가 불발할 때, 재산을 반분한다는 법률 적용에 따름이다. 그들은 그렇게 헤어졌다.

이혼과 관련한 뉴스가 봇물이다. 며칠전에는 한국 최대 재벌인 범 삼성가계로 분류되는 ㈜아모레와 범 롯데 인척의 ㈜보광 자손들이 혼인 8개월 만에 헤어진 소식이 있었다. 아무리 돈이 많아도, 만난지 불과 몇 개월 사이에 혼인하고 이혼하는 편의적 세태가 여실하다. 가족개념, 가족행태를 포괄하는 문화, 사회변동의 단면이다. 부자들, 유명한 사람만의 뉴스가 아닌게 이혼이다. 한해 동안 약 11만 쌍이 이혼한다. 같은해 1년 동안 혼인 건수가 약 20만 정도니, 단순 대비로 같은 해 기준으로 보면 혼인의 절반 정도가 이혼하는 셈이 된다.

가족행태 변화, 당연히 이혼만이 주목될 일은 아니다. 출산율의 저하와 1인 가구 증가도 가족에 대한 가치관 변화에 영향을 미쳤다. 0.7인 대의 출산율, 이미 OECD 국가집단 중 가장 낮은 수치다. 전체 600만이 넘는 1인 가구, 전체 가구 수의 30%가 넘는다. 한쪽 부모만 있는 편부모가구, 부모없는 소년소녀 가장가구, 독거노인 가구, 청·장년 재혼부모, 이른바 황혼 이혼, 혼전 동거와 같은 새로운 가족행태가 자연스럽게 늘어난다. 모두가 혼인또는 이혼과 연관된 변화다.

가족해체에 대한 배전의 관심이 절실하다. 이혼이 새로운 행복의 출발점이 될 수는 있어도, 그것을 위한 능사가 될 순 없을 것이다. 이혼으로 갈등해소를 위한 개연이 짙다 한들, 장려되거나 조장될 일은 아니다. 개인의 고통수반과 사회적비용 감당에 우선될 수 없기 때문이다. 친구지간도 절교하면 마음이 아픈 일이고, 이혼을 언급할 때 전제는 늘 주위의 안타까운 마음이 우선이다. 세상섭리다. 이혼가정의 7할 이상이 미성년자를 둔 가정이라는 현실도 우려를 낳는다. 심리적 미성숙 단계인 미성년들에게 정신적, 경제적 고통을 안기는 치명적 사회병리로 다가설 수 있다.

현실적 방안이 없을까. 결혼 및 부모 교육프로그램 도입을 상정해 볼 만 하다. 이미 미국의 뉴욕 주(州)를 포함한 30여개 주와 유럽의 몇 선진국에서 시행하고 있다. 예비 신랑신부가 결혼전 혹은 결혼직후에 원만한 혼인관계를 유지 할 수 있도록, 일종의 사회교육이다. 재정이득을 포함한 각양의 인센티브로 출발하는 것이다. 출산이후 부모가 갖추어야 하는 유익한 소양을 제공하기 위한 프로그램을 병행한다. 자녀의 사회화를 위한 교육이나 부모와 자녀관계의 정립을 위한 컬리큘럼으로 훌륭한 효과가 날 것이다. 가정이라는 사랑과 정이 충만한 1차적 장(場)의 온전한 유지발전을 위한 일환이 될 수 있다. 지자체에서 우선 시행도 가능한 일이다. 교육이수에 대한 자긍심 획득을 위한 여건 조성은 필수며, 인구감소 방지는 덤이다.

가정의 달이라는 올해의 5월도 훽 떠나간다. 100년 역사의 어린이날, 5월 8일의 어버이날, 2007년에 제정된 21일의 부부의 날도 지났다. 모두가 가정의 고귀함을 담은 기념일이다.

(2021. 6. 27)

대통령 의전비서관

형식과 '폼'을 갖춰야 할 공식행사가 아니라도 개인간의 만남에 범절을 갖춰야 할 때가 있다. 꼭 그래야 할 일은 아니겠지만 일정한 예법을 따르는게 좋다. 식사를 하거나 회의를 하는 경우 초청받은 주빈이 출입구가 보이는 먼 쪽의 가장자리, 창이 있는 곳에서는 그것을 볼 수 있는 자리에 배치하는 것이 그런 것들이다. 비서를 둔 직위에 있는 사람의 전화연결은 일방의 한사람이 기다리지 않도록 동시에 '컨택'토록 하는 방식을 취하기도 한다. 의식이 많은 정부에서는 의전에 관한 매뉴얼을 만들어 각 부처에 권장하고 있다. 외교부가 한다. 실용과 효율이 점증되는 트렌드에 고리타분한 '꼰대'같은 소리같지만 흘려 들을 일이 아니다. 엄중한 사안을 두고서는 의전 부실이 빌미가 되어 예기치 못한 엄청난 화가 닥치기도 한다.

국가대 국가, 외교에 있어서는 그 엄숙함이 더한다. 우방과 동맹이라도 예외일 수 없다. 개인간의 친숙이 통용될 영역이 아니기 때문이다. 국가원수나 행정부 수반 등 정상외교에서는 더욱 그렇다. 방문국의 문화를 기반으로 숙소나 회의장소, 참석자 규모나 직위, 만찬을 비롯한 각양의 연회 등 정상간 교류에 있어 한치, 한편의 불편함과 어색함이 노출되지 않도록 해야 한다.

좋아하는 음식은 말 할 것도 없고, 마시는 물과 사용하는 변기까지 사전 점검의 대상이 된다. 최상의 기분유지를 위한 환경을 만들어야 하는 것이다. 불문적 가치, 국익(國益)이 전제되기 때문에 그렇다.

이런 행사를 기획하고 수행하는 실무자는 나라의 최고, 최상의 의전 전문인이 맡아야 한다는 당위는 너무나 자연스럽다. 이조백자와 고려청자에 티끌 하나가 묻은 모습과 그렇지 않은 현상을 한눈으로 파악이 되는, 걸음걸이 관찰로 건강상태와 주력까지 가늠하는 운동부 감독의 통찰력, 포장지 재질로도 진품과 모조품을 가려내는 각 분야 감정사들과 같은, 그 이상의 경지를 가진 '프로'가 맡아야 할 직분이다. 그 자리가 대통령 의전비서관이다. 일정관리와 수행임무를 맡은 '가방모찌'가 일할 자리가 아니다. 각국의 고유문화와 전통, 정상의 성장과정과 인간적 취향, 국제적 정치 및 역학, 비즈니스 아젠다를 한눈에 꿰차고 있어야 가능한 직무다. 지금은 공연예술 분야에 종사한 사람이 그 일을 한다. 개인역량을 평가할 일이 아니다. 그 필드서 잔뼈가 다져진 사람이 할 것이 아니라는 말이다.

판문점에서 열린 김정은과의 회담후 열린 환송연에 '레이져 쇼'가 등장했다. KAI 본사가 있는 사천에서의 대통령참석 '국산 전투기 시제 1호기 출고식'은 '보여주기'연출이라는 시선이 주류다. 출고식을 위해 완성되지도 않은 전투기에 페인트만 입혔다는 말들 때문이다. 임대주택 '쇼통'은 어떤가. 공공주택 100만호 준공 기념으로 대통령이 방문한 집에 보증금의 몇 배에 달하는 인테리어 비용을 들여 '쇼룸'을 연출했다. 측면도 보자. 청와대가 주관하는 각종 행사에 유난히 연예인 참석이 많다. '청년의 날'행사에 외국서 분투하는 방탄소년단까지 귀국토록 종용했단다. 답례로 손목시계 하나 증정이 모두였다고 자찬도 하였다. 권력의 날개를 가진 지금은 무사하지만, 직권남용 굴레가 씌워질지 모를 일이다. 모두 현재의 의전비서관이 기획하고주관했단다.

의전도 한편은 소통이다. 유연한 그것을 위해 유난한 수단도 필요하다. 그러나 지나쳐 보인다. 작위적 꾸밈이 들통나면 배신감이 들기도 한다. 그 대상은 실재하는 국민이다. 궁금하다. 단임 대통령을 보좌하는 사람이 왜 그런 쇼를 선호하는지. 또 궁금하다. 지난달 대통령 방미후 귀국시, 대통령의 어깨 한 켠쯤 뒤서 주머니에 손을 넣은 채 트랩을 내린 의전비서관 모습에 그 내부에서는 어떤 지적이나 언급이 없었는지.

(2021. 7. 30)

대한민국 1급 공무원

복지시설에서 보호받는 18세 미만의 아동에 대한 시혜와 지원을 크게 늘린다는 뉴스가 있었다. 이름하여 '보호아동 종료 지원'방안이다. 보호대상을 기존의 18세에서 24세 까지 늘리고 자립수당을 월 50만원 정도 인상하며, 취업과 진학을 위한 실질적 인센티브를 제고시킨다는 골자다. 참 고무적이다. 그런데 부연으로 그 정책수립이 한달전 25세 대학휴학생 신분으로 임용된 청와대 정무수석실 소속의 1급 상당 청년비서관이 주도했다는 사족이 달렸다. 아마도 재학중이라 학업을 마치지 않은, 일천한 경험의 '새파란'사람에게 비록 정무직 공무원이라지만 최고 직급인 1급으로 임용한 논란 의식이 까닭으로 읽힌다. '억지 춘향'같은 가담(街談)처럼 다가온다.

옛날에 고등고시 행정과로 불리기도 했던 지금의 행정고시에 합격하면 곧장 5급 공무원이 된다. 물론 신분이 보장된 일반직이다. 공식적으로 벼슬을 의미하는 관(官)자를 붙여 사무관이라는 직급을 부여한다. 가장 아랫 직급인 9급, 서기보에 네 단계 위의 자리이며 6급인 주사 직급을 바로 아래에 둔다. 9급으로 입문하여 짧게는 십 수년, 길게는 30년 이상을 봉직해야 오를수 있다. 흔히 '운칠기삼'(運七技三)이라하여 공무원의 승진은 7할의 운과 3할 정도의 역량으로 가능하단다. 다른 말로는, 빼어난 능력은 기본이고 바른 행실에 특별한 행운까지 따라야 1급과 같은 고위 공무원 자리에 오를 수 있다는 얘기다. 그 1급 공무원이 흔한가. 정부의 중앙부처에 많아야 너댓명이다.

지금과 같은 선출직이 아니었던 시절, 차관급이던 직할시장을 빼고 1급 이상의 시장은 없었다. 대부분 3급 혹은 2급 지위였다. 인구 5만 수준의 작은 시, 군의 수장인 시장과 군수가 4급이었다. 전국 대부분의 총경직급인 경찰서장도 지금과 같은 서기관인 4급 대우를 받는 때가 그리 오래지 않다. 국세청 소속의 일선 세무서장도 거의가 4급 서기관들의 보직이다. 대체로 부이사관으로 보임하는 중앙부처의 실무 과장도 행정고시 합격후 20년 남짓 산전수전 다 겪은 배테랑이 되어야 오를 수 있는 자리다. 중앙부처 과장의 기능이 무언가. 일개 부처의 과장이 아닌, 대한민국 정부의 특정 영역을 총괄하는 위상이다.

다시 20대 중반에 대통령 비서관으로 전격 발탁된 1급 지위를 살핀다. 중앙부처 실장 보직이 1급이다. 기획조정실장을 비롯한 실장 보직이 몇 없다. 특혜 많다는 국회의 수석전문위원도 그 직급이다. 이들에게는 과장, 기획관, 국장이나 조사관, 심의관 등과 같은 중간 보직을 거치게 한다. 나랏 일의 쓴 맛, 단 맛을 다 본다. 빼어난 능력으로 저항없는 권위(authority)도 필수다. 아주 간혹 교활로 터득한 '양아치'도 있겠지만 대체로 그렇다. 국민과의 소통을 위해, 복잡다기한 각 부처 내외의 이해와 갈등을 조정하고 헤치는 과정도 필연이다. 희생, 한 개인으로 이슈의 중심에서 빠지고 사라져야 성취될 공무가 수두룩하다. 물론, 각별한 영예도 있을 것이다. 마땅히 대우도 좋다. 아파보지 않으면 아픈 사람의 심정을 알지 못한다. 경험과 경륜이 전제되어야 하는 기능하다는 말이다. 연륜에 비추면, '늙어 봤냐? 젊어 봤다! 라는 비유가 적격같다.

젊은 야당 대표 출현을 의식한 인사였다면 그 수(手)가 높지 않다. 정당 대표는 공무원이 아니다. 평등해야 할 공무담임권 초점에 비켜나 있다. 공정한 선거는 정당한 결과를 담보한다. 더욱이 국민선택이 가미된 투표에 따름이다. 99.9%의 청년이 0. 01% 가능성의 자리에 어느 청년이 앉혀졌다. 그것도 공직의 전부를 흔들 수 았는 권부(權府)에. 청년의 허탈에 더한, '공직훼절' 표현이 '오버'인지는 모르겠다.

(2021. 8. 27)

한 방송인의 만용, 묵과될 일 아니다

경기도 한 산하기관의 장으로 내정된 '맛 칼럼니스트'가 보은인사 논란을 겪다가 사퇴하는 일이 있었다. 자신이 지지하는 대통령후보에 부담이 된다는 이유였다. 당초, 직전의 당 대표를 지낸 상대후보에게 정치목숨을 끊도록 하겠다는 극언 등으로 게세게 반발했었다. 7선 의원으로 여당실세 원로로 꼽히는 전 당대표가 나서고, 더하여 서울시 산하기관인 서울교통방송(TBS)에서 '뉴스공장'을 진행하는 방송인까지 가세되어 자신사퇴를 종용했다. 자신이 국무총리 재직시 대통령비서실장이었던 지금의 대통령을 한때 '문실장'으로 지칭했다는 그 원로는 그렇다 치더라도, 한 방송인의 막강한 정치적 영향력을 읽기에 충분했다.

그 방송진행자는 지난 4·7서울시장 보궐선거때 야당후보에게 노골적 적대 멘트를 지속함으로써, 당선된 그 후보에 의해 곧 교체될 것이라는 예측이 파다했다. 하지만 그는 역시 그 '뉴스공장'을 통해 "TBS는 서울시 산하기관이 아니기 때문에 서울시장의 입김이 불가능하다"고 공언했다. 지금도 그 건재함을 과시하고 있다.

산하기관이 아니라는 그의 생각은 사리가 맞지 않다. 몰라서 하는 말이다. 아마도 서울시 공무원이 운영하던 TBS가 '서울미디어재단'으로 개칭되어 법인으로 전환한 사실을 두고 한 말 같다. 서울시가 그 재단(TBS) 설립을 위해 전액 출자한 것이다. 약 천억원의 인건비를 포함해 5년간 총 2천여억원 정도다. 이전의 서울시가 직접 운영한 소속기관에서 산하기관으로 법적 지위가 변경된 것이다. 특정기관의 감독과 통솔에 따라야 하는 산하기관의 위상은 수많은 개별 법률에 엄중히 적시되는 법률용어다.

당연히 서울시에 'TBS 운영에 관한 조례가 있다. 서울시장의 TBS와 관련한 권한과 책임은 엄중하다. 우선 재단, 즉 TBS의 임원 임명권 등 인사권을 가진다. 시장은 재단의 이사장과 대표이사 및 감사를 임명한다. 조례 제 6조가 그렇다. 같은 조례 제 12조는 예산의 편성과 결산방식을 조문하는데, 재단은 사업계획서와 예산서를 매년 시장에게 보고토록 강제하고 있다.

TBS 운영과 관련한 최종 권한과 책임은 시장에 있다는 등식이 성립된다.

TBS가 송출하는 라디오 프로그램은 전파를 수단으로 한다. 지상파방송이란 말이다. 전파는 공기(空氣)를 뜻하며, 공공의 자산인 공기(公器)로 국민을 주인으로 한다. 따라서 지상파방송에는 케이블을 수단으로 하는 종편이나, 신문 등 다른 매체와는 별도의 공적 및 사회적 책임을 중과(重課)시킨다. 공기(公器)를 활용하기에 공공성과 공정성이 절대시 되어야 한다. 그런 가치가 구현되도록 방송법 제 6조는 방송의 공정성과 공익성을 명문했다.

'뉴스공장'이 특정 정당을 지지하고 상대 정당을 폄훼한 정도가 지나쳐, 진행자를 퇴출시켜 달라는 청와대 국민청원도 있었다. 20여만 명의 동의가 붙었다. '뉴스공장'은 연전에 방송통신위원회 산하 한국방송광고진흥공사서 공표한 같은 시간대 프로그램 평가중 '중립성'항목에서 꼴찌를 기록했었다. 정치적 편향의 방증이다. 최근에는 변호사단체를 포함한 여러 시민단체가 TBS를 상대로 편파성 시정을 위해 국민감사 청구서를 감사원에 제출한 바 있다.

진행자의 개인적 정치시선 노출이 정도를 넘는다. 방송의 공적 가치를 우습게 아는 만용이다. TBS가 공정치 못하다면 종국적 책임은 서울시장에 있다. 국토교통부 산하기관인 LH에 문제가 있다면 최종적으로 국토교통부 장관의 책임인 이치와 같다. 누구의 편이 아닌, 공정하고 균형있는 정보수용 욕구가 청취자 주권이다. 역풍을 우려해 방송의 불공정을 방치한다면 직무유기 굴레가 씌워질 수 있다.

(2021. 10. 1)

Richard & Jones

지금과 같이 흔해 늘린 영상자료가 없던, 좀 과장하면 벽돌만한 건전지가 포로처럼 고무밴드에 묶여 듣던 '트렌지스트 라디오'조차 귀한 때였다. 거기서 나온, 지금까지도 경축행사나 영예스런 자리에 어김없이 들려오는 'Congratulation'을 듣고는 얼굴도 모른 채 그 가수를 동경하였다. 이후에 사진도 보고 영상으로 확인한 것이 중학교 때인 1970년대 중반이었다. 방한하여 이화여대 공연때, 사실인지 알 수 없지만 한 여학생이 그를 향해 속옷까지 던졌다는 사건의 주인공이 가수 클리프 리차드(Cliff Richard)다. 좀 '까불랑'하게 보였지만 그 발랄함에 매료됐던 한 때였다.

지금은 팔순의 동갑내기로 같은 영국출신의 탐 존스(Tom Jones)를 알게 된지도 꽤 오래된, 역시 그 즈음이다. 젊을 때 존스는 비교적 반항아적 풍모로 보였다. 그의 대표곡인 'Delilah(딜라일라)', 조영남이 번안해 불러 인기를 끌었던 그 노래의 격정적 음색은 환희보다는 우울한 저항감으로 다가오곤 했다. 그 존스를 좋아하지 않았다. 오로지 1인당 천불 소득이 지상목표처럼 새기던 1980년대 이전의 회상이다.

시골태생의 촌놈이란 이유일까. 잘 생긴 용모에 '님과 함께'같은 남녀의 사랑을 주제로 한 노래를 많이 불러 바람둥이 일 것 같은 상상으로 가수 남진을 싫어했다. 그를 좋아하는 사람들과 말싸움을 한적도 있다. 반면에 고향과 부모 등 서정적 노랫말을 많이 낸 나훈아가 좋았다. 그의 '머나먼 고향'을 외국 친구들에게 들려주며, 고향을 그리는 유사한 서정의 미국 노래 'Take me home country roads'와 대비시켜 감상평을 청하는 억지도 있었다. 친구들이 미칠 광(狂)자를 붙여 그의 '광팬'으로 놀리기도 했다. 이후에도 그의 노래말 대부분이 늘 머릿속에 오롯이 장착되어 있었다. 젊은날의 환상(喚想)이다.

남성의 댄스도 못마땅했던 옛과 달리, 지금 남진의 다감이 친숙해졌다. 반면에 그렇게도 애닮게 좋아했던 나훈아에 일말의 관심이 없어졌다. 최근의 '테스형'신도름이후 더 그런 것 같다. 간혹 뉴스나 화면의 그를 외면한다. 언행의 지나친 '오버'에서 오는 느낌이 까닭인 것 같다.

수십년이 지난 지금 어떤 이유인지, 마음의 동경으로 닮고 싶었던 리차드에 거리감이 생겼다. 십여년 전의 사실로 확인되지도 않은, 그의 동성추문 뉴스가 작용됐을까. 노년기 그의 모습에 여유가 없어 보였다. 아이러니하다. 칙칙해 보였던 존스의 또 다른 히트곡인 'Green Green Grass of Home'을 듣노라면 참 편안해 진다. '고향의 푸른잔디'정도로 읽혀지는 곡명의 느낌과 달리 가사말은 사형수의 독백을 읊은 노래다. 그는 지금도 간간히 공연을 한다. 참 품위있게 늙었다는 느낌이다. 모두가 순전히 개인 취향의 회상이다.

변하고 바뀜에 스스로 놀란다. 시간이 지난, 연륜으로 관점과 포커스가 달라진 연유일 터이다. 장구한 삶의 여정이 그렇다. 어떤 노래의 가사는 익어가는 것으로 묘사됐다. 생각이 숙성되는 것이다. 어느 종교적 교리(教理)는 자아나 성정의 불변을 담는다. 하지만 자연의 섭리를 빼고는 형이상학이든 그것이 아니든 만고불변은 없다. 인간은 청소년기, 성인기, 노년기를 지나 사망때까지 정서적 감성 혹은 심리적 발달이 이어진다. 생물학적, 사회문화 혹은 환경적 요인에 따라 변화한다는 말이다. 주위의 지인에 대한 감정도 그럴 것 같다.

대통령선거에 나온 후보들에 대한 인식 또한 예외가 아닌 듯 싶다. 지금까지의 증오나 미움이 애정과 사랑으로, 관심과 무관심의 교차는 얼마든지 있을 일이다. 그 반대의 경우도 마찬가지다. 그게 세상살이다. 더 눈여겨 볼 가치가 있다.

(2021. 10. 21)

무시무시한 '한 끗'차이

화투놀이의 일종인 '섰다'에는 '장땡'이 '광땡'보다는 '한 끗'이 높다. 3·8광땡이 장땡보다 우선하는 지역도 있다지만 대체로 장땡을 최고로 친다. 속임수가 없다면 처음도 끝도 오직 받는 화투장 '패'와 상대와의 심리전으로 승부가 가려진다. 한 끗만 높아도 돈이든, 무엇인가를 건 전부를 싹쓸이하고, 진 사람은 모두를 잃는 룰'이다.

내년에 있을 대통령선거에서의 집권여당 후보가 정해졌다. 현직의 최대 광역자치 단체장이 선출됐다. 수려한 언변에 개인이 가질 수 있는 식견도 넓고, 콘텐츠가 다양하다. 이를 적절히 활용할 수 있는 순발력까지 갖춘 빼어난 후보라는 평가도 있다. 수많은 역경과 고난을 헤치고, 오늘의 유력한 대권후보로 등극했다. 가히 스스로 불굴의 의지에, 하늘이 내린 운세가 따라 붙은 결과라 할 만하다.

불과 1년전, 그는 공직선거법이 적용되어 재판을 받았다. 경기도지사 선거가 있던, 2018년 그 후보의 친형을 불법적으로 강제입원 시키려 했다는 의혹을 확인하는 TV 토론회가 발단이었다. 친형을 정신병원에 입원시키려 한 적이 있느냐는 상대후보 질문에 그는 "그런 일이 없다"고 답했다. 그 대답이 거짓이냐, 진실이냐? 하는 것이 범법 여부를 결정짓게 됐다. 1심에서는 무죄, 2심에서는 유죄로 벌금 300만원 벌금형이 내려졌다. 당선 무효형이다. 그러나 최종심인 대법원 판결은 무죄였다 무죄 판단 대법관 7명, 유죄 판단 대법관 수가 5명으로 판가름난 것이다. 그로써 경기도지사 자리가 유지되었다.

다수인 7명의 무죄 취지는, 상대 후보자의 질문 혹은 의혹 제기에 해명 과정에서의 답변이 명징한 허위로 보기 힘들다는 것이었다. 소수인 5명은 선거에서의 거짓말과 허위는 매우 엄중한 사안이라며 유죄 취지를 담았다. 축약하면, 이 후보의 답변이 허위이긴 하지만 허용될 범위라는 것이다. 소극적 거짓말은 괜찮다는 뜻이다. 그 판결로 그의 대권가도에 굴곡이 사라진 셈이 되었다. 당내 쟁쟁한 경쟁 후보였던 서울시장, 충남지사의 낙마도 그 탄탄대로를 정비시키는 기폭이 되었다. 그들은 각각 성추문과 성폭행 혐의로 자살했거나 수형자 신세가 되었기 때문이다.

최종심을 다시 들여다 본다. 유무죄를 달리한 대법관의 견해가 팽팽했었다. 꼭 반 반인 5명과 5명으로 나뉘었다. 여기에 가장 고참이라는 한 대법관이 평결의 캐스팅 보트를 행사했다. 그의 논지는 토론회에서의 거짓말은 용인될 수 있다는 취지가 근간이었다. 이로써 6: 5로 균형이 깨진 것이다. 이런 비유가 사법부에 대한 불경으로 비칠까. '한 끗'차이다. 세상 이치는 다르지 않다. 다수에 힘을 싣는다는 대법원장 평결 관행이 더해져 7대 5로 확정된 것이다. 7명은 꽃길을 깔았고, 반면 5명의 대법관은 현직인 지사자리 박탈에 피선거권 상실 판단을 내렸다. 그 간극이 너무나 엄청나다. 무죄를 결정지은 그 대법관은 지금 천지를 뒤흔든 '화천대유 대장동'사건에

깊숙이 연루되어 있다. 돈 받고, 봐 준 재판거래 의혹이 나왔다. 국회에서는 100억원 이상의 변호사 비용이 들었을 것이라는 주장도 나왔다.

연전에 개봉한 노부부의 치매를 다룬 영화 '로망'줄거리가 스치다. 이 영화를 만든 감독은 환희와 행복의 로멘스를 뜻하는 프랑스말인 '로망'과 지옥같은 질병인 알츠하이머, '노망'을 '한 끗'차이로 풀이하며 작품을 설명한 적이 있다. 영예의 유력 집권당 대통령후보 등극, 피선거권까지 박탈당하는 사실상의 정치 낭인 전락은 극히 미세한 한 끗에서 결판이 났다. 세상에 행과 불행을 가르는 한 끗 차이가 너무나 많다. 각각 우쭐과 기고만장, 위축과 인생파멸을 부른다. 쓸모 없어진 소수의 가치를 진중히 새겨 본다.

(2021. 11. 5)

대학병원 응급실의 민낯

세기적 역병, 코로나 19 방역에 인고의 어려움을 안고 묵묵히 의료인의 사명을 다하는 병원종사자들의 희생에 찬사가 조금도 아깝지 않다. 사람이 가져야 할 정서적 여유와 원초적 휴식까지 반납하면서 환자치료에 진력한다. 'K-방역의 대체적 우수국가 위상을 가진데는 감염을 무릅쓰고 현장을 지킨 공공 의료진의 노고 따름이라 할 것이다.

티없는 옥(玉)은 있어도 완벽한 옥은 없다. 미중부족(美中不足), 애닯은 심정으로 체험을 옮긴다. 10월의 어느 일요일 아침, 의식은 있었지만 전날과 완연히 다른 거동을 보인 80대 중반의 노모를 구급차를 통해 경남의 거점 대학병원 응급실로 이송했다. 의료급여법에 근거한 3차 급여기관, 국립의 상급종합병원이다. 아들로써 어머니 병력(病歷)을 비교적 소상히 알고 있던 바 대로, 전해질 중 포티슘(칼륨)-K 수치 과다에 따른 부작용의 일단이었다. K지수가 높으면 위급한 증상이 나타나기도 한다.

의료진의 응급처치에 이어 CT 촬영을 마치고 '중증응급환자실'에 입원한 약 12시간, 그 공간의 어떤 누구도 신분증을 착용하거나 이름표를 패용한 사람을 볼 수 없었다. 드나드는 사람이 의사인지 아닌지, 주치의가 누군지를 분간하기가 쉬운 일이 아니었다. 따라서 우선 환자상태를 누구에게 물어 봐야 하는지가 혼란되었다. 두손을 모은채 의사로 추정되는 사람에게 증상을 묻는게 전부였다. 소상한 답은 불가, 부가적 질문은 거의 불가능했다. "환자가 죄인인가"란 자문(自問)이 생길번 했다. 무례를 연상하여, 행여 환자에 있을 무성의나 미진한 처치를 방지한다는 환자 보호자 본능이 작용됐을 것이다. 증상이 조금만 호전되면 곧장 퇴원하고픈 마음이 생겼다. 친절한 구성원만 있었던 것이 아닌 까닭이기도 했다. 환자 침상위 모니터에 나타난 난해한 증상 관련 특정 수치의 의미를 물었지만, "모른다"는 답을 듣기도 했다.

입원치료를 권하며 안심할 수준의 병세가 아니라는 의료진의 전갈에도 퇴원을 결심했다.

응급실 수납창구에서 정산으로 요청했다. "응급실 이용의 휴일과 야간에 대한 할증비율이 얼마인가?"를 물었다. "모른다"였다. '대강의 검사항목이 무엇인가?"라는 질문도 했다. 정산을 정확히 해 달라는 우회적 희망이었다. 구매에 대강의 물목 정도는 알 필요가 있다는 상식에 따름이다. 답은 "지불하기 전에는 말해 줄 수 없다"였다. 병원이라하여 예외일 수는 없다는 만고불변의 '상행위', 내지는 비즈니스 이치가 스쳤다.

무시당하고 완불후에야 억지같은 '진료비 세부내역'을 받았다. 100개 이상의 항목으로 나눠 놓았다. 마치 냉면 한그릇 주문에 무채와 계란, 겨자나 식초, 수저사용료 및 식탁관리비 등과 같은 소분이었다. 검토하고 따져볼 의지를 빼기에 충분했다. 퇴원후 확인한 내역에 따르면 "검사 안했다"고 답한 두부, 즉 머리 CT 항목도 있었다. 복부CT 촬영에 대한 "이상 없었다"란 설명은 있었지만, 안했다던 두부는 물론, 복부에 대한 촬영물 일체의 열람을 통한 설명은 없었다. 전문적 의료처지를 일괄할 수는 없다. 다만, CT촬영과 4차례의 혈액검사, 심전도검사, 염화나트륨 수액 공급만이 요목으로 기억된다.

본인 부담금을 제외한 100만원 남짓의 건강보험 급여로 '국가재정'에 마음의 빚을 남겼다. 이 병원은 연간 약 85만명의 환자로부터 2,700여 억원 남짓의 매출을 올린다. 홈페이지에 "환자는 증상 및 진료비용에 대하여 충분한 설명과 질문할 권리"를 담은 장대한 '환자권리장전'을 탑재해 놓았다. 아울러, '병원윤리'라 하여, 환자권리 존중 및 신뢰와 사랑을 언급했고, 더하여 환자중심, 고객만족, 국내최고 수준의 의료서비스를 강조한 병원장의 인사말도 있다.

(2021. 12. 22)

간통죄, 그리고 소급입법

유년시절을 보낸 초등학교에 자주 가본다. 도심으로 옮겨져, 폐교화되어 있다. 그렇게 커 보이던 축구 골대는 양팔을 뻗으면 어떤 공도 잡힐 듯 작아져 있다. 책걸상이 폐목처럼 쌓여있다. 엉덩이 한쪽만 걸쳐도 모두가 차는 걸상, 가운데 경계선을 그어 짝지와 자리 다툼을 벌였던 책상은 마치 장난감처럼 작았다. 왜 작아졌을까. 몸이 커졌으니 어린 시절의 모두가 작게 보이는 순간착시일 터이다. 익숙하고 당연해 보이는 것들이, 시간과 환경의 변화로 어이없게 다가오거나 낯선 문화로 인식되기도 한다.

불과 5년 정도 지났을 뿐인데 형법상의 간통제가 골동품처럼 되었다. 혼인에 따라 배우자가 아닌 사람과 통정하면 벌금없는 신체형인 징역만 있던 엄중한 처벌이 따랐다. 이전의 형법 241조가 규정한 간통죄가 그것이다. 지난 2015년, 성적(性的) 자기결정권 존중을 이유로 국민의 기본권을 보장한 헌법정신에 위배된다는 취지에 따라 위헌으로 판정되어 역사속에 밀쳐졌다. 1954년 형법 개정 이전까지는 간통이 있더라도 유부남은 그 죄를 면하고, 유부녀만 처벌했었다.

지금의 마땅한 남녀평등 사상에 비추면 상상이 불가한 폐습이다. 일부일처제하의 부부간 성적 성실의무 필연성도 제기됐지만 기본권 존중에 밀려 헌재재판관의 7: 2 판결로 위헌으로 결정된 것이다.

얼마전 뉴스 중심에 섰던 여군출신 유명인의 혼외자 논란이 제기되면서 없어진 간통죄가 도마에 올랐다. 사건이 발발한 시점은 2011년으로 그 죄가 있던 때였다. 상간에 의한 자녀 출생이 아니라 성폭행에 의한 임신이었다는 해명이 따랐다. 그 출생비밀 공표를 당사자인 자녀의 동의를 얻어 감행했다고 한다. 믿어야 할 얘기지만 유년기의 10세 자녀와 의논했다는 진술에 고개가 끄덕여지지는 않는다. 마땅히 없어진 규율에 의법(依法)을 상상하기는 무리며 무망한 일이다. 그러나 불법은 아니라도 그것은 사람의 윤리나 규범을 가늠할 가치가 자명하다. 당연히 남녀불문이다. 폐지 이전에 이 죄로 한해만 약 2천여 명이 넘는 피고인이 있었다. 소급하면 모두가 징역형을 받게 되지만 그럴 수도, 그래서도 안 된다. 헌법에 법률은 사건의 행위시점이 아니면 처벌하지 않는다는 '법률불소급'을 뒀다. 헌법 제 13조, 소급입법 금지 원칙이다.

그런데 법 안정성을 위한 그 규율이 허물어진 전례가 있다. 1995년 YS 정권에서의 '역사 바로세우기'명분으로 제정한 '518특별법'이 그것이다. 특정인과 특정사건의 처벌을 위해 법을 만든다는, 소급입법이라는 논란이 끊임없이 제기되었지만 합헌으로 단락되었다. 당시 권력자의 의지가 관철된 판결이라는 비난도 있었다. 그 특별법으로 얼마전 타계한 노태우, 전두환 두 전직 대통령은 각각 사형과 무기징역이 언도되었고 그들의 등장때 탄생한 공화국은 역사에서 지우게 했다. 죄상의 시발은 1979년 12월 12일, 당시 육군 참모총장의 체포였다. 군 통수권자인 대통령 암살사건 현장에 있었고, 시해범을 상당시간 몰랐거나 숨긴 그 통수권자의 참모인 총장을 수사하지 않았다면 어떤 일이 있었을까. 그때 총장은 집권을 위해 활발한 활동을 벌인 YS, DJ, JP를 각각 무능, 불순, 타락으로 일갈한 기록이 있다.

역사는 현세 권력으로 재단되지 않는다. 그럴 수도 없는 일이다. 적어도 2000년대 이전까지는 실정법위에 군림한 권력의 '통치행위'가 있었다. 들키지 않으면 죽이고 살리고, 뺐거나 주거나한 일이 있던 때였다. 북한에 현금을 준 것도 그 일환이다. 지금의 찬란한 민주주의 국가의 긴 그림자다. 결코 옹호될 일이 아니다. 그러나 죽고 없어진 것에 덮어놓고 돌 던지는 세태 또한 '글쎄'다. 개인이든 집단이든, 쌓인 사실이 역사다. 치욕도 그것이며, 그 구성원은 우리다.

東亞日報

(2022. 1. 12)

공공기관 인사, 더 투명해져야

우리나라의 공공기관은 수백 개에 달한다. 정부의 감독을 받는 기관들이지만 인사 문제를 놓고 잡음이 끊이질 않는다. 공공기관의 기관장과 감사 등 경영진의 상당 부분이 정권의 보은성 인사나 감독기관인 부처의 퇴직 공무원 등으로 채워지고 있는 실정이다.

특정 기관의 일부 보직은 감독 부처가 마치 인사 결정권을 갖고 있는 것처럼 여겨지기도 한다. 이런 인사는 관행처럼 굳어져 유지되고 있다. 이렇다 보니 심지어 같은 부처 내에서 이런 자리를 두고 다툼을 벌이기도 한다.

공공기관의 인적 자원이 더 효율적으로 운용되도록, 이런 폐습은 과감히 끊어야 한다. 특히 대상자를 미리 정해 놓고 허울 좋게 공모하는 방식이 그렇다. 명실상부한 개방형 공모나 내부인사 발탁 등으로 인재등용 시스템을 더 투명하고 객관적으로 바꿔야 한다. 이런 변화는 국가경쟁력 강화를 위한 단초가 될 수 있다. '공정과 정의'를 실천하는 길이기도 하다.

(2022. 1. 19)

공직에 '우리 몫'너무 많다

사기업과 달리 공공의 이익을 목적으로 하는 정부 산하 공공기관이 350여 개에 이른다. 공기업, 시장형공기업, 준시장형공기업 등으로 분류되어 정부의 감독을 받는 기관들이다. 법률에 의해 지정된다. 공공기관운영에관한법률로 정하는 바, 각 기관의 운영계획서와 예산 및 결산서를 포함한 경영고시를 의무화한다. 이 법률에 근거하여, 각각의 설립에 관한 특별법 내지는 개별 정관에 따라 사업을 시행한다. 정부 출자 혹은 출연이 대부분이다. 감독 부처의 승인없이는 대부분의 직무수행은 불가능하다. 명망가가 앉은 공공기관의 수장도 부처의 담당 과장을 함부로 대할 수 없는 까닭이 그 때문이다.

이러한 공공기관의 장(長)과 감사, 이사 등 경영진의 대부분이 정권의 선거 등 보은적 행상(行賞)이거나, 감독기관인 정부의 퇴직 공무원으로 채워진다. 이들의 '특정 몫'이 엄존한다. 대통령선거에서의 일정한 기여는 국무위원 뿐아니라 공기관의 임원으로 갈 수 있는 첩경으로 인식된다. 그래서 선거에 사람이 몰리는 것이다. 기관장 임용은 대체로 공모를 통한 임원추천위원회 과정을 거쳐 대통령 혹은 중앙부처 장관이 선임한다. 임명된 이들 기관장이 상임이사 등 임원을 구성하는 인사시스템이다. '공공기관법률'에 조문에 따름이다. 하지만 말로만, 구두선(口頭禪)이다.

직위의 높낮이, 자리 위상에 따라 정권을 창출한 선거 기여도를 기준으로 자리가 나뉜다. 또 중앙정부 부처 공무원의 '말년보직'처럼 여겨져 차지되는 경우가 많다. 전문성과 무관한 '낙하산'관행도 그런 이유다. 당연히 낙하산 인사가 무조건 배척될 일은 아니다. 때로는 다선의 국회의원 출신 혹은 거물 정치인의 이런 자리 착석에 해당기관 노동조합 등의 반발이 있는 듯 읽혀지지만 그렇지 않은 실상도 많다. 겉 따로, 속 따로인 셈이다. 기관이 안고 있는 문제 혹은 숙원사업이 정치적으로 해결될 수 있다는 기대 때문이다.

퇴직 또는 경질된 부처 장관이 감독대상 기관의 장으로 직행하는 경우도 다반사다. 기관의 위기 해결, 혹은 위상 강화라는 허울 좋은 명분을 갖다 댄다. 차관을 포함한 고위공무원의 곧장 이동도 당연지사로 여겨진다. 특정 기관과 보직의 경우, 감독 부처가 정해 놓은 자리처럼 굳은 전례가 부지기수다. 심지어 같은 부처 내의 영역 다툼으로 치닫기도 한다. 마치 어떤 공사나 공단, 무슨 자리나 직책은 '우리의 누구 몫'으로 정해진 것처럼 기득(旣得)이 편재돼 있다. 공무원의 정해진 정년이 자동으로 연장되는 셈이 된다.

대상을 확대하면 사태의 심각성은 더하다. 서울시를 포함한 전국 17개 광역자치단체 산하 공공기관도 500여개에 다다른다. 서울시를 포함한 큰 광역단체의 산하기관은 50여개가 넘는다. 여기에 230여개 기초자치단체가 관장하는 각종 공공기관 및 단체를 합치면 1000개가 넘고, 수천 자리가 그런 실상에 있다. 지자체 이름에 '재단'혹은 '공사'가 붙은 기관이 모두 그 영역이다. 각각 기관의 장과 임원 선임은 정부 혹은 정권에 의한 인사 관행과 '도긴개긴'이다. 지자체장 당선에 기여한 사람의 전리품으로, 또는 퇴직을 앞둔 지방 고위공무원을 위해 자리가 정해진다는 말이다.

공공기관의 인적자원이 더 효율적으로 운용되도록, 그런 폐습이 지양되거나 폭을 줄여야 한다. 특히 대상자를 미리 정해 놓고 허울좋게 공모하는 방식이 그렇다. 공공기관 운영의 신선과 활력을 위해 명실상부한 개방형 공모나 내부인사 발탁 등으로 인재등용 시스템을 '확'비꿀 필요가 있다. 더 투명하고 다양화되어야 한다는 말이다. 지구촌 무한경쟁 시대에 국가경쟁력 강화를 위한 단초가 될 것이다. 앞으로의 새 정권부터 좀 달라지려나.

(2022. 2. 16)

대통령 사무실

글의 이름을 붙이는 일을 오래동안 참 많이 한 것 같다. 이 글의 제목을 다는 일도 마찬가지로 많은 생각이 있었다. 국가원수가 일하는 '집무실'로 일컫는 것이 자연스럽게도 보이고, 관청 개념의 청와대란 통칭도 있는데, 굳이 그 제목을 달게 뭐냐는 자문도 했었다. 사전을 봤다. 사무는 일을 보는 곳, 집무는 사무를 행하는 곳으로 각각 실렸다. '일 본다'와 '일 보는 것을 행한다'가 왜 다른지 골몰하다가 "괜한 구분이다"란 생각이 들었다. 그렇다고 국민의 안위를 위해 존재하는 국군의 통수권과 행정부 수반에 사법부 수장인 대법원장까지 임명하는 대통령 자리를 간단히 보지 않는다. 총리를 위시한 각부 장관을 정하고, 그 장관들 휘하에 있는 수백개의 공공기관의 사실상의 인사권을 가지는, 마땅히 제왕(帝王)에 비견되며 하늘이 내리는 존재라는 인식까지 있다.

유소년을 빼고 적어도 국민의 7할 정도를 대상으로 최소한 3천여 만명의 지지 '손도장'이 필수인 대통령은 인류의 최고 발명품인 민주주의 체제의 존경과 신망을 상징한다.

무슨 영역이든 세계 10위권에 드는 나라, 그 국민 누구나 수천번 쯤은 듣고 표현했을 법치주의가 엄연히 작동한다. 헌법과 법률로 대통령의 엄중한 '어솔리티'가 담보되어 있다. 굳이 권부(權府)의 철권같은 외양이 필요없다는 말이다. 우선 대통령 사무실, 30만장의 푸른색 빛을 띄는 기와로 지붕을 얹었다하여 붙여진 이름의 청와대 규모가 지나치다. 땅만 약 25만여 ㎡, 8만 여평이 넘는다. 대부분 산을 깍아 땅 확보에 문제가 없는 지방에 자리한 대학교 전체 캠퍼스 부지와 견줄 정도로 광활하다. 미국대통령 사무실인 백악관은 청와대의 3할 정도인 7만여 ㎡다. 엘리제궁으로 불리는 프랑스대통령 사무실은 불과 8천여 ㎡, 도시에 소재한 초등학교 부지와 비슷한 면적이다.

내면을 보자. 청와대는 비서실장과 정책실장 등 장관급 2명과 10여명의 차관급 수석비서관이 있다. 차관 승진이 당연시되는 각 중앙부처서 파견된 비서관과 행정관을 더하면 500명 넘게 일한다. 이들 모두의 '끗발'은 정부 각 부처의 절대 '갑'으로 나타난다. 법률로 보장된 중앙부처 장관 권한의 거의 전부도 실질적으로는 여기서 나온다. 권력 본산인 셈이다.

권력구조나 그 체계가 달라, 단순 비교에 무리가 따르겠지만 일본의 경우, 총리대신에 보장된 보좌관과 비서관의 총수가 10명 남짓이다. 대부분 내각제인 서유럽의 거의 전부 국가의 형편도 대체로 그렇다. 미국 백악관의 순수 내부인력은 400여명 정도로 알려져 있다. 워싱톤 DC를 포함한 51개 각 주가 일개 국가체제를 갖추고 있다. 그래서 공식 국명이 미합중국이다. 각 주의 수장인 주지사 비서실에 10여명 정도만이 일한다. 가장 큰 규모, 인구 5천만명에 이르는 캘리포니아주도 비교적 그 규모다. 일본과 미국의 인구는 각각 우리의 3배, 6배에 이른다.

한 대선 후보가 이런 비대한 청와대의 운영시스템을 혁신하겠다는 공약을 내 놓았다. 장대한 공간을 국민에 돌리고, 실질적 근무를 남아도는 정부 광화문 청사에서 하겠단다. 지금 대통령도 후보시절에 유사한 약속을 했었다. 취임후 경호상의 문제로 없던 일이 되었다. 우리가 사는 여기는 독재 국가가 아니다. 대통령이 독재자일 수 없다는 얘기다. 독재자의 유고는 곧 국가의 위기가 된다. 과거 우리도 그랬다. 지금, 대통령의 어떤 형태의 유고도 감당될 만큼 체제가 성숙되어 있다. 군 통수권을 포함한 대통령의 모든 권한도 국헌에 근거한 권력순위에 따라 자연스럽게 이양되는 시스템을 갖고 있다. 불복할 국민은 없다. 매우 신선한 공약으로 보인다. 언제나 어디서나 누구한테나 무소불위, 위압적 청와대 경호태세도 부드러워질 것이다. 덤이다.

(2022. 3. 23)

훈장(勳章) 잔치, 그만 할 때 됐다

중학교 졸업을 앞둔 때였다. 다정다감하셨고, 고매한 인격에 교과목을 넘는 풍부한 식견을 가지신 과학선생님께서 던진 한 말씀이 지금도 생생하다. "상장!, 그거 빡빡하고 두꺼워 화장실에서 사용도 못한다"졸업생이면 큰 의미를 부여하지 않고 수여하는 각양의 상장을 받는 우리들의 다소 흥분된 태도를 두고 일갈하셨다. 우수한 업적을 남기거나 타의 모범을 보인 사람에게 주는 상(賞)의 의미를 모르시고 한 말씀이 아니다. 적절한 상을 통해 학업장려와 결과물에 대한 칭송의 긍정 취지를 간과하는 분이 결코 아니셨다. 상이 흔해서는 안되고, 그 상으로 본분을 망각하면 곤란하다는 훈시임을 한참이 지난후 깨달았다.

혹, 여기서 빡빡한 종이와 화장실의 연관은 뭘까? 풍요를 달고 사는 지금의 젊은이는 궁금할지 모르겠다. 하지만 불과 3-40년전, 그때를 산 사람들은 모두가 아는 일로 부언하지 않아도 될 일 같다. 아무튼 화장지의 발명, 사용으로 청결 수준이 엄청나게 상승한 것은 불문가지다. 인류 수명을 최소한 2-3년은 연장시킨 기여가 있을 터이다.

정해진 직무가 끝나가는 대통령의 이른바 '셀프 훈장수여'건으로 말이 많다. 당사자는 좀 억울해 할 일이다. 대통령으로 퇴임하면 법률에 근거하여 최고등급인 무궁화대훈장을 받도록 하는 조문 때문이다. 상훈법 제 10조에, "무궁화대훈장은 우리나라의 최고 훈장으로서 대통령에게 수여하며"로 명문하고 있다. 국민훈장을 포함한 다른 11종, 각각에 5단계 훈격(勳格)이 붙은 모두 50여개 종의 훈장 수여에는 간단치 않은 추천형식과 심사과정이 필수다. 이와 달리 별도의 심사없이 강제하여 주는 것이 무궁화대훈장이다. 따라서 수여를 거부하면 위법이라는 해석을 낳게 한다. 다만 배우자까지는 수여를 강제하고 있지 않음으로써, 이번 대통령에 더하여 배우자까지 주고 받는 일은 또 다른 평가가 있을 만 하다.

한해 동안 정부가 주는 훈장 수여자가 2만명이 넘는다. 국가발전에 기여와 공로가 뚜렷한 사람을 대상으로 한단다. 그중 단연코 많은 비중이 공무원이다. 전체 약 8할 정도의 비율이다. 서훈은 중앙부처의 장, 장관급 인사가 추천하여 행정안전부서 엄중한 심사과정을 거치고 국무회의서 최종 의결한다. 근무 연한이나 직급에 따라 훈격이 다르다. 예컨대 대학총장의 경우는 근정훈장의 최고급인 청조근정훈장을 받지만, 초중등 교사로 아무리 오래 봉직해도 그 '청조급'수여는 불가능하다. 4단계 아래, 최하위 등급인 '옥조급'을 받는 경우가 대부분이다. 반면 장관을 지내거나 청와대 등 권력기관 출신 공무원은 근무연한과 무관하게 최고급 훈장을 받는 경우가 다반사다. 심지어 재임기간이 5개월 정도에 불과한 공무원에게 훈장을 결정한 전례도 있다. 당연히 권부인 청와대의 의중이 실리지 않으면 가능한 일이 못된다.

훈장 수여에 따른 수혜도 적지 않다. 이번에 화제가 된 무궁화대훈장의 경우, 훈장 제작비만

억대가 넘는다. 배우자 몫까지 더해서 그렇다. 다른 훈장 제작비도 흔히 상상하는 시중의 상거래 비용 수준을 훨씬 넘는다. 훈장의 종류와 그 각각의 격에 따라 다양하지만, 금전적 지원도 있다. 생활비, 양육비, 장학금, 공직 인센티브 등 적지 않은 혜택이 본인과 가족을 대상으로 제공된다.

상훈제도, 꼭 그렇다고 단정하기 힘들지만 일제(日帝) 잔재 흔적이 다분하다. 일정때 도입된 이유가 그렇다. 역설적으로, 일본은 4종의 훈장만이 있다. 과거, 공직의 박봉과 멸사봉공 직무 특성을 고려하여 특별한 앙양책이었다. 지금의 현실과는 판이하다. 공무원이 '얇은 지갑'의 상징도 아니며, 현직, 퇴직 이후도 최고의 직장인으로 꼽는데 주저할 사람이 별로 없다. 누리는 것도 그렇다. 상훈법 개정을 포함한 전면 수술이 절실한 때다.

(2022. 4. 14)

'떳다방 선거구'정치혐오 부추긴다

세상을 사는 일, 특정한 현상과 사람을 싫어하거나 증오심을 가지는 경우가 종종 생긴다. 보거나 만나면 기운이 다운되거나 감정이 상하는 일들 말이다. 스스로의 조절한계도 원인이 되지만, 타인 혹은 환경적 요인으로 발생되는 것이 대부분이다. 일종의 혐오(嫌惡)가 발동하는 것이다. 발달심리학에서 특정 사안에 대한 범위를 자의적으로 확장시키는 현상 가르켜 '과잉일반화'(overgeneralization)로 일컫는데, 혐오도 그 범주로 본다.

철학을 전공했지만 정치학, 특히 현실 정치필드서 발군의 집필 역량을 보인 Dr. Nussbaum(누스바움) 시카고대 교수는, '혐오'는 현역 정치인이 양산하며 대중들에게 공포심까지 안긴다는 사실을 조목 조목 실증한 바 있다. 그녀의 역작, '타인에 대한 연민', '정치적 감정'저술을 통해서다. 각각의 상대가 지니는 혐오는 정치인이 가장 적절히 이용하고 즐기는 단골 메뉴임을 철저히 논증한다. 우리에게도 그 서명(書名)으로 번역, 출간되어 단숨에 베스트셀러로 등극한 바 있다. 연전의 일이다.

정권을 바꾼 대선을 한달여 지낸 지금, 지방권력 향배를 가를 '지선'열풍이 한창이다. 여야 가릴 것 없이 유권자의 혐오로 느낄만한 '비정상'이 곳곳에 지천이다. 대선이 한창일 때, 당시 집권당 대표는 정치쇄신을 기치로 향후 불출마를 선언하면서 자당의 대통령후보 득표를 위한 살신같은 의지를 비쳤다. 신선한 충격으로, 당연히 자당 후보의 기세를 높이는데 적지 않은 기여로 작용하였다. 웬걸, 대선이 끝난 불과 며칠만에 그 불출마 약속은 덧없이 파기됐고, 곧장 자신의 국회의원 선거구를 떠나, 서울시장 출사를 알렸다. 유권자에 대한 속임수, 기망(欺妄)이란 말 외에 무엇으로 정당화될지 헛웃음까지 여민다.

곧 화려한 집권당이 될 상대도 도긴개긴같다. 어릴적 동네 냇가서 멱한번 감지 않던 낯선 곳, 학창시절도 없던 이방지대, 존비속 합쳐 일시간 거주도 없었던 타관에서 지명도만 내세워 자신을 키운 '선거구'를 등지고 거대 광역 도지사에 도전하는 후보도 나왔다. 정도는 다르지만, 지역을 불문하고 여야 공히 유사한 사례가 부지기수다. 헌신짝처럼 버려지는 선거구, 주식거래의 '단타매매', 부동산의 '떳다방'연상이 자연스럽다. 양자의 공통분모는 투기에 기회주의로 읽힌다.

국회의원 사퇴후, 지방선거에 출마하는 일도 같은 맥락의 그 영역이다. 정치혐오가 여밀만하다. 임기중 중도사퇴는 헌법위반을 상정할 만한 사건으로도 갈음될 수 있다. 독립적 헌법기관인 국회의원 임기를 4년으로 한정한 헌법 조문이 그 까닭이다. '내 집'은 말할 것도 없고, 어떤 건물을 지을 때는 설계도나 시방서를 근거로 쌍방의 합의에 따라 계약서를 나눠 가진다. 공사 개시로 선급금에 기성금을 지불한다. 비로소 완공하면 잔금을 치른다. 상도(常度)의 기본이다. 공사 도중에 더 좋은 계약건이 생겼다 하여 공사를 중단하거나, 남 한테 떠넘기고 새로운 이익을 챙기는 사업자와 견주면 야박하고 과장된 비약일까. 정치적 이기주의라는 비아냥을 피하기 어려운 일로, 몰매가 십상같다. 공공지대인 선출직의 상대는 유권자 즉, 주민이기에 더 그렇다.

정치인의 이기심이 정치질시, 냉소를 더 고착화 시킨다. 이러한 혐오는 공동체 성장의 저해를 부른다. 그 종국적 피해는 고스란히 국민 몫이다. 미국철학회 학회장을 지낸, '포린 폴리시'가 선정한 '세계 100대 지성인'의 한명인 누스바움의 말을 다시 빌린다. 국민의 보편적 정서를 최대치로 끌어들이는 것이 정치인의 숙명이라 했다. 그 결과로 품위있는 사회가 조성된다는 사실 말이다. 돈, 이익만을 쫓는 '단타매매'나 '떳다방'에 함몰된 처신은 그 잣대를 한참 비켜 간 것 같다. 정치도 마찬가지다.

(2022. 5. 18)

공관과 사저, 그리고 경호

삶의 가치에 변화가 생기는 일, 누구나 생애에 '터닝 포인트'가 있다. 천성이나 오랜 인식이 특정한 계기로 사람과 현상에 대한 관념이 달라지는 일들 말이다. 5년간의 외국생활을 마치고 귀국한 1994년의 일이다. 새로 집권한 권력자에 의해 '역사 바로 세우기'명분으로, 중앙청으로 불리며 총리실 등 정부청사로 쓰였던 일제때의 조선총독부 건물을 해제시킨 일이 있었다. 그 구실에 더해 서울 남산 경관을 보전한다는 취지로 '외인아파트'로 불리던 건물을 일거에 폭파시켰다. 그 '이벤트'를 보고 그 집권자에 대한 존경과 우호적 인식이 순식간에 바뀌게 되었다. 이후 지금까지 그 전직 대통령을 좋아하지 않는다. 치욕도 보존하고 새기는 가치를 두고, 그 '역사인식'차이에 따름이다.

외인아파트는 서울에서도 구더기 들끓던 재래식 화장실이 보편적 서민생할 상징이었던 6-70년대, 외국의 개발사업자 혹은 외교사절이 방한했을 때 숙소제공을 주목적으로 지어졌다. 성장주도기 한 단면이다. 이처럼 공무수행 목적에 따라, 정부나 공공기관은 그 장(長)의 임지(任地)에 공관 이름으로 공간을 두었다. 봉건시대의 원님이나 관찰사 등 고을의 수령이 서울 등 외지에서 부임함에 따른 방편으로, 내아(內衙) 혹은 내동헌(內東軒)으로 부르며 관저를 둔 관행이 있었다. 불가피한 일이다.

그런 전통적 연유가 고스란히 이어져 지금 전국 각지에 산재한 각양의 공공기관은 예외가 없을 정도의 수많은 공관을 운용하고 있다. 아방궁으로 인식될 만큼의 수려한 경관을 기본으로 일상적 서민은 상상할 수 없는 큰 대지와 건물에 최고급 집기로 구색을 갖춘다. 광역단체장의 도백(道伯), 군 지휘관, 정부 산하기관인 공공기관의 장, 심지어 학교를 운영하는 사학의 '주인'도 공관으로 부르며 살림한다.

모두 세금 등 공적자금 투입이다. 기관이 제공한 공관에 입주함으로써 살던 집을 전세 등 재테크 수단으로 활용한 소인배 공직자도 수두룩하다. 얼마전 '대장동'사건에서 불거진 일개 기초자치단체 산하 공공기관이 수백채의 아파트를 보유한 사실이 불거지기도 했다. 조직 구성원의 편의 제공을 강변하지만, 공공자금으로 운영됨으로써 편법적 시혜로 볼 수 밖에 없다. 요즘 유행하는 공정과 정의에 배치된다. 미국이나 일본 등 다른 선진국의 경우도, 국가원수나 이에 준하는 사람이 아니고는 별도의 공관 이름의 공짜 주택이용은 거의 없다. 공관을 없앨 필요가 있다는 명백한 이유가 된다.

최근 퇴직으로 관저였던 청와대를 나온 전직 대통령 이사로 사저(私邸)라는 말이 봇물을 이룬다. 왜 사저일까. 자택이나 집, 댁이라는 용어를 쓰면 안되는지 모르겠다. 원래 뜻인 고위관료 개인 집, 대통령이라 한들 현직을 떠났는데 왜 그런 표현이 당연한 것처럼 여기는지 의아하다. 시류의 관행어도 아니며, 이치에 맞지도 온당치도 않은 말 같다. 사대적, 권위적 인식을 지우기 힘들다.

전직 대통령에 대한 경호도 시대착오적이다. 집을 지키는 방호원과 대통령 경호처 소속의 수많은 공무원을 투입해야 하는지 납득하기 어렵다. 연금, 비서관, 차량제공 등 현시적 예우는 150여 명의 경호인력 인건비 등 운영비 지출에 비하면 '그것쯤'수준이다. 세습정권 유지를 위해 온갖의 인권이 유린되는, 천하의 깡패 패거리보다 불량한 북한 집권층을 포함한 희대의 적성체제도 각국의 전직 국가원수에 대한 테러는 도모하지 않는다. 가능성은 '제로'에 가깝다. 거쳐간 기밀은 정보가치가 없기 때문이다. 경찰 경호로도 충분하다. 중국, 러시아 등 공산국을 제외한, 민주주의 대부분 나라 현직 국가원수 경호는 경찰 몫이다. 당연히 미국도 그렇다.

(2022. 6. 22)

'사천 KTX'

지금은 전국에 거미줄처럼 걸쳐있는 고속철시대 막을 연 것이 지난 2004년, 서울-부산간 개통이다. 철도역사 100년만의 쾌거라 할 만 하다. 1단계로 그해 서울서 동대구까지 먼저 개통하고, 6년이 지난 2010년에 부산까지 연장하여 경부간을 명실상부한 2시간 남짓의 주파기록을 만들었다. 완전개통 이전까지는 기존의 경부노선인 밀양을 경유하는 국철을 이용함으로써 3시간을 넘기는 주행이었다. 그 6년간 동대구-부산간의 국철이용이라 하여 고속철이 아니더라는 인식은 없었다. 그때 밀양역은 KTX역사로 새롭게 조성되었고, 지금도 일부 운행은 밀양에 정차하는 스케줄을 유지하고 있다. 밀양에 인접한 지역민들은 깔린 국철선로와 무관하게 쾌적한 KTX 객차의 안락함과 함께 경부선을 오간다.

올해 착공하여 5년여 공사기간을 거쳐, 오는 2027년에 완공을 목표로 한 김천-거제를 잇는 남부내륙철도 노선에 사천이 배제된 사실을 두고 지역민의 실망감이 이만저만 아니다. 지난 수년간 사천시에 소재한 한 시민단체의 사천유치를 위한 필사적이고 헌신적 활동은 눈물겨운 지경이다. 삼천포항, 천혜의 절경은 이미 전국적 명성을 얻었다. 바다를 오가는 케이블카에서 비치는 빼어난 풍광은 세계 유수 관광지에 손색이 없다. 고속철 유치를 위한 시민운동, 접근의 수월성이 명분이다. 사천일대에 많게는 수천명의 고용효과, 한해 수백억에 이르는 경기부양 효과 등 지역 경제활성화는 핵심 가치가 된다. 인구증가는 마땅히 붙는 절박한 덤이다.

올 상반기, 이 노선의 기본계획 수립 최종단계에 즈음하여 사업비증가 및 이용불편성 등의 이유로 사천유치 불가라는 국토교통부의 최종 방침이 정해졌다. 그러면 불가한 일인가? 결론부터 말하면 그렇지 않다. 물론, 설계가 완료된 시점에서 기존안, 인근 고성군을 경유하는 노선 변경은 거의 불가능하다. 외부요인이 아니라, 상대적 지역반발이 불가피하기 때문이다.

차선을 취해야 한다. 우선 첫 단계로 지금도 확보되어 있는 진주-사천공항 인근까지의 국철을 이용하는 것이다. KTX 객차를 그 구간만 국철 레일로 오가게 할 수 있다. 10㎞ 남짓, 길어도 10분, 짧으면 5분만에 진주의 고속철 레일에 합류하게 된다. 당연히 사천 KTX역사로 명명되고, KTX열차로 2시간대로 서울을 오갈 수 있다. 소요되는 돈은 전체 총공사비 중 0점대의 비중에 불과할 것이다. 다음 단계로 사천공항서 삼천포항까지의 고속철 레일을 신설하는 것이다. 물론, 지선(支線) 개념이다. 종국적으로는 전체노선을 고속화하는 역사(役事)될 것이다.

힘이 있으면 되는 일이다. 지난 국회, 지역 국회의원이 법사위원장 직위에 있을 때 국토교통부 장관이 삼천포항까지를 실시용역에 포함시켜 역사 신설을 하겠다는 취지의 약속을 한 전력까지 있다. 5천여 억원의 추가 비용도 이유가 되지 못했다. '힘'의 유용성, 리얼한 방증이다.

간단한 일은 아니다. 우선 사전 타당성조사 의뢰가 전제다. 그것은 당해 지자체인 사천시의 몫이다. 그래서 국토교통부의 '국가철도망구축계획' 신규사업으로 포함시킨다. 이를 토대로 기재부가 주축이 된 예비 타당성조사 단계도 있다. 노골적 방안을 강구한다. 예리한 기획이 필요하다. 먼저 사업 당위성 확보를 위해 '이슈'에 불을 지피는 일이다. 이 분야를 연구하는 대학과 관련 학회 등 학계 메커니즘을 활용하는 것이다. 학계서 제기하는 새 논점을, 정치인의 정책홍보에 우선시킬 명분을 만든다. 언론의 입맛은 그렇게 옮겨지게 된다. 세상의 섭리, 상대적으로 그렇다. 국회 등 서울서, 해당 지역인 사천서 명망있는 학자들과 함께 관련 학술대회를 몇차례 거친다. 안하면 안되는, '마땅한 프로젝트'로 변모될 수 있다.

(2022. 7. 21)

배는 배꼽보다 엄청나게 더 크다

복더위에 접어든 날씨가 후덥지근 하다. 에어컨을 계속 가동하고 싶지만 사용한 만큼의 누진률 적용이기에 고공 전기요금을 생각하지 않을 수 없다. 우회전인 경우, 무정차 주행이 가능했지만 일시 정지를 강제한 도로교통법 개정으로 상황을 살펴야 한다. 대통령이 주재하는 국무회의와 총리가 대행하는 그것에 참석하는 각 부 장관의 마음가짐은 다를 것이다. 이처럼 사람의 생각과 행동은 주위환경과 시스템 변화에 영향을 크게 받는다. 인지심리학의 기초면서 사람의 본능적 작용에 따름이다.

범죄로 인한 형벌중의 하나인 사형제도를 두고 논란이 끊이지 않는다. 얼마전 이 사형제가 행복추구권을 조문하고 있는 헌법정신에 부합하는지, 아니면 위반되는지에 대한 헌법소원 공개 심리가 있었다. 이전인 1996년과 2010년에도 같은 사안을 두고 두 번의 평결이 있었다. 각각 합헌 판결이었다. 12년이 지난 올해 또 재개된 것이다. 세 번째다. 소원의 청구인은 사형수라 하더라도 하늘이 내린 인간의 생명권이 국가, 공권력에 의한 박탈은 부당하다는 논지로 폐지를 주장하였다. 반면, 변론 당사자인 법무부는 '사형제'그 존재만으로 범죄억지력이 상당하게 발휘된다는 취지로 존치를 견지했다. 찬반양론에 갑론을박의 절정이다.

우리나라는 아직 엄연히 사형제가 형법과 형사소송법에 따라 존재해 있다. 그런데 집행이 없기에 사실상의 폐지국가로 분류되기도 한다. 현재 61명의 사형수가 수감되어 있다. 지금도 기소권자인 검찰의 사형구형은 이어지고 법원도 아주 드물게 선고하고 있다. 법무부장관은 실형이 확정된 후 6개월 이내에 집행토록 했다. 형사소송법 제 465조가 그렇다. 그런데 집행을 안한다. 실정법 위반이 분명하다. 사형집행에 따른 부정적 이미지가 집권자인 대통령에게 몰릴 수 있다는 우려 따름이다. 1998년 김대중정권 부터다. 지금까지 약 25년간 열명 이상의 법무부장관이 예외없이 불법을 자행하고 있다. 온당치 않고 비겁하다.

사형제 폐지론자들은 이 제도 자체가 범죄예방에 직접적이거나 긍정적 효력이 나타나지 않는다는 주장을 편다. 그럴까? 인간의 본능과 환경적 요인을 무시한 편견이다. 민주주의는 사회적 약속, 시스템으로 유지된다. 규칙과 법률로 지탱되는 것이다. 제도상의 체제로 경각심과 주의를 부여한다. 그것으로 겁을 준다는, 위하력이 발현된다. 제도가 효력으로 나타난다는 등식을 성립시킨다. 세상 섭리의 일환이다. 예방효과가 미진하다든 진단에 동의하기 어렵다는 근거다.

나라마다 문화와 역사적 배경이 다르다. 따라서 세계 각국이 같은 가치를 선택할 수 없는 일이다. 비교적 생명을 신성시하는 특정 종교적 교리(教理)가 강하게 남아있는 서유럽 대부분의 나라는 사형제가 없다. 죄값을 강조하는 응보(應報)의식이 강한 거의 전부의 동양 국가는 사형제가 있다. 우리도, 일본과 대만도 그렇다. 싱가폴은 사형제에 더해 곤장을 치는 태형도 유지하고 있다. 미국은 각 주마다 선택이 다르다. 텍사스는 없앴다가 다시 부활시켰고 버지니아는 얼마전 폐지했다. 교포가 많이 사는 캘리포니아 등 과반의 주(洲)는 사형제를 유지하고 있다.

범죄 무풍지대는 없다. 누구든 그 잠재적 위협속에 산다. 사형수 인권이 무시될 일은 아니다. 그러나 배꼽이 크다 한들 복부의 한쪽이다. 국민 전체의 생명권보호, 인권이 더 간절하기에 사형제 존치의 명분이 생기는 것이다. 극악무도한 강간살인 등 범죄를 당한 나 혹은 배우자를 포함한 내 가족이 당사자라도 가해자인 사형수의 생명은 담보돼야 한다고 주장할 수 있을까. 위선일 것 같다. 헌법재판관도 예외 아니다. 헌법재판소 평결을 염려로 주목한다.

(2022. 8. 24)

학령(學齡)논란의 본질

새정부 법무부장관 언사가 화제다. 국회 본회의 및 법사위에서의 설전, 이전 장관과 검사인사 방식에 용모까지 대비 시킨다. 검찰의 인사권을 쥔 '끗발'에다 현직 대통령과의 특수관계도 원인일 터이다. 연장선에서 또 다른 인물이 상기된다. DJ정부 초대 법무부장관으로 일한 고 박상천 전의원이다. 5선 의원으로 불세출의 이론가였다. '돈세탁방지법'등 개혁입법을 이끈, 강골이미지가 씌워졌지만 수줍음까지 머금은 다정다감이 진면모다. 그는 각양의 법안에 담을 제도개선 논박중 늘 '외국사례'를 들췄다. 세계 '탑 텐'이전의 불가피성을 들었다. 10위권 진입후는 무용하다고 했다. 이 논제에 적용할 가치로 설정하며 잇는다. 외국사례를 금과옥조할 필요가 없다는 얘기다.

학령! 의무, 공교육이라는 형식교육이 시발되는 나이다. 이 논점의 결말은 없던 일이 되었고, 뜬금없이 들고나온 교육부장관은 사실상 경질되엇다. 지구촌 각 나라마다 학령이 다르다. 5세 혹은 6세가 대종이다. 연령에 선 긋기가 어렵다. 인간발달 과정과 공교육과 대칭되는 사교육시장 기류, 미래지향적 인력양성 비전과 무관할 수 없는 화두임에 틀림없다.

우선, 학령의 기원이 되는, 그 시기의 인간발달 단계를 논의 선상에 놓을 필요가 있다.

발달심리학에서는 지금 취학연령 직전 나이인 5세 단계를 '직관적 사고기'의 중심으로 본다. 이해할 수는 없어도 형태와 사물의 구분이 가능하고, 일상의 인과(因果)를 상상하며 수(數) 개념이 생긴다. 6세에서 시작되는 '구체적 조작기', 즉 사물의 이해와 보존적 가치를 습득하는 능력과 미세한 차이를 보인다. 굳이 5세와 6세의 다소간 간극이라면 갈등과 불안의 관리능력에 있다. 인간발달학계의 세기적 거두(巨頭), '피아제'나 '에릭슨'이 주창한 분류가 그렇다. 하지만 이런 분류가 학령을 가를 절대 기준은 못된다. 개인차 등 발달과정의 특수성 때문이다.

다음은 학령 이동에 사회적 변수가 고려 대상이다. 의무교육인 초등학교 취학 이전 단계의 비형식교육은 대체로 유치원과 어린이집에서 이뤄진다. 유치원은 교육부 소관이며, 어린이집은 보건복지부 관할에 있다. 양 체제의 교육방식과 목적이 좀 다르다. 당연히 양자의 이해관계가 같을 수 없다. 만약 학령이 변경된다면 양측은 유불리에 따라 집단 반발 양상으로 번지게 된다. 교육기관, 학부모, 교육종사자, 학생간 역학이 간단치 않다는 말이다.

마지막으로 교육의 사회적기능을 살펴볼 필요가 있다. 국가발달의 원천은 교육에서 비롯된다. 국가경쟁력 차원의 검토가 있어야 한다. 학령하향의 근본 취지는 무상으로 조기 의무교육을 실현하는데 있다. 취학전 사교육의 양극화 내지는 불평등을 해소한다는 목적도 무시하기 힘들다. 또한 중등교육 종료를 앞당겨 대학교육의 효율화, 산업인력의 조기배출을 도모한다는 목표도 설정돼 있다. 육체적, 심리적 발달의 최고 절정기에 있는 청소년을 학습을 이유로 학교라는 특정한 장소, 일과(日課) 전체의 한정된 시간을 묶어두는 것은 합리적 인적관리가 될 수 없다.

시스템변경에는 저항과 반목을 거두는 지혜가 수반되어야 한다. 직역(職域), 계층, 세대별 이질감을 해소할 전략이 필요하다. 시간을 두고 더 필사적으로 고민해야 한다는 말이다. 학령, 그 충분한 가치가 된다.

인간적 도리(道理)라는 허울로 알량한 이기심이 생긴다. 혜량만을 구한다. 지금과 천양지차의 국가위상, 30여년전 전 극동의 작고 왜소한 분단 나라의 20대 중반 청년에게 인간발달(Human Development)이론 체계를 안착시켜준 은사의 명복을 소원한다. 미국 죠지 워싱톤(The George Washington Univ.)대학교 종신교수였던 Dr. Marita Rashid, 올초 타계했다.

(2022. 9. 21)

정년(停年), 선출직공무원은?

헌정사 진기록의 하나인 3선 국회의장, YS와 JP와 더불어 최다선인 9선 국회의원을 지낸 박준규 전의장은 15대 국회 후반기 수장이었다. 의사봉을 마치 야구 방망이 휘둘 듯, 크고 호쾌한 액션을 보였던 모습이 선하다. 간간히 터져 나오는 의석에서의 잡담과 야유를 제압하는 카리스마가 독출했다. 의장의 육중한 권위에 말대답하는 의원은 드물었다.

두번의 국무총리를 지내고 역시 9선 국회의원을 역임한 JP가 일본을 방문하면 그 나라 중·참의원 2-30명이 공식이든 그렇지 않든 수행했다. 한일 외교가 경색되면 일본 총리 등 요로에 전화 몇 통으로 현안을 풀었다. 1965년 한일국교 정상화 회담때 그의 협상 파트너였고 훗날의 총리로 당시 외상(外相)이었던 오오히라 마사요시 비서였던 모리 요시로가 1999년에 총리에 올랐으니 그의 위상과 권위를 짐작할 만 하다. 두 지도자가 9선에 도달했을 때가 모두 칠순을 한창 넘긴 때였다.

임기와 선출방식이 다르지만, 일본과 미국에서는 20선 전후 국회의원이 드물지 않다. 일본의 집권 자민당 간사장을 지낸 오자와 이치로는 같은 지역구에서만 19선 의원이고, 얼마전 방한한 낸시 펠로시 미 하원의장은 18선, 친밀한 지한파로 연전에 작고한 존 딩겔은 28선 하원의원이었다. 정년없는 선출직의 한 단면이다. 이들은 각각 비공식이긴 하지만 총리를 자신의 집으로 호출하는 경우도, 외국 순방시 대통령 전용기를 이용하거나, 지역구에 '자신의 날'을 지정받은 명망가들이다.

공무원을 포함한 공직자, 공·사립을 불문하고 초중등 및 대학교원이나 기업에 종사하는 회사원 혹은 군인이 일정한 연령에 이르면 예외없이 그 직을 내려놔야 하는 정년이 있다. 60세, 길어도 65세에 근로영역에서 물러나야 한다. 사람의 인지적, 육체적 능력 등 직무수행 역량을 고려한 불가피한 제도다. 하지만 선출직 공무원은 그렇지 않다. 지방 및 국회의원, 광역 및 기초자치단체장이 그들이다.

사람이 삶을 구가하는 인생주기는 각각 특정한 연령대와 열정의 정도가 맞물리는 이치가 있다. 젊을 때 보는 섭리와 물정의 역학을 겪고 보는 인생사는 그 무게와 정도의 차이가 있다. 때에 따라서는 내용이 형식보다 훨씬 중요할 경우도 있지만 시스템이 콘텐츠의 줄기를 바꾸는 사례도 생긴다. 모두 인식은 연령대에 따라 달리 자리 잡는다.

지자체를 이끌거나 입법활동에 종사하는 선출직공무원의 자질 요목에 어느 하나만이 요구될 일은 아니다. 가정에 어른이 있으면 질서가 있고, 아이가 있어야 생동이 더한다. 초재선의 활력과 다선의 경륜의 빛나는 조화가 필요한 지대란 말이다. 나이와 연관된 선택은 유권자 몫으로 보는 것이다. 하지만 말이다. 온전한 역량을 발휘하는 다선 혹은 경륜의 거물 지도자를 보유한 거대정당도 체질 연소화를 위한 노력은 필사적이다. 유권자의 변화와 혁신 갈망에 따름이다. 역동성과 기민성을 지닌 젊음이 노령의 그것보다 우세한 수단이 되기 때문일 것이다.

조직을 이끄는 단체장의 사정과 달리, 당장 차기 총선 공천에 있어 여당은 실질적 리더인 현직 대통령 연령을 표준으로, 거대 야당은 투쟁을 담보할 50대 이하에 방점을 두는 정황이 곳곳에 포착된다. 이미 집권당의 집권자 나이가 묵시적 기준이 된 전례가 있다. 이명박정권 때인 18대가 그랬다. 대통령의 실형(實兄) 공천파동의 원인도 거기에 있었다. 지금 제 1야당의 대표를 포함한 지도부 모두가 50대란 사실도 그 기조의 한편이다. 정년이 없다 하여 아무나, 누구나의 무풍지재가 결코 될 수 없다. 그래서도 안된다. 나라를 대표할 인품과 역량이 빼어난 다선의 경륜도, 젊은 선량도 절실한 곳이 거기다. 판단은 오로지 투표하는 주민에게 있다.

(2022. 11. 23)

더불어 민주당과 국민의 힘

글 제목의 순위를 정하는데 여러 생각이 스쳤다. 정치에 별무 관심인 사람까지 대부분이 말하지 않아도 속으로는지지 정당을 간직하고 있다. 그렇기에 민감하다. 집권당을 우선하는 것이 합당한지, 의회 의석수가 기준인지에 대한 생각이 그랬다. 국회 다수 정당을 먼저 표기하기로 했다. 공직 선거법 제 150조 등 관련 조문이 근거가 될 만 하다. 본질은 양당 구조가 굳건한 다수당 더불어 민주당과 여당인 국민의 힘, 그 근원과 체질을 살펴보고자 함이다.

더불어 민주당, 이승만정권때인 1955년 출범한 민주당에 뿌리를 두고 그 적통임을 강조한다. 한국민주주의 거두로 동갑내기 조병옥, 신익희 주도로 창당된 민주당 이름의 효시다. 이후 이런 저런 수식어가 붙었지만 '민주'이름의 당명은 지속되었다. 이후 야권 통합 기치로 신민당이 1967년에 만들어졌다. '새로운 민주'뜻이다. 누가 뭐래도 '40대 기수'브랜드 상징이었던 김영삼, 김대중, 이철승이 당권과 대통령후보를 나눠가지며 지금 민주당의 실질적 기반이 쌓인 시기였다. 신한, 평화, 새천년 등과 같은 꾸미는 말을 앞에 두었지만 민주라는 이름을 빼지 않았다. 지금 더불어 민주당의 확고한 저변이 된 것이다.

DJ가 집권한 1998년 이전까지 당을 지탱하는 당료들의 구성은 정권에 저항하는, 이데올러기로 무장된 서로간의 '동지'들로 채워졌다. 급료가 없었기에 시스템이란게 없었다. '정치건달'로 일컬어지는 사람들도 섞였다. 정부요직보다 상대적으로 접근이 용이했기 때문일 것이다. 당연히 이지적 전략가도 없지 않았다. 저돌적이며 거침없는 기류가 체질이다. 지금도 정권에 저항할 때면 물불 안가리는 전투력이 빼어나다. 인원동원과 구호구사도 자극적이며 악착같다.

국민의 힘, 모태를 1961년 JP주도로 창당된 민주공화당에 두는데 무리가 없다. 이승만의 자유당 무능과 부패를 일소한다는 기치가 있었다. 여당이었기에 당 시스템은 출발부터 선진

반열이었다. 사무처를 구성하는 당료를 공채로 들였다. 인물이 몰려들기 마련이다. 직업인으로 입문한 첫직장인 공화당에 공채된 인물중 장관, 원내대표, 농협의 직선 회장도 배출되었다. 훗날 한 기수 10명 남짓중 절반 정도가 국회의원으로 등원한 사례도 있었다.

전두환이 창당한 민정당도 공화당 후신이라는 말에 큰 이견은 없다. 당료를 공채로 선발한 방식도 그렇다. 사무처 국장 등 간부가 국회의원으로 발탁되는 일도 흔했다. 정부에서 파견된 국장급 간부들이 당 전문위원으로 일하며 차관 혹은 도지사로 승진, 전출되는 일도 드물지 않았다. 지방자치제가 출범한 YS집권 이후부터 민자, 한나라, 새누리 등의 이름으로 보수정당의 틀을 유지하면서 오늘의 국민의 힘에 이른다. 조직력은 상대적으로 미약하다. 정치집회의 집결 상황을 보면 여실하다. 관료기질이 묻어 있다. 지금의 '샤이 보수' 체질 연상이 자연스럽다.

정치이념의 넓은 스팩트럼, 극우인 자유주의와 극좌인 반동주의를 배척하면서 양당은 각각 진보와 보수이념 구현에 진력한다. 좀 섞여도 이상할 것도 없을 것 같지만 선택적 가치가 또렷하게 드러난다. 시장경제와 정부개입의 정도에서, 대북한 정책의 상호주의와 햇볕정책의 갈림에서, 보편과 선택으로 양분되는 복지정책에서, 미일과의 동맹적 외교 기조에서도 명징한 차이를 보인다. 노총과 민노총, 교총과 전교조, 예총과 민예총 등 지지기반도 각각 다르다. 당연히 지역간, 세대간, 계층간의 우호관계도 따로다.

양당, 무엇보다 더 극명한 사실은 정국 운용방식과 투쟁스타일에 있다. 정치에 선동이 없을 순 없다. 사람사는 세상의 질서속에 그 선동의 익숙과 낯설음, 그 정도의 차이인것 같다. 나는 누구인가. 누구에게나 정체성이란게 있다. 자신과 어울리는 정당이 있다는 말이다.

(2022. 12. 21)

다사다난(多事多難)

지구상 가장 가난한 나라에서 10대 선진국 반열에 든 지금의 잣대로는 믿기지 힘든, 흑역사의 하나로 꼽힐 박정희시대의 유신헌법이 장대할 때가 있었다. 50년전 쯤의 초등학교 다닐 때다. 신문과 방송에서 '긴급조치'라는 용어가 가끔 등장했다. 누가 잡혀가고, 구속되고 하는 등의 좀 무서운 뉴스가 많았다. '기자회견'이라는 말도 눈에 자주 들어왔다. 새해 벽두 대통령 기자회견 때는 언제나 '다사다난'이라는 수식어로 말이 풀렸다. 그래서 긴급조치, 기자회견, 다사다난은 높은 사람의 전유 용어로 알았다.

어라? 그즈음 조 프레이저인지 죠지 포먼인지 분명치 않지만 그들과 일전을 벌이는 무하마드 알리의 '기자회견'이란게 뉴스로 다가왔다. 그 말이 보통사람에게도 통용되는 것임을 곧 알게 된 계기였다. 그때의 헌법에 명문된 대통령의 긴급조치권이 단순한 행정명령이 아닌, 법률적 구속력을 지닌다는 사실은 유신시대가 끝날 때 쯤 정확한 의미가 머리에 앉혔다. 다사다난, 조례 때 교장선생님의 '훈시'에서나 폼이 좀 잡혀야 하는 사람의 인사말씀 중 연말이면 늘 듣던 말로 기억한다.

'국민의 힘'전신이었던 한나라당과 통합으로 소멸된 자민련 홍보국장으로 일한 때가 있었다. 새 밀레니엄 시대를 맞은 2000년, 꼭 22년전의 일이다. 발행인으로 당보(黨報)를 만드는 일이 주종의 하나였다. 연말 당 지도부 신년사 집필이 당연 직무였다. 지금의 당 대표를 총재로 일컫던 때다. 총리서 물러난 JP가 명예총재로, 현직 총리였던 이한동님이 총재로, 6선에 현역 국회부의장 김종호의원이 총재권한대행이었다. 여기에 당 3역으로 불리던 사무총장, 정책위의장, 원내총무(대표)의 몫까지 모두 여섯 분의 신년사를 쓰야 했었다. 같은 날 같은 신문에 6편의 신년사, 단골메뉴 '다사다난'도 한 두 번이지 참 난감했던 기억이 선연하다.

비슷한 말인 다사다망(多事多忙), 말도 많고 탈도 많은, 좋은 일 궂은 일로 채워진 등으로 대체될 수 있는 말이지만 제일 유연하고 무난한 말 같다. 2023년 새해를 불과 며칠을 남겨준 이때, 누구를 막론하고 지나온 한 해를 돌이켜 보면 그 말이 딱이다. 초봄 매화와 개나리로 시작된 꽃의 향연이 활력을 주고, 가로수 그늘에 냉면으로 더위를 지내며, 초가을 '매미'와 대비시키며 태풍 공포에 빠지게 했던 '힌남노'의 허풍에 안도했고, 끝자락 가을에 이태원 참사로 국민적 애도기간을 거치고 월드컵 16강의 환희를 맛보며, 코로나 위세로 3년 정도 가지지 못했던 크고 작은 송년모임의 절정에 있는 지금에 있다. 가족과 친지나 동료 등 지인의 안녕과 불행, 어쩌면 그들의 죽음으로 생과의 단절을 겪은 일, 모두가 살만한 세상살이의 대가다. 그야말로 다사다난의 소용돌이다.

사람은 경험을 저장하는 기억을 달고 산다. 발달심리학에서는 시간적 지속성을 기준으로 작동기억과 장기기억으로 나누기도 한다. 전자는 관심과 흥미에 따라 경험을 의식에 놓는다. 생활의 순간순간에서 얻어지는 것이다. '긴급조치'나 '기자회견'이 그 영역이다. 반면, 찰라적 감각통로가 아닌, 오랜 시간을 지내면서 서서히 영속적으로 뇌리에 자리잡는 의식을 장기기억으로 분류한다. 집안의 대소사, 직무적 일상, 가슴 설레는 연인관계, 수십년 지기의 학교동창과의 연분 등이 여기에 속한다. 긍정적 장기기억이 더 풍부하고 또렷하면 행복지수가 커진다. 누구한테도 달려든 한해의 다사다난, 장기기억만 있을리 없다.

기억이 억지로 조절되기는 어렵지만 일체유심조(一切唯心造), 마음먹기에 달렸다. 땀흘릴 각오가 서면 덥지 않다. 연말의 한파도, 이것쯤이야 싶으면 춥지 않다. 또 내년의 새로운 다사다난이 기다리고 있다. 추위의 기세에도 두달쯤 후면 매화 봉우리가 솟는다. 만고불변의 섭리속에 살고 있다.

(2023. 1. 26)

인생은 연극이다?

가수 나훈아를 흠모할 정도로 좋아했던 때가 있었다. 고향이나 부모, 친구와의 서정을 묘사한 노랫말이 좋아 녹음, 녹화하여 두고 두고 보고 듣기도 했다. 그런데 지금은 외면한다. 과거 그의 거의 모든 노래는 천재 음악인, 박춘석이나 정두수 등으로 부터 얻었다. '물레방아 도는데'도 그들 작품이다. 지금 그의 노래 대부분은 스스로 작사 작곡한 것들이다. 대중가요 가사가 숭고하거나 철학적일 필요는 없다. 지금 그의 노랫말은 이전의 것과 큰 차이가 있다. 은유적 색채는 전혀 없어 보인다. 소크라테스를 '테스'형으로 칭한 그 노래, 남들 모두가 좋아한들 '어거지'같다. 하지만 여전히 인기가 있어 순전히 자의적 생각일 터이다.

그가 작사한 '울긴 왜울어'에 '인생이란 연극이 아니더냐'란 말이 있다. 인생이 연극이라니, 그런 무지막지한 말이 어딨냐는 느낌이었다. 그 노래가 싫었다. 참 아이러니 하다. 그 말이 오롯이 와 닿는 실상이 참 많다. 스스로도 그렇다. 양심과 달리 남에게 보이는 행동거지에 차이를 실감한다. 위장된 표현에, 가면을 쓴 것 같은 일상 말이다. 부끄러울 때가 많다. 겉과 속이 다른 표리부동, 심리학 분류로 잠재적 심리보다 활동적 심리가 지나치게 비중이 높다. 세기적 심리분석학자 칼 융(Carl Jung)의 '의식과 무의식'경계를 자각하지 못한 것인지, 작사가 나훈아의 현실적 철학을 이해하지 못한 것인지 몽매하다.

스마트폰 매장이나 패스트푸드에서 일하는 젊은 '알바'에게 물건을 사는 입장의 고객의 태도와 실적을 내야 하는 그 직원과 오가는 말투에서도 그 가면적 요소를 많이 본다. 반대로, 아무리 젊거나 어려도 손님의 지위면 태도가 달라진다. 판매자 모두가 그렇진 않겠지만 감당 못할 갑질이 아니면 모른척 그냥 넘기는 것이 상책이다. 상술(商術)이 연극은 아니겠으나 진정성에는 회의가 있을 것이다. 마이너스 통장으로 명품을 걸쳐야 하고, 집 없어도 미끈한 차를 타는 현실이다. 삶의 연극 풍모다.

정치권은 다른 영역일까? 예측대로 천만의 말씀이다. 더 할 것이다. 국회의원이 지역의 거리에서 오뎅에 붕어빵을 보란 듯 먹지만, 이른바 '올라가서는'두당 십 수만원 짜리 음식을 먹는 것이 예사다. 그들을 접대하는데 삼겹살에 소주를 들이대면 다음부터 만날 생각을 안해야 한다. 다른 선출직은 그렇지 않나? 마찬가지다. 시장이나 행사장에서 수많은 사람의 손을 잡지만 온열은 있을리 없다. 응당 좀 과장된 얘기며, 그랬으면 좋겠다.

이태원 참사를 두고, 연극같은 관찰이라면 터무니 없는 비약일까? 국회에서 반말에 고성을 질러도 유가족은 양해된다. 속마음과 달리 누구도 '끽'소리 못한다. 그럴 만 일이다. 그래야만 생명 중시 인본주의자 처럼 보이는 것이다. 상대에게 퍼붓는 노골적 모욕까지 눈 감을 순 없다. 국회의원이든 공무원이건 사람이면 존중 받아야 할 천부적 인격이 있다. 공직자의 직무유기를 가늠하기는 헝클어진 민사재판 만큼이나 어렵고 힘든 일이다. 이런 인식에 공유의식을 표시한다면 곧 죽는 일로 치부된다. 인지적 이율배반처럼 보인다. 그런 생각을 드러냈다가 곤욕을 당한 선출직도 있다.

먼 땅 우크라이나 전쟁터에서 지금도 하루 수십 명이 죽어 나가도, 보지 않기에 슬픔은 거의 없는 것이다. 연극아닌 사람의 본성일 터이다. 내가 '우리'란 한들, 나의 슬픔을 남에게 강요할 순 없다. 함께 사는 사람의 일, 모두가 '한끗'차이다. 조직에서의 지위 높낮이나 물건을 팔아야 하는 판매자와 고객, 표를 얻어야 하는 정치인과 선택하는 유권자도 그렇다. 유리하거나 아니거나, 득세를 했거나 못했거나 큰 차이 없는 처신, 최소한의 연극만 봤으면 좋겠다. 역지사지(易地思之)!

(2023. 2. 22. 낙장 다바뉴스)

이재명대표

병자호란때 청나라 군에 무릎을 꿇은 인조임금 굴욕의 한을 품고있는 남한산성 남쪽에 자리하여 성남(城南)이라는 지명이 붙은 경기도 성남시에 서울 강남 수서역에서 한 구간인 복정 지하철역이 있다. 또 제 2의 강남이라 불리는 분당이 자리함으로써 도시브랜드가 고급지다. 과거 서울의 최극빈층 강제 이주지역이라는 오명이 떨쳐진지 오래다. 선출직 시장이 등장한 이래 모든 전직 시장이 대부분 뇌물 등 개인비리 혐의로 구속되거나 영장이 청구된 흑역사 또한 지니고 있다. 초대 오성수시장이 뇌물, 다음 김병량이 제 3자 뇌물수수, 이후 재선까지 성공한 이대엽도 역시 뇌물, 최강의 야당세를 구축한 민주당 대표로 등극한 이재명이 다음이다. 직전의 같은 당 출신인 은수미도 뇌물 및 공여 혐의로 징역 2년을 선고받고 지난해 법정구속된 바 있다. 성남시장은 구속이라는 등식이 성립될 만 하다.

이재명대표는 2010년부터 2018년 까지 최대 광역자치단체인 경기도지사에 당선 직전까지 재선 시장이었는데, 초선때 벌어진 이른바 '대장동'사건이 불거져 검찰로부터 구속영장이 청구되었으나, 국회 의결을 거쳐 불체포 특권으로 인신구속을 면했다. 이 사건으로 5천억원 규모의 성남시에 손해를 입혔다는 배임, 8천억원 정도를 업자에게 이익을 몰아 주었다는 이해충돌방지법, 역시 사업자에게 개발정보를 제공하여 211억원을 부당 취득케 했다는 부패방지법, 인허가권을 빌미로 성남 FC에 133억원의 협찬토록 한 제 3자 뇌물, 기부단체를 가장한 범죄수익은닉 혐의다. 헌정이래 수많은 야당 대표의 정치적 수난이 있었지만 뇌물 등 개인 비리로 현직 원내 제 1당 대표의 구속영장 청구는 처음이다.

정당대표, 이전에는 총재로 불렸다. 169석의 민주당, 개별적 헌법기관이라는 국회의원 의석 과반에 20여명을 넘긴 야당은 전에 없었다. 여소야대라 한들 겨우 한 두석 수준의 과반 초월이 다였다. 최고선인 민주주의 대원칙, 다수결로 못할게 없는 정치지형을 구축하고 있다.

이재명대표, 스스로 불우한 환경을 극복하고 입지전적 역정으로 거대 야당을 이끄는 정치지도자가 되었다. 20대 초반에 사법시험에 합격함으로써 사법사에 등극된 인재들에 꿀리지 않을 지적 역량을 갖췄다. 천재까지는 모르겠으나 수재 이상의 평가가 있을 만 하다. 인권변호사 브랜드로 시민운동에 뛰어든 활동가였다. 성남시장을 첫 선출직으로 경기지사에 당선됐다. 집권당 대통령후보로 단 0.7%차이로 대통령은 못됐다. 그 직후 국회의원 보궐선거로 등원한 이래 정통 민주당 영수로 안착한 불세출의 정치지도자다. 위기를 반전시키는 메시지 구사, 상대의 창과 방패에 과감히 역공하는 순발력, 가히 천재적 정치력을 겸비했다.

성정(性情)은 거칠다. 탄핵정국때 박근혜의 무덤을 파자는 등의 인격 저주(咀呪) 감행에 주저함이 없다. 잔혹스럽기까지 하다. '썽'나면 무슨 말을 못해 하지만 사람이면 할 수 없는 이른바 '형보수지'도 그렇다. 표리부동의 전형을 보이는 이재명대표 인성의 형이상학적 영역에 공포감이 든다.

정적의 정치보복으로 몰아간다. 다시 출마하지 않을 현직 대통령의 정적이란 가설은 뜬금없다. 대부분 40대인 수사검사들은 정권이 바뀌고, 권좌가 항구적이지 않다는 사실을 명징스럽게 목도한 사람들이다. 편향했다간 언젠가 있을 정권교체때 적폐이름의 '부관참시'가 도사린다는 섭리를 나쁜 머리가 아닌 그들이 모를리 없다. 진영을 떠나 한국의 지성 김성수, 좌경일 수 없는 우익의 신익희와 조병옥이 초석을 쌓은 찬란한 금자탑인 민주당이 위기다. 준 사법기관인 검찰을 저주하는 대표 개인의 견강부회로 당이 오물을 뒤집어 쓴다면 불행이다. 정치냉소를 심화시키기 때문이다. 그의 주변사람에 불과할 평생 공무원으로, 비서실장이었던 한 사람이 또 극단 선택을 했다. 모두 5명이 유사한 아유로 스스로 목숨을 끊었다.

(2023. 3. 23)

변해야 산다. 대학도..

하나의 국가 수준이라지만 미국의 50개 주(洲) 가운데 면적도 인구도 가장 작고, 적은 곳이 북동부에 위치한 로드 아일랜드다. 제주도 두개 쯤 되는 정도의 땅에 창원시민 수 정도인 100만명이 거주한다. 가장 큰 서부의 캘리포니아주와 비교하면 면적, 인구 모두 1-2%에 불과하다. 이런 약체 로드 아일랜드 주민의 지역적 자긍심은 어떤 주와 견주어도 뒤지지 않는다는고 한다. 아이비리그(Ivy League)로 미국 최고 명문대학의 하나인 브라운대학교가 소재하기 때문이란다.

이 학교의 신입생은 특정 과(科)를 기준으로 선발하지 않는다. 학과별 정원이 없다. 학교에서 설정한 커리큘럼이 아닌, 3학기부터 학생 스스로가 교육과정을 설계하여 전공을 선택한다. 교육의 차별화, 특성화를 지향하면서 覺년대부터 30년 이상 그렇게 하고 있다. 미국내 고등교육의 우수한 성공사례로 꼽는데 주저함이 없다. 사회변동에 스스로의 능동적 변화의 단적인 사례다. 갈 길을 멈추고 곁눈으로 살펴진 로드 아일랜드, 2명의 상원의원이 있다. 한반도 2배 크기에 우리나라 전체 인구 정도가 살고 있는 캘리포니아 역시 상원의원은 2명이다. 인구비례로 하원을 구성하는 대신, 지역성을 대표하는 상원은 50개주 공히 각각 2명의 상원의원을 배출한다. 시사점이 크다.

가는 발걸음을 계속 뗀다. 아침에 해가 뜬다. 중천을 거쳐 저녁엔 진다. 하루중의 기온과 환경이 다르고 기분도 바뀐다. 변동, 자연 섭리만큼이나 그 속의 사람도 변하는 것이다. 그래야 불찰없이 산다. 유교의 한 가닥, 주역(周易에)서는 변화의 당위를 궁즉변 변즉통 통즉구(窮卽變 變卽通 通卽久)로 가르친다. 궁하면 변하고 변하면 통하고 통하면 지속된다는 말이다. 학부모 모두가 교육전문가라 해도 무리가 없을 만큼 자녀교육에 정성을 쏟는다. 온갖의 희생도 감수한다. 하지만 지금 한국교육의 현실은 신통치 않다. 저출산으로 학령인구가 줄어들고 급격한 산업구조 개편에 걸맞는 고등교육, 즉 대학교육 체제 개편이 절실한 때를 맞았다.

10대 경제강국이라 한들, 대학교육의 국제경쟁력은 선진국반열에 한참 뒤떨어져 있다. 국제경쟁력 평가에 세계적 권위를 자랑하는 스위스 국제경영개발대학원, IMD는 우리의 대학경쟁력을 세계 50위권으로 진단했다. 지난해인 '22년은 47위에 랭크시켰다. 사회변동에 따른 대학의 처절한 혁신이 절실한데, 부응하지 못하고 있다. 수용태세도 부족해 보인다. 엄연한 현실이 그렇다. 대화형 인공지능, '챗 봇'등장과 4차 산업혁명은 대학교육에 가지 일대 쇄신을 혁신을 주문한다. 첨단의 디지털 트렌드에 부합하는 팬데믹 경험은 교육현장의 무한 변신을 부른다. 서울을 중심으로 한 수도권 대학과 지방간의 현격한 차이도 그 전망을 더 어둡게 한다. 지방대학의 집중육성으로 그 간극을 매워야 하는 당위를 저연스레 만든다.

며칠전 교육부가 공표한 '글로컬', 글로벌과 로컬을 합성시킨 이 프로젝트에 신선한 구미가 당긴다. 지방 10여개 대학을 '글로컬대학'으로 선정하여 한해 천억원 정도를 지원하다는 계획이다. 눈이 휘둥그래질 큰 돈이다. 앞으로 약 5년 동안 30개 정도의 대학에 그 브랜드를 부여하겠단다. 대학혁신의 의지에 가장 큰 평가주안점을 둔다. 계량화가 쉽지 않겠지만 대학 안팎의 행정적 칸막이 제거 등 고정적 틀을 혁파하는 도전정신도 점검의 대상이다. 지방대학육성 가치가 또렷한 만큼 지방인재 발굴, 지역발전 기여 또한 평가항목에 들어가야 한다. 강력한 의지로 회생가치가 충분한 대학은 상상이상의 파격 지원으로, 신입생 머릿수 셈만 염두한 안일하거나 자구의지가 박약한 대학은 과감히 정리될 때다. 시대적 사명이다.

(2023. 4. 19)

'사천 우주항공청'그 험난한 길

어원이 한자(漢字)이기에 서로 유사한 말이긴 하지만 어감이 낯선 것들이 좀 있다. 기관이나 단체의 일반적 일을 담당하는 사람을 일컫는 총무(總務)와 간사(幹事) 직위의 경우도 그런 부류다. 비슷한 직무인데, 총무는 보편적 용어로 받아들여지는 반면, 간사는 좀 권위적이거나 일본풍의 느낌으로 다가오는게 사실이다. 실제로 정당의 신입사원에 해당하는 말직(末職)을 간사로 보임한다. 한국 정당의 사무를 총괄하는 당직을 사무총장으로 칭하는데 일본은 간사장(幹事長)으로 부른다. 또 우리 국회의 각 상임위 혹은 특별위원회 각 교섭단체 총무 기능을 수행하는 국회의원을 간사로 매김한다. 위원회 운영, 소속 정당의 법률안의 당론 도출에 엄청난 영향을 미치는 '끗발'있는 자리다.

월초에 '사천 우주항공청', 정부 청사 유치 기대에 찬물을 안기는 법안이 발의됐다. 이름하여 '우주전략본부 설치법'으로 해당 상임위인 과학기술방송통신위원회 제 1야당 간사가 대표발의자다. 입법예고를 거쳐 법안에 조문되지 않았지만 경남사천 설립을 전제한 '우주항공청 설치와 운영에 관한 특별법'이 정부입법으로 제출된지 단 하루만의 일이다. 뜻밖의 복병에 견고한 암초라 할 만 하다. 각 부처 차관급을 위원으로 하는 지금 국가우주위원회 위상을 강화한다는 것과 사천의 우주항공청 대신 별도 기구를 설치하여 우주항공 개발을 위한 정부 조정기능을 더 원활화 시킨다는 것이 골자다. 위원장을 대통령으로, 각 부처 관련 장관을 위원으로 위촉한다는 내용이 포함되어 있다. 전향적으로 읽혀지지만 이면에 '사천 우주항공청'설립 무용이 숨겨져 있다.

공군 훈련비행단과 민간공항에 훈련기 및 전투기를 생산하는 KAI가 소재하여 '우주항공'랜드마크가 굳건한 사천에 우주항공청이 들어선다는 것은 당연지사로 여겼다. 시민의 '으쌰 으쌰'로 그 당위가 확산되었고, 마침내 지금 정권의 괄목할 공약으로 공표되었다. 정부 출범에 따라 사천 우주항공청은 대표 국정과제로 설정되었다.

그런데 세상이 그런가. 역지사지, 모든 일에는 상대가 있다. 명정승 황희는 갑순이 말도 옳고 을순이 말도 옳다고도 했다. 율곡은 양시양비(兩是兩非)란 교훈을 내리기도 했다. 법안을 발의한 야당 간사 입장으로는 우주시대를 대비한 찬란한 청사진이라 강조한다. '사천 우주항공청'으로 그 개정안이 폐기된다면 그의 국회의원 생명은 사실상 끝난다.

발의만 되었지 두 개 법안 모두가 상임위에 상정도 되지 못했다. 상당기간 상정되지 못할 것이다. 당장 같은 상임위에는 방송위원 선임을 두고 여야 대립이 첨예하다. 상정되더라도 처리 방향은 야당이 주도할 것이다. 상임위 의석도 야당이 절대 우위에 있기 때문이다. 냉정히 살피면 사천 우주항공청이 대통령공약이라는 엄연한 주장은 도움이 되지 못한다. 이미 대통령과 여당의 뒷받침은 '한계효용'에 이를 만큼 넘쳐있다. 야당은 대통령의 공약을 추인하는 기능이 아니다. 오히려 칼을 대는 것이 직무라면 너무 노골적일까. 야당이 키를 잡고 있다는 말이다.

다행스럽게 그 기류를 잘 간파한 당해 단체장 행보에 눈길이 모인다. 당 사무총장을 지낸 경남지사, 경남도의회 의장을 역임한 사천시장의 여야 불문한 대국회 전략적 행보가 드러나 보인다. 각각 상당수 '과방위'국회의원과 면대했다. 고무적이다. 결말은 여야 명운이 걸린 여타의 다른 핵심법안 처리와 주고받는 '딜'이 불가피할 경우도 있겠으나, 어떤 행태의 결실은 맺힐 것이다. 사천시를 넘어 경남의 새도약이 예약될 사천의 우주항공청, 그 장대한 프로젝트를 두고 경남도 국회의원은 어떤 일을 하고 있는지 참 궁금하다.

(2023. 5. 23)

경남 사천, 그리고 국회 '과방위'

국회는 1개 내지 3개 중앙행정기관을 소관으로 하는 상임위원회 중심의 의정활동을 펼친다. 예결위와 같은 특별위원회, 운영위나 정보위와 같은 국회 혹은 각 교섭단체 보직을 기준으로 복수로 배치하는 위원회를 제외하면 모두 16개 상임위가 있다. 수조원에 달하는 토목공사 등 대형 국책사업을 관장하는 국토교통부를 소관하는 국토교통위원회는 30명의 정원을 둔 최대 위원회다. 환경부와 고용노동부를 소관하는 환경노동위원회는 정원이 16명으로 규모가 가장 작다.

대통령 핵심공약의 하나인 우주항공청 경남 사천 설립과 관련한 국회 상임위는 과학기술방송통신위원회다. 흔히 약칭으로 '과방위'로 부른다. 우주항공청은 과학기술부 산하로 차관급을 수장으로 하는 외청이 될 것이다. 과방위는 과학기술부와 방송통신위원회 및 원자력안전위원회를 소관한다. 20명을 정원으로 작지 않은 과방위가 인기 상임위 위상을 갖는 이유는 방송통신위원회를 소관하기 때문이다. '방통위'는 지상파방송으로 불리는 KBS, MBC, SBS, EBS와 3개의 종합편성채널을 포함한 100개가 넘는 케이블방송(PP 및 SO) 등 거대 언론시장을 주무른다. 이들 각 방송사업자의 인허가권 및 승인 혹은 재승인권이 고유 직무다. 여기에 이미 국내 기존의 방송 매체를 매출과 광고 등 명실(名實)로 느끈히 압도한 구글, 애플, 네이버 등 초대형 통신사업자의 영업영역도 콘트롤한다.

과방위 소속 국회의원의 관심은 비교적 방송통신위원회 영역에 집중한다. 언론 및 통신분야는 자신들 의정활동에 매우 노골적이며 사실적 영향을 끼친다. 유추하면 과방위 국회의원에게 과학기술부 소속이 될 우주항공청 설립은 큰 관심 사안이 아니라는 말이 된다. 언제, 정부 부처의 한 쪽이 될 우주항공청이 사천에 유치되는지 오매불망한 사천시민의 기대와는 딴 판에 있는 것이 부정할 수 없는 현실이다.

설립을 위한 특별법이 제출됐지만 상임위 상정조차 안됐다. 오늘 이 시점에도 임시국회가 가동되고 있지만 진즉 과방위는 개점휴업 상태다. 까닭이 있다. 야당, 민주당 몫으로 국회가 추천한 방송통신위원회 방송위원의 형식상 임명권자인 대통령이 부적격 인사를 이유로 거부하고 있는 상황, 그리고 KBS와 MBC 보도행태와 연관된 여당의 불만이 증폭되면서 국민의 힘이 과방위 참석을 보이콧하고 있기 따름이다. 대통령 공약이라는 엄청난 '뒷배'도 자신의 유리한 언론영역 구축에 우선하지 않는다. 여기에 당장 6월 1일부터는 과방위 위원장이 바뀐다. 민주당이 맡던 위원장이 국민의 힘 소속 의원으로 교체된다. 그때는 지금과 달리 야당인 민주당이 오히려 과방위 참석을 거부할 태세다. 정권을 상징할 너무나 '쎈'새 위원장이라는 점이 이유가 될 것이다. 9월의 정기국회, 어쩌면 이후까지 '하세월'공산 가능성도 있다. 사천 설립을 위한 빠른 법안 상정, 합의 혹은 표결은 사천시민만의 갈망이지 과방위 의원의 주도적 관심이 못된다는 말이다.

법안 상정이 된들 사천유치가 전제된 통과의례가 아니다. 과방위 민주당 간사가 제출한 대체 법안, 사천유치 내용과 무관한 별도 법률안이 동시에 상정 될 것이다. 총 20명의 과방위 정원중 8명의 국민의 힘 의원만이 대통령 공약의 명분으로 '사천편'을 들게 될 것이다. 열쇠는 민주당 소속 12명이 쥐게 되다. 야당은 대통령공약의 협조는 커녕, '엇길'놓는 것을 고유직무화 한다. 다행스럽게 지금 민주당의 기류가 사천편에 적대적이지 않다. 국회, 당대당 차원의 법안 처리 아젠다에 방치되지 않도록 일관된 유치 열정이 유지되어야 한다. 그래야 '사천 우주항공청'성사된다. 사천시민외 더 긴밀한 우군은 없다. 경남의 사천이다. 경남도민의 협조가 더 절실한 때다.

(2023. 6. 27)

공영방송의 존재감, 살려야 한다

오래 되었다. 2010년에 처음 그 자막이 떴으니 그렇다. 감동이 있을 만한, 건전한 방송종료시, "이 프로그램은 여러분의 소중한 수신료로 제작 되었습니다"문구 말이다. 반면에 단순히 보자면 눈살이 올라가고 가족과 같이 시청하면 서로간 민망한 프로그램들은 순전히 광고비로 만들어 졌다는 말인가. 생뚱맞고 장난같은 느낌이 들때가 있다. 오랫동안 되풀이 하는 과정, 습관적 정서가 긍정적으로 받아들이지 않을 때에는 주관적 사물에 대한 부정적 인식이 자리잡게 된다. 좋은 방송 끝에 붙인 자막을 그토록 오랫동안 봐 왔는데도 '여러분의 수신료'에 대한 인식은 긍정적이지 못한 것 같다.

세금같은, '준조세'로 까지 일컬어지는 그것에 대한 거부감이 날로만 커지고 있다. 강제가 전제된, 전기요금에 병과한 방식은 분명한 무리수다. 정부가 칼을 빼들었다. 지금의 징수방법과 달리 분리하겠다는 방침이다. 9할 이상의 국민, 즉 시청자가 찬성한다. 당사자인 유일 공영방송 KBS는 직격탄을 맞았다. 경영재원의 절반에 육박하는 수익이 사라지기 때문이다. 약 5천억원 정도를 잃게 된다는 추산이다. 정치적 배경이 없지 않다. 정권을 베이스로 보도 편향이 어제 오늘 얘기가 아닌 것이 원인이다.

공영방송 KBS 신뢰가 예전과 확연히 다르다. 매체 다양화, 방송환경 변화도 까닭이겠지만 한때 15%대 시청률을 구가하던 '9시 뉴스'는 겨우 5%대를 오간다. 공신력 추락의 단면이다. 개인 볼일 다 보고, 창창한 일과시간에 외출하거나 여가같은 여유로움을 부려도 하등의 제재가 없는 구성원이 수두룩하다. 2,000명 정도가 된다는 그 사람들이 가져가는 돈이 연간 1억원이 넘는다는 주장도 있다. 수신료 저항은 엄연해지는 것이다. '놀면서', 거의 모든 국민 수입보다 많은 급료를 가져간다는 사실을 알고는 낼 수 없는 일이다. 100원도 아까운 것이다.

그런데, 정말 그런데 공영방송은 건재해야 한다. 기상천외한 수법으로 오직 시청률, 돈벌이에 혈안된 여타의 상업방송과 차별적 가치를 담은 공영방송은 엄존돼야 한다. 정치권력에 독립적이고, 지상파방송의 순기능 즉 공공성과 공익성을 담보하며, 국민의 보편적 정서를 담은 담은 콘텐츠로 채우는 방송 말이다. KBS 보도로 정치적 배경을 의심하지 않을 정보를 취득하고, 정밀하며 내공찬 '다큐'를 향유하면서, 가요무대나 열린음악회와 같은 격조높은 프로그램으로 삶의 즐거움을 배가시키는, 그야말로 명실상부한 '국민의 방송'공영방송의 가치가 더 절실한 때다.

지금의 모습으로는 어림없다. 뼈를 깍고 살을 도린다는 각오가 아니면 불가능이다. 어쩌면 말장난 같은 '소중한 수신료'운운치 말고 시청자에게 순정한 감동을 안겨야 한다. 임금의 절반은 아니라도 2할 이상은 스스로 깍아야 한다. 인력도 줄여야 한다. 효율만 따지는 민방과 단순비교는 어렵겠으나, 그래도 비슷한 매출로 보면 많아도 너무 많다. 2,000명 수준의 SBS보다 3배 규모다. 상업방송과의 무지막지한 전쟁같은 시청률 경쟁을 혁파하여 2TV의 광고 전면 중단의 단초를 마련해야 한다. 아울러 지역마다 독창적 제작편성 역량을 키워, 지역민의 정체성과 자긍심을 배양하는 수단을 확보해야 한다.

이 위기를 극복하지 못하면 '단돈'2,500원의 수신료 저항은 더 커진다. 국민이 키운 공영방송 KBS의 종말을 어렵지 않게 상상하게 된다. 신뢰잃은, 죽은 조직의 출신이거나 구성원의 의미가 뭘까. 평생 욕먹고 사는 일일 것이다. 정치적 시비가 없는, 상업적 요소를 철저히 배척하는 공영방송 영국의 BBC, 일본의 NHK 채널은 늘 고정적이다. 그나라, 월 30.000원 정도의 수신료 시비가 거의 전무다. '종일 뭐하며 소일 할까'같은 머리굴림하는 구성원은 당연히 없을 것이다.

(2023. 7. 26)

'과방위'위원장의 용단, 화답돼야

국회 16개 상임위원회의 하나인 과학기술방송통신위원회는 정부조직법상의 중앙행정기관인 과학기술부, 합의제 행정기관인 방송통신위원회를 소관하는 '알짜'상임위로 통한다. 20명의 위원으로 구성되어 있다. 상상을 초월하는 과학 영역이 새로운 미래를 가늠하는 바, 과학기술부를 소관한다. 하지만 누가 뭐래도 KBS를 비롯한 각 지역의 민방, 더하여 EBS까지 포함한 지상파, 종편을 관장하는 방송통신위원회를 피감기관으로 두기에 알짜라는 수식어가 붙는다. 방통위는 구글의 유투브, 네이버 등 초대형 플랫폼 및 통신사업자 영업영역도 직할하고, PP 및 SO로 불리는 200개가 넘는 케이블방송 등 주요 방송시장에 실질적이고 직접적 영향력을 행사한다. 이 방통위 직무의 최종적 심의 및 감독 상임위로써 상당한 '끝발'이 따른다. 아울러 지역구 의원을 물론, 국회의원 모두가 방송 혹은 영상매체를 주요 수단으로 활동하기에 매체 하나하나와 내밀한 연관을 갖는다. 보도국 간부 등 임원들과 개별적 친분 자연스럽게 유지된다. 실속 상임위라는 위상을 갖는 까닭이다.

과방위, 이 상임위원회가 개점휴업에 있다. 멀쩡히 국회회기가 이어지고 있지만 두달여 전체회의가 열리지 않았다. 법률안 심사, 국정의 현안질의도 없었다는 말이다. 파행의 원인(遠因)은 당연히 여야 원초적 불신에 따름이다. 쌍방이 서로간 믿지 못한다는 말이다. 양자간 신뢰여부 기저에는 정치적 이해득실이 깔려있다. 국정에 책임이 수반되는 여당과 실정을 부각시키려는 야당의 역할 상이에 따른 이율배반적 입장이 그것이다. 단순해 보이지만 여야간 치밀하고도 다각적 전략이 구동되고 있는 것이다. 심지어 법률안 상정, 현안질의, 법률안 심의 등 의제 순서 설정에도 각각의 접근 방식을 달리한다. 지지기반이 다른 각 당 소속 국회활동의 불가피한 섭리로 보면 이해가 쉽지만, 세상이 그런가. 지금 과방위는 전장(戰場) 같은 실정이다.

이 과방위의 수장, 부산 사상이 선거구인 3선의 장제원 위원장이 특정 법률안 처리를 우선한다면 그 자리를 내 놓겠다는 결기를 보였다. 특별법인 '우주항공청 설치에 관한 법률'을 통과시키면 그 직을 스스로 내린다는 공표다. 우주항공청 설립은 대통령의 핵심공약으로 '국정과제'로 설정되어 있다. 우주항공 패권 시대 도래, 국운이 우주항공 영역 선점에 달렸다는 세기적 경쟁무대에 일등급 국가와 처절한 각축이 눈앞에 있다. 빠른 우주항공청 설립을 통해 이 필드의 국정 청사진을 차질없이 구현하겠다는 의지로 읽힌다. 정권을 만든 핵심인사의 진솔한 충정으로 이해된다. 자신의 선거구가 아닌, 정책사안을 두고 국회 보직을 내려놓은 전례가 존재하는지 모르겠다. 우주항공청 입지로 사실상 확정된 경남사천, 사천시민과 경남도민의 시선으로 보면 헌신적 결단이라 할 만 하다. 정부외청 청사가 남녘땅 사천시에 들어 선다는 상상만으로도 도약이 예정된 듯한 쾌거가 아닐 수 없다. 경남도 또한 새 성장 동력을 거머쥐는 경사로 이어질 것이다.

사퇴라는 강수는 목표를 더 명확하게 만든다. 내부 결속, 조직인의 협력을 견인하게 된다. 그 조직은 당연히 집권 여당이다. 퇴각하면 강에 빠질 수 밖에 없는 진지구축, 사퇴 배수진(背水陣)보다 더 강력한 협상 전략은 드물다. 다만 어떤 일, 무슨 사안에도 상대가 있다. 강하면 강한대로, 약하면 약한대로 상대를 존중하는, 역지사지 교훈을 되새겨 볼 만 하다. 힘을 가진 여당이기에 압제적 모습을 배제해야 한다. 타고난 맑은 성정(性情)으로 잘 제어할 것이다. 또 야당이 너무나 '쎈' 위원장을 상대로 더 많은, 더 큰 떡을 얻을려는 야심을 보인다면 국민적 냉소가 불거질 것이다. 사퇴 진정성을 존중하며 화답(和答)해야 한다. 과방위 정상화가 그길이다.

최후의 보루가 사법부라는 말

지난 어느날 오후, 서울에 출장중이던 한 현직 판사가 경찰로부터 전화 한통을 받는다. 무슨 일을 벌렸는지 강남의 한 고급호텔을 한가롭게 나선지 불과 한 시간만의 일이다. 성매수 혐의로 조사가 필요하다는 요지였다. 청천벽력, 어쩌나. 잠복중이던 경찰이 '조건만남'으로 적발된 한 여성의 전화번호 수색으로 직전의 '남성'으로 지목된데 따름이다. "무슨 '택'도 없는 말로 생사람을 잡느냐"로 잡아떼고 싶었겠지만 증거의 명징으로 신분확인과 혐의를 시인할 수 밖에 없었을 것이다. 해당 판사는 성매매 관련 형사사건의 판결문에 여러번 이름을 올린 바 있다. 성범죄 사건의 엄벌을 특별히 적시한 문구가 상당량이다. 법대(法臺)에서 근엄하게 눈 밑의 성매매 피고인을 꾸짖던 판사가 15만원으로 성을 매수한 행위, 무슨 방도로 사법부를 신뢰하나. 회의(懷疑)가 '후욱'밀려든다.

얼마전 현역 국회의원이 다른 사건과 연관된 정치적 공방에서 사안의 해석을 돕기 위해, 적지 않은 사람이 사실로 상상하는 내용 적시로 고소당한 사건의 1심 판결이 있었다. 국회부의장을 지낸 정진석의원 사건이다. 검사가 벌금 500만원을 요구한 약식기소 사건을 법원이 재판에 회부한 것이다. '명예훼손'이름으로 징역 6월의 실형을 내렸다. 특정 사안에 대해 정치보복 프레임을 제기한 상대진영의 공격을 부인하는 항변에 대한 판결이다. 피고는 '스스로의 불찰'로 규정하며 특정인의 명예를 훼손할 의도가 없었음을 강조했다. 아울러 상대에 사과했다. 하지만 그 진정성은 묵살되었다.

사건의 본질과 혐의를 가르는 형량에 대한 의구심이 생긴다. 법리(法理)가 아닌, 개인의 정치적 신념에 따른 편향 판결이란 점이 그렇다. 일란성 쌍둥이가 동일한 법대의 같은 교수로부터 법률을 배워도 판단은 제각각이란 말이 있다. 복잡다기한 사건의 역학을 강조한 의미일 테이다. 그렇지만 이번 판결은 그 정도와 범위가 크게 넘쳐 있다는 생각을 지우기 힘들다. 해당 판사의 확인된 편향 역정(歷程)에서 그렇다. 사법부 입문 이전의 좌경내지는 좌파영역에서의 활동은 문제

삼을 일은 아니다. 사상의 자유가 있는 대한민국에 살기 때문이다. 그렇지만 법복을 입은 이후 법관의 궤적에 대한 평가는 엄연히 달라야 한다. 법관은 국가공무원이기에 정치적 중립을 담보한 국가공무원법의 적용 대상자다. 이 법 제 65조가 그렇다. 판사가 되면 반드시 엄수해야 할 철칙이 있다. 이른바 판사윤리규정 제 7조의 조문을 통해 정치적중립을 강제한다.

현직 법관이 특정 대통령후보가 낙선했다고 하여 절망을 공개적으로 표출하고, 같은 진영의 서울시장 후보가 떨어졌다고 하여 피와 눈물의 표현으로 울분을 토했다. 지금 정권과 대척점에 있는 전직 대통령과 그 주변의 상징적 인사와 충실한 '팔로워', 추종적 메시지를 주고 받는 관계는 결코 그냥 지나칠 문제가 아니다. 중립의 사명을 짊어진 법관의 온당한 처신으로 보기는 어렵다는 말이다.

입법부인 국회 사무총장을 지낸 5선 의원, 대통령 정무수석, 집권당 원내대표와 당대표 직무의 비대위원장을 거친 거물 정치인에게 흠집을 새김으로써 얻어질 알량한 공명(功名), 소영웅주의가 작용하지 않았다면 정치편향으로 기울어진 판결이라는 결론외에 다른 까닭을 찾기 힘들다. 이런 납득키 어려운 선고는 당해 진영의 자연스런 결집을 부른다. 이념 경계선을 더 고착화 시킨다는 말이다. 갈등과 분열을 조장한다. 권력 3부로써의 사법부는 행정부와 입법부에 비교적 청정지역으로 인식되어 있다. 민주주의 최후의 보루라는 위엄과 권위가 훼손되지 않기를 바란다. 판결문에는 자유민주주의 이데올러기보다 더 절실히 담아야 할 이념은 없다. 마땅히 좌우 정치편향도 그렇다.

(2023. 8. 23)

최후의 보루가 사법부라는 말

지난 어느날 오후, 서울에 출장중이던 한 현직 판사가 경찰로부터 전화 한통을 받는다. 무슨 일을 벌렸는지 강남의 한 고급호텔을 한가롭게 나선지 불과 한 시간만의 일이다. 성매수 혐의로 조사가 필요하다는 요지였다. 청천벽력, 어쩌나. 잠복중이던 경찰이 '조건만남'으로 적발된 한 여성의 전화번호 수색으로 직전의 '남성'으로 지목된데 따름이다. "무슨 '택'도 없는 말로 생사람을 잡느냐"로 잡아떼고 싶었겠지만 증거의 명징으로 신분확인과 혐의를 시인할 수 밖에 없었을 것이다. 해당 판사는 성매매 관련 형사사건의 판결문에 여러번 이름을 올린 바 있다. 성범죄 사건의 엄벌을 특별히 적시한 문구가 상당량이다. 법대(法臺)에서 근엄하게 눈 밑의 성매매 피고인을 꾸짖던 판사가 15만원으로 성을 매수한 행위, 무슨 방도로 사법부를 신뢰하나. 회의(懷疑)가 '후욱' 밀려든다.

얼마전 현역 국회의원이 다른 사건과 연관된 정치적 공방에서 사안의 해석을 돕기 위해, 적지 않은 사람이 사실로 상상하는 내용 적시로 고소당한 사건의 1심 판결이 있었다. 국회부의장을 지낸 정진석의원 사건이다. 검사가 벌금 500만원을 요구한 약식기소 사건을 법원이 재판에 회부한 것이다. '명예훼손'이름으로 징역 6월의 실형을 내렸다. 특정 사안에 대해 정치보복 프레임을 제기한 상대진영의 공격을 부인하는 항변에 대한 판결이다. 피고는 '스스로의 불찰'로 규정하며 특정인의 명예를 훼손할 의도가 없었음을 강조했다. 아울러 상대에 사과했다. 하지만 그 진정성은 묵살되었다.

사건의 본질과 혐의를 가르는 형량에 대한 의구심이 생긴다. 법리(法理)가 아닌, 개인의 정치적 신념에 따른 편향 판결이란 점이 그렇다. 일란성 쌍둥이가 동일한 법대의 같은 교수로부터 법률을 배워도 판단은 제각각이란 말이 있다. 복잡다기한 사건의 역학을 강조한 의미일 테이다. 그렇지만 이번 판결은 그 정도와 범위가 크게 넘쳐 있다는 생각을 지우기 힘들다. 해당 판사의 확인된 편향 역정(歷程)에서 그렇다. 사법부 입문 이전의 좌경내지는 좌파영역에서의 활동은 문제 삼을 일은 아니다. 사상의 자유가 있는 대한민국에 살기 때문이다. 그렇지만 법복을 입은 이후 법관의 궤적에 대한 평가는 엄연히 달라야 한다. 법관은 국가공무원이기에 정치적 중립을 담보한 국가공무원법의 적용 대상자다. 이 법 제 65조가 그렇다. 판사가 되면 반드시 엄수해야 할 철칙이 있다. 이른바 판사윤리규정 제 7조의 조문을 통해 정치적중립을 강제한다.

현직 법관이 특정 대통령후보가 낙선했다고 하여 절망을 공개적으로 표출하고, 같은 진영의 서울시장 후보가 떨어졌다고 하여 피와 눈물의 표현으로 울분을 토했다. 지금 정권과 대척점에 있는 전직 대통령과 그 주변의 상징적 인사와 충실한 '팔로워', 추종적 메시지를 주고 받는 관계는 결코 그냥 지나칠 문제가 아니다. 중립의 사명을 짊어진 법관의 온당한 처신으로 보기는 어렵다는 말이다.

입법부인 국회 사무총장을 지낸 5선 의원, 대통령 정무수석, 집권당 원내대표와 당대표 직무의 비대위원장을 거친 거물 정치인에게 흠집을 새김으로써 얻어질 알량한 공명(功名), 소영웅주의가 작용하지 않았다면 정치편향으로 기울어진 판결이라는 결론외에 다른 까닭을 찾기 힘들다. 이런 납득키 어려운 선고는 당해 진영의 자연스런 결집을 부른다. 이념 경계선을 더 고착화 시킨다는 말이다. 갈등과 분열을 조장한다. 권력 3부로써의 사법부는 행정부와 입법부에 비교적 청정지역으로 인식되어 있다. 민주주의 최후의 보루라는 위엄과 권위가 훼손되지 않기를 바란다. 판결문에는 자유민주주의 이데올러기보다 더 절실히 담아야 할 이념은 없다. 마땅히 좌우 정치편향도 그렇다.

(2023. 9. 20)

노인을 위한 나라는 없다?

세상을 살면서 덜컥 속는 일도 가끔 생긴다. 10년 전 쯤 상영된 한 영화 제목만 보고, 곧장 극장에 간 일이 있었다. 원제는 'No country for old man'으로 곧대로 '노인을 위한 나라는 없다'였다. 영화광고에 양념은 있었다. 각양의 미국 영화상 중 최고 권위로 일컬어지기도 한 아카데미 시상식에서 작품상을 비롯한 4개 영역을 석권한 영화로 소개되었다. 인간발달 과정에서 성년후반기 혹은 노년기로 매김하는 노인생활과 관련한 사회복지 실상 내지는 경각을 상상하면서 들어선 것이다. 어라? 초반부터 섬득한 총소리와 함께한 총격전이 이어졌다. 200만 달러의 돈가방을 놓고 벌이는 긴장감, 스릴러, 서스펜스 그 자체였다. 누구는 "몰입할 수 밖에 없는 미친 영화"로 한줄 평을 내 놓기도 했다. 영화제목의 의미는, 경륜과 지혜의 상징인 노인이 험악한 세상에서 살아가기 힘든다는 시사(示唆)를 던지는 것으로 정리된다.

'노인을 위한 나라는 없다'에 대한 잔상은 상당 시간 뇌리에 자리했고, 지금도 그 진한 참뜻의 무게가 예사롭지 않다. 노년의 생활, 노인이 지니고 누려야 할 국가적 책무에 대한 골몰이 드리워졌다. 결론부터 말하자면 영화제목처럼 그것이 불가피하다면, 국민을 위한 나라는 없다는 등식이 성립된다. 국민 모두의 미래는 지금보다 개선될 수 없다는 말도 된다. 노년이 되지 않을 유년, 청소년, 성인은 없기 때문이다. 노인에 대한 국가적 관심은 필연이며, 배가되어야 한다는 명분은 너무나 자연스럽게 생긴다.

문화적 또는 사회적, 법적구분으로 65세 이상을 노인으로 설정한다. 사족 하나만 얹는다. 지금부터 50년도 아닌 150년전인 1883년, 독일의 사회보장 시스템이 시동될 때 그나라 노인의 법적 연령을 65세로 설정한 한 이래 전 세계가 모두 그 연령 이상을 그렇게 부른다. 넌센스다. 우리나라 평균 수명이 60세를 넘긴 때가 불과 50년전 쯤인 1970년대다. 60을 넘긴 환갑이 삶의 축복이요 경사였다. 수염을 날리며 활보하고, 여성은 쪽머리에 고무신으로 조신한 몸가짐을 덕목으로 삼던 때다. 이미 평균 남녀 수명이 85세 주준이며 90수도 장수로 보지 않을 지금의 트렌드와는 그야말로 상전벽해다.

노인의 특성을 본다. 환경변화에 대한 적응이 더디다. 몸의 지탱 능력이 감퇴된다. 당연히 인체 여러 기능이 노쇠되고, 생체적 적응력이 현저히 떨어진다. 상실과 무력감의 절정을 나타낸다. 인간발달 이론에 따르면 생애주기의 최종단계로 모든 조건이 하강적 발달 국면에 접어든 시점이다. 사회심리학의 거두 에릭 에릭슨은 이 시기를 '절망감'으로 상징화 시키기도 했다.

정부가 노인복지에 더 많은 관심, 재정을 투입해야 한다는 당위는 여러 곳에서 발견된다. 노인의 삶을 평안한 상태로 만들어야 할 의무가 국가에 있다. 노인의 법적 지위, 노인복지법은 "노인은 후손의 양육과 국가 및 사회발전에 기여하여 온 자로 존경받으며 건전하고 안정된 생활을 보장받는다"로 규정한다. 기본이념이다. 우리 인구 2할 이상이 노인인데 복지예산중 노인복지 재정투입 비율은 20%에 못미친다. 흔히 선진국 그룹이라는 OECD 국가중 노인 빈곤률이 50%를 육박하는 나라는 없다. 그 나라들 평균은 불과 10% 정도만 넘을 뿐이다. 잘사는 한국에 곤궁한 노인이 너무 많다는 말이다. 해괴한 통계도 있다. 우리 노인의 자살률이 그 나라들 평균의 3배가 넘는다. 행복한 노인이 상대적으로 턱없이 적다는 뜻이다. 젊은이를 있게 한 노인, 처절하게 가족을 부양한 노인에 대한 예우는 전통적 미풍(美風)이면서 강국(强國) 한국의 기반이다. 계승되어야 할 양속이다. '노인을 위한 나라는 한국이다'는 명제를 새긴다. 노인을 위한 재정을 늘려야 한다. 다음달 2일이 법정 기념일인 '노인의 날'이다.

(2023. 10. 25)

사천의 성장기반 '육해공'

지난 2004년, 서울부산간 고속철도 개통이 있었다. 당시에 서울과 동대구간 고속철도 노선을 확보했지만, 동대구와 부산간은 미처 공사가 완공되지 않아 일반 철도노선을 이용했다. 그랬지만 모두 '서울부산간고속철'개막이라는 수식어가 따라 붙었다. 그리고 상당기간을 지낸 후 비로소 6년 후 동대구부산간 고속철 레일이 완공되어 명실상부한 경부간 2시간대에 오가는 고속철 전성시대를 맞았다. 향후 김천거제간 남부내륙고속철도 고속철 노선이 깔린다. 국가 철도노선망 계획에 따라 통과역이 사실상 모두 확정되어 노선변경은 불가능하다. 종착역인 거제에서 진주를 경유하여 김천을 거치고 서울에 닿는데 까지는 모두 3시간 정도다.

멀지않은 장래에 정부청사인 우주항공청이 들어선다는 사천의 육로중 철도망은 어떻게 되나? 결론부터 말하면 사천서울간 고속철 운행이 가능하다. 우선 진주역과 사천까지의 국철 레일을 전면 혹은 부분적 보완으로 성사된다. 지금도 단선이지만 진주에서 사천공항까지 녹슬은 기차길이 놓여있다. 전면 재정비하거나 복선화하는데 큰 돈이 들지 않는다. 기존 노선이 존재하기에 토목과 보상비가 별로 들지 않는다는 말이다. 당장 고속객차를 사천서 시발시켜 진주까지 이 레일을 이용하고 진주부터 고속철을 이용하게 되면 전례, 서울부산 고속철과 같이 사천서울간 고속철 이용이 된다는 얘기다. 10킬로 남짓의 진주사천간 거리를 5분 내외의 이동으로 곧 고속철을 탈 수 있다는 말이다.

하늘길, 공항 상태를 보자. 공군 훈련비행단이 있는 사천은 군사시설을 활용하여 국내선 여객 정기운항이 가동되고 있다. 사천공항이 국제공항으로 발돋움하지 못하는 이유가 무엇인지 정말로 궁금하다. 비행기 운항의 절대적 긍정 환경은 안개와 바람이 적어야 한다. 사천에는 큰 강이 없어 안개 끼는 날이 거의 없다. 사방이 산인 분지로 태풍 피해가 별로 없다. 안전한 이착륙이 가능한 완벽에 가까운 천혜의 자연환경이다. 전국에는 10여개 이상의 전투비행단이 있다. 여기에 훈련비행 기능의 전부를 옮겨도 전투력 감퇴가 없다는 것이 군사 전문가들의 대체적 견해다.

아울러 최상의 접근성을 갖췄다. 지금의 사천공항은 남해고속도로와 대전통영간 고속도로로부터 차로 5분 이내에 위치한다. 각각의 IC 및 JC와 공항간의 소요시간이 그렇다. 국제선 항공을 이용하기 위해서는 대전 이남의 2천만 주민이 많게는 대여섯 시간을 허비하면서 인천공항으로 간다. 광주, 대전, 대구, 울산, 부산 등 5개 광역시와 경남도청이 있는 창원에서 사천공항간의 소요시간이 길게 잡아도 2시간을 크게 넘지 않는다. 국제공항 유치에 전혀 손색이 없는, 자연스런 당위가 더 번뜩인다.

사천시에 편재된 삼천포항은 지금도 무역항 위상에 있다. 지방관리 항구다. 정부 즉, 해양수산부가 관할하는 국가관리 무역항으로의 탈바꿈될 필요가 있다. 지금은 수심이 낮아 2만톤급 이하 정도만이 드나들 수 있다. 국제여객선인 '크루즈'정박을 위해서는 바다 준설이 필요하다. 정부차원의 큰 돈 들이지 않고 가능하다. 상시적 준설체제를 확보하면 6만톤급 이하 여객선의 입출항은 어렵지 않다. 여기에 외국 관광객이 머물고 즐길 수 있는 면세점 유치는 궁합맞는 관광자원이 될 수있다. 얼마든지 할 수 있는 일이다. 한려해상공원의 중추 지역인 압권의 관광자원을 보유한 삼천포항을 기점으로 사천과 후쿠오카, 사천상해간 국제 여객선의 취항은 유연한 운항코스가 될 수 있다.

하늘과 땅, 바다를 포괄한 관광인프라를 완벽히 갖춘 사천의 미래에 창대한 청사진이 그려진다. 나라 돈이 투입되고 유치될 수단을 섬세한 계획과 함께 진지하게 강구되어야 한다. 리더의 열정과 주민의 성원으로 충분히 가능한 일이다.

(2023. 4. 13)

봄날의 꽃 잔치

하얀 치장에 화려한 모양새에 눈길이 바르다.

흔들흔들 벚꽃의 향기 가득

개나리 낙화에 철쭉이 매운다

금새 앵두꽃 시샘이 노골지다.

배꽃에 질세라 단아함이 넘친 복사꽃

누군가 꽃색이 며칠이라 했겠다.

바람에 띄운마음 가슴에 자리한다

멍한시선이 황홀경에 다다른다. 기분이 좋다.

천왕봉

(17. 1. 5)

새해 인사

로마 교황이었던 그레고리 13세가 1582년에 만든 그레고리력, 즉 지금의 태양력(太陽曆)을 우리가 도입한 것은 김홍집이 잠시 집권한 을미개혁 당시였단다. 1895년의 일이니 백년하고도 좀 넘은 일이다. 이때를 시발로 조선왕조 연호를 '건양'(建陽)으로 사용하기도 했다. 이런 연혁의 태양력이 공식적으로 받아 들여졌지만 세시 풍속은 태음력에 가려 빛을 발하지는 못하고 있는 것 같다. 설날의 유래가 특히 그렇게 보인다.

새해 첫날의 의미로 양력 1월 1일, 신정(新正)으로 불리는 양력설이 있지만 한때 구정(舊正)으로까지 일컬어지기도 했던 음력 정월 초하루, 설날의 풍속과는 격과 정도가 많이 다르다. 신정에 서울의 보신각 타종식과 동해안을 비롯해 전국 각지에서 해돋이 행사 등이 펼쳐지지만 명절로써의 관습과 위상은 아니다.

아무튼 양력 첫날부터 설날까지, 혹은 그 이후의 일정기간 동안 새해 첫걸음이라는 인식은 너도 나도 같은 것 같다. 직장이나 이웃끼리 서로 만나거나 전화로, 전자메일이나 SNS 등으로 '새해 복 많이 받으십시오'라는 취지로 각양의 인사가 건네진다.

이러한 새해인사의 이면에는 모두 희망, 행복, 사랑, 행운, 소망, 미소, 안녕, 평화, 만복 등과 같이 긍정적이고 전향적인 기원과 의지가 새겨져 있다. 참으로 좋은 말들이다. 한달여 이상 듣고 부를 이 덕담에 모두가 혼을 담은 진솔한 마음이 가득했으면 좋겠다.

(17. 1. 26)

본분(本分)

'특검'활동이 정점을 향해 치닫고 있다. 그 와중에 인격체로써의 본분을 새기게 하는 TV의 두 영상이 뇌리를 떠나지 않는다. 얼마전 '뇌물죄'로 법원으로부터 구속영장 기각판결을 받고 구치소 문을 나오면서 그 회사 직원에게 종이가방을 건내는 한 피의자 모습과, 그 영장을 청구한 특검의 수장인 특별검사가 차에서 내리면서 차문을 닫는 시늉조차 없이 이동했던 모습이 그것이다.

세계적 굴지기업의 사실상 총수인 그 피의자가 불과 몇 미터의 승용차까지 이동에 속옷이나 세면용품 등이 담긴 것을 직원에게 맡겨야 했는지, 일투족이 극명하게 노출되는 특별검사가 너무나 당연한 듯 자기가 타고 온 차에 손도 대지 않고 '휑'하게 내리는 장면을 보고 인간적 씁쓸함이 파고든다.

상황의 특수성, 그분들이 가졌을 황급한 연유 등이 항변으로 제기될 수 도 있을 것이다. 하지만 지극히 사물(私物)인 가방을 받을 수 밖에 없었던 직원의 직분이 그것이었는지, 특별검사가 타고 다니는 차문을 열고 닫아주는 일이 그 방호원 직무의 일부분인지에 대한 회의가 크다. 본령이 아닌, 지엽적인 일이며 그러한 일들이 그 사람들의 고유직무라고 치부할 사람도 있을 것이다.

사람위에 사람없고, 사람아래 사람없다는 인권의 기초를 연상케 한다. 사람의 본분을 알면 다른 사람에게 신(神)이 된다는 그리스 격언을 우습게 만든 단면이다. 비단 그 피의자나 특별검사만의 행태가 아니다. 이른바 지도층이라는 사람들이 인본적 본분을 더 충실히 성찰했으면 좋겠다.

(17. 2. 8)

단독보도

언젠가부터 방송을 포함한 언론에 '단독'이라는 수식어가 자주 등장했다. 기자의 출입처나 취재원이 배포하는 보도자료에 의존하지 않은 독립취재 결과물이라는 점을 강조하기 위해 붙인다. 영문으로는 '남과 다른', 혹은 '아무나 할 수 없는'의미를 담은 독점적 요소를 강조하는 exclusive(news)로 표기하기도 한다. 예전에 종종 사용했던 '특종'을 포괄하는 개념으로 어학사전에 흔히 있는 표현은 아니다.

단독이라는 표기로 기사의 특별성을 노골화하여 구독과 시청빈도를 올리고자 하는 것이다. 당연히 언론사의 공신력과 영향력을 과시하고자 함이다. 그 결과는 언론사의 광고 등 수익과도 직결됨은 말 할 것도 없다. 단독을 많이 가져오는 기자에게는 포상은 아니더라고 회사 차원의 격려와 칭송은 마땅히 따라 붙는다.

문제는 이러한 단독보도가 남발되고 있다는 사실이다. 그 내용에 있어서 특별한 것도, 뉴스같지도 않은 것도 많다. 오히려 언론의 품격을 의심할 만한 공인의 사생활을 들춰서 언론소비자의 말초신경을 자극하는 경우까지 있다. 온갖의 어려움을 극복하고 발굴한 과거 특종같은 '벨류'를 손상시키기도 한다.

지금 한창의 '특검'이 이른바 특정 매이져 언론사를 순차적으로 찍어 피의자와 관련한 수사내용을 '단독'이름으로 보도케 한다는 여러 정황이 있다. 수사기법의 정도가 아니며 공정하지도 않다. 이를 아무런 문제의식없이 단독으로 덧칠하여 보도하는 언론사가 있다면 언론의 자존감을 스스로 훼손하는 일이 될 것이다.

(17. 2. 22)

구속

죄를 지었을 상당한 의심이 가는 사람에게 일정한 장소에 억류 혹은 감금하는 것을 구속(拘束)이라 일컫는다. 형사소송법상의 구금을 포함하는 용어이다. 개인의 신체적 자유를 억압하는 행위이기에 그 집행이 까다롭다. 검찰이 청구한 영장에 대한 실질심사제 도입이나 구속 이후의 피의자를 위한 구속적부심 청구권 부여도 그런 취지로 해석된다.

헌법과 형사소송법에 피고인은 유죄 판결이 확정될 때 까지 무죄로 추정한다는 조항이 엄연히 존재함에도 일단 구속되면 재판을 거쳐 유죄로 인정되기 전이라도 범죄자 취급을 당한다. 언론의 관심 사건에 구속되면 본인은 말 할 것도 없고 배우자나 가족, 친지 등 지인까지도 줄초상을 맞은 것처럼 주변이 초토화된다.

입감시 이른바 '항문검사'는 물론, 수갑과 포승줄에 시달리는 등 사람이 가져야 할 의식주에 대한 자유가 완전히 박탈된다. 설령 죄가 없다는 법원의 무죄판결을 받는다 해도 이미 저질러진 훼손된 명예와 추락한 인격권 회복은 불가능하다.

수년전, 관가의 최고 엘리트로 인정받던 한 경제관료가 출근길에서 당시의 대검 중수부로부터 체포되어 뇌물죄로 구속되었다가 대법원으로부터 최종 무죄판결을 받은 실제가 있었다. 그 관료는 10개월 남짓의 수감생활에 142번의 재판을 받았다. 그 기간동안 언론에 초상권이 박살나고 "저 사람이 그런 사람이었구나"는 식의 손가락질을 당해야 했다. 구속에 집착하는 듯한 지금의 '특검'이 염려된다. 그 관료를 구속하여 10년 징역을 구형한 대검 중수부장이 지금의 특별검사다.

(17. 3. 8)

기억력

정신기능의 일종으로 사물과 인상 등을 내면에 저장하는 작용을 기억이라 한다. 경험을 잊지 않도록 하고 나아가 회상하고 형상화시킬 수 있는 능력, 그것이 기억력이다. 이와 관련한 한 실상이 실소를 낳게 한다.

이른바 '유력매체'에 따르면, 대통령 민정수석비서관과 법무부 검찰국장은 지난해 7월과 10월 사이 약 4 개월간 1,000여 차례의 통화가 있었다고 '특검'으로부터 확인했단다. 그해 11월 국회 법사위에서 여러 야당의원들의 민정수석실에 법무부가 특정사안을 보고했느냐는 집요한 질문에 검찰국장은 "보고 기억이 없다", 내 기억으로는 보고 안했다고 단정할 수 있다", 그러나 "내 기억이 완벽한지는 모르겠다"고 답변했다.

민정비서관은 법무부를 소관하며 대통령의 통치행위를 보좌하는 직무이다. 검찰국장은 차관급인 검사장의 직위로 전국 2,000여명의 검사를 포함한 검찰공무원의 인사와 조직, 예산은 물론 형사와 공안사건 등을 지휘, 감독하는 법무부의 핵심요직이다. 대통령의 행정감독권을 담은 정부조직법과 검찰의 지휘감독권을 보장한 검찰청법 등 관련 법률에 따라 양자간 상시적 통화는 이상할 것이 없는 일로 이해 될 수 있다.

그렇지만 보도와 '특검'의 수사결과에 대한 신빙성, 통화시점과 특정인 및 사안을 물은 질의시점과 내용이 다른 점, 기억과 표현방식에 대한 비일치성, 조직보호라는 직무의 순수의도성 등을 감안하여도 검찰 신뢰에 담을 쌓은 약삭하고 '뺀질'한 말로 들린다.

(17. 3. 22)

사저(私邸)

헌법재판소로부터 파면당한 전직 대통령이 전에 살던 집으로 이사하였다. 그 와중에 청와대내의 관저와 구별한다는 의미로 사저라는 표현을 자주 듣게 되었다. 한문의 뜻대로 개인집인데 그냥 집 혹은 자택으로 표현하면 될 일을 굳이 사저라는 표현을 쓰는 이유가 아리송하다.

일시적 공직을 맡은 사람의 임시 거처인 공관 혹은 관저가 따로 있을 때는 그런 표현이 자연스럽지만 지금의 경우는 어울리지 않은 표기다. 물론, 한문표현이 더 어울리고 품격이 있어 보이는 경우도, 불가피한 상황도 있을 것이다.

우리 주위에 '폼'잡는 듯한, 권위적 요소가 게재된 한문식 표현이 너무 많다. 점심이나 저녁식사를 굳이 오찬과 만찬으로 표현할 필요가 없다. 지위가 높은 사람은 취임이나 집무실로, 그렇지 않은 사람의 것은 부임이나 사무실, 굳이 만남이나 약속을 접견혹은 면담으로 해야 폼이 날까?

직위를 나타내는 호칭에도 그런 잔재가 많다. 주요 정당의 우두머리를 총재라는 이름에서 대표로 바꾼지도 꽤 됐다. 사회기관 및 단체서 총재라는 호칭을 유지하고 있는 곳이 아직도 많다. 세기의 독재자 히틀러의 호칭으로 군주의 뜻이 담긴 '퓌러'(Fuhrer;·총통; 總統)에서 유래한 대통령(大統領)이라는 명칭도 좀 압제적으로 들린다. '모두를 거느리고 통치한다'는 뜻이 내포되어 있음이다. 육중한 권위도 필요하지만 더 친근한 호칭을 상상해 본다. 영어로는 회사대표나 나라의 대표나 모두 'President'다.

(17. 4. 12)

블랙리스트

사람이름에 검정색을 갖다 붙인 것으로 해석되는 '블랙리스트', 말이 참 섬뜩하다. 수사나 정보기관에서 관찰대상이 되는 위험인물의 언동을 파악하기 위해 만든 '요주의 인물명부'정도의 뜻으로, 원래 미국에서 노동관계 은어로 사용되었다고 한다. 물론, 법률용어가 아니다.

일제 강점기에는 총독부가 블랙리스트를 '흑표장(黑標帳)'으로 표기하여 요주의 인물을 감시하였다. 이후 몇 공화국을 거치면서 정부와 군, 노동계, 심지어 종교계까지 집권세력이 비밀리에 유·무형으로 관리해 왔다는 것이 정설로 보인다.

역설적으로 보·혁정권이 바뀐이후 이번에 불거진 문화계 블랙리스트에 등장한 만여 명은 이전 '진보정부'에서 혜택과 지원을 받은 사람들의 명단일 것이라는 억측은 그런 까닭에서 나왔다. 예총과 민예총의 대립에서 보듯 정권에 따라 문화예술 분야의 극단적 양분을 목격하고 있는 것이다.

곧 대선이다. 블랙리스트의 빌미가 될 수 있는 문화예술인 스스로의 자중도 필요하다. 각 후보를 위한 지원이나 유세장 참여에 신중을 기해야 한다. 후보도 사람이며, 헌법이 보장한 양심의 자유가 있다. 득표를 도와준 유명 연예·문화인은 블랙의 반대로 시혜를 받을 후보나 캠프가 기억하는 '화이트 리스터'가 된다. 이런 흑백이 반복되면 블랙리스트는 없어지지 않는다.

(17. 4. 26)

지상파방송

공기중의 전파를 이용하여 영상을 시청하는 형태를 지상파방송이라 한다. 위성방송이 출현하기 전까지 공중파라는 개념과 동일했기에 용어상 같은 것으로 이해됐지만 지금은 공중파라는 용어는 소멸되었다. 동축케이블을 통해 선로를 이용, 케이블방송이 없던 시절에는 그냥 방송은 지상파라는 단독 방송형태만 있었다.

TV방송의 메인 뉴스가 밤 9시 정각에만 있던 시절의 시청률은 늘 20%대에 걸쳐 있었다. 그 뉴스를 진행하던 앵커는 인기절정을 구가, 국민의 반 정도는 인물을 기억할 정도였다. 지금의 주요 지상파방송의 앵커를 인지하는 사람은 거의 없다. 위상추락의 방증이다.

한창 좋은 시절의 지상파 인기드라마의 시청률이 50%를 오르내기도 했다. 지금 최고 인기의 드라마가 10% 남짓임을 감안하면 상전벽해다. 시장점유율이 방송전체 몫의 절반 수준이다. KBS·MBC·SBS·KNN을 포함, 지방민방 등 지상파방송 전체 매출이 대표 인터넷 포털인 '네이버'의 반토막에도 못 미친다.

얼마가지 않아 지상파 형태의 방송은 소멸수준에 들지 모른다. 여기에 선정적 콘텐츠에 공격적 경영기조를 구사하는 '종편'의 위협도 그 양상을 가속화시킬 것이다. 지상파방송뿐 아니다. 공공기관도, 기존의 비즈니스도 무사안일적 기존 질서에 안주하면 기업도 망한다. 너도나도 자기혁신으로 '지능혁명'시대를 준비해야 한다.

(17. 5. 10)

'종편'

당초 하나면 좀 부족할 것 같고, 두 개면 많을 것 같다는 기대로 출범한 종합편성채널, 종편이 출범한지 6년째를 맞았다. YTN과 같은 보도전문 채널과 달리, 뉴스를 포함하여 교양, 오락, 스포츠프로그램을 송출하는 종편은 편성차원에서는 지상파방송과 유사하지만 송출방식이 공기(公器)인 전파를 이용하지 않는다는 점에서 차이가 있다.

좀 노골적으로 말하자면 너무나 강력한 노조의 힘에 휘둘린다는 MBC의 위력을 떨어뜨리고자 했던 MB정부의 출범 의도가 숨겨져 있었다. 당초 한 두개 정도 허가할 방침이었으나, '조·중·동'과 발행부수 4위에 군림하는 매경의 위력에 눌려 이들에게 각각 1개씩 할양되어 모두 4개까지 만들어졌다.

종편은 24시간 방송하면서 지상파에 금지된 중간광고까지 한다. 오락 프로그램보다 더 유희같은 프로그램을 편성해 버젓이 교양프로그램으로 덧칠해 의무 편성비율을 맞춘다. 싼 제작비 맛에 검증되지 않은 설익은 정치평론가 몇 명을 출연시켜 몇 시간을 때우면서, 돈 많이 드는 고품격 다큐멘터리 제작은 남의 나라 얘기다.

종편사업자도 방송의 공적책임과 공정성, 공익성 등을 근거로 3년마다 재허가 심사를 받는다. 이들의 거대 모기업 '조·중·동'등의 영향력은 정부의 심사 칼날을 무력화시켰다. 정권도 언론의 보호막이 필요하니까. 내 좋고, 네도 좋고. 새 정부는 좀 달라지려나. 뻔할 결론에 새삼스런 기대를 달아 본다.

(17. 5. 24)

인지부조화(認知不調和)

젊은 연인들끼리 죽고 못사는 정도의 사랑을 나누다가 헤어지는 경우나, 수십년 동안 희노애락을 겪으며 황혼까지 일구며 살다가 이혼하는 실제를 가끔씩 본다. 이별은 어느 한쪽의 일방적 과오로 갈리기 보다는 양자, 쌍방 모두의 문제에서 비롯되는 경우가 대부분이다. 하지만 자신의 과오를 덮기위해 상대를 '못된 사람'으로 만들어 면피하는 경향이 많다.

수년전에 세정(稅政)의 수장인 국세청장이 인사청탁과 관련하여 돈을 받았다는 혐의로 기소되어 징역 4년을 언도받은 재판이 있었다. 피의자는 돈을 주었다는 부하직원의 진술을 끝까지 부인하면서 그를 나쁜사람으로 치부한 사건인데, 재판장은 3천쪽에 달하는 기록을 토대로 금품수수 정황을 인정하고 중형을 내렸다.

재판장은 이례적으로 학술용어라 할 만한 '인지부조화'이론을 들어 혐의를 설명하고 선고하였다. 특정 사안과 의식을 받아들이는 과정에서 실상과 자신에게 불리한 형국이 충돌할 때는 '거짓'을 믿거나 조장한다는 심리학에서 자주 인용되는 학설이 그것이다.

새 대통령을 지지하고 뽑은 사람은 그의 좋은 면과 입장만을 눈과 귀에 담는다. 다른 후보를 찍은 사람은 그 반대일 것이다. 곧이 믿지 않고 비난까지 하게 된다. 너무나 사실적인 인지부조화의 단면이다. 이러한 지나친 심리현상은 개인에게도 참혹한 스트레스를 안긴다. 병리(病理)라 할 만 하다. 사회와 나라발전에도 결코 득이 못된다.

(17. 6. 9)

비례대표

얼마전 새정부의 첫 총리 인준을 두고 제 1 야당의 당적을 가진 한 비례대표의원이 그 당의 당론인 표결불참을 거부하고 홀로 표결에 참여, 찬성표를 던진 헤프닝이 있었다. 그 의원은 자신이 소속한 당의 분당사태가 났을 때 이미 몸과 마음을 다른 당으로 옮겨 활동하면서 스스로 출당을 요구한 바 있다. 탈당하면 비례대표는 의원직을 상실하기 때문이다.

과거 '전국구의원'으로 불리기도 했던 비례대표는 지역대표를 뽑는 국회의원선거에서 당선자에 투표하지 않은 '사표'(死票)를 존중한다는 취지로 지역 선거구제 취약점을 보완하고자 만들었다. 따라서 당에서 비례대표후보를 선정할 때는 각 분야의 명망가 혹은 직능대표를 뽑아 철저히 당 정체성과 정책기조를 연관시켜 확정한다. 당과 직간접적 오랜 교분을 통하여, '그 당 사람'에게 주어지는 천재일우(千載一遇)와 같은 기회로 등원하는 것이다.

그러한 비례대표의원이 출당을 요구하면서 대척점에 있는 정치세력에 동참하였다. 일각에서는 소신으로 칭송도 한다. 만부당한 일이다. 그 당이 싫으면 탈당하고 의원직을 내 놓으면 될 일이다. 당의 옳고 그름의 차원 이전에 사람으로써 가져야 할 도리가 못된다.

국회의원직을 놓지 않겠다는 비겁한 짓이다. 눈에 보이지 않지만 유권자 뜻과 배치된 치졸한 행패라 할 만하다. 개인득표가 아닌, 정당득표율에 근거해 만들어지는 비례대표 제도가 바뀌지 않는 이상 그렇다.

(17. 6. 21)

사법부

국가원수이면서 행정부 수반인 대통령의 권한중 사법부의 수장인 대법원장 임명권이 있다. 권력 3부(府)중 국민의 대표성을 지닌 입법부 영수인 국회의장은 국회의원이 선출하는 것과 다르다. 기능의 상이로 단순이해는 어렵지만, 100만명에 이르는 행정부 규모와 2천여명의 판사를 포함한 2만명에 못미치는 법원 공무원수를 상정하면 인력면에서는 견줄 수준이 못된다.

사법부를 구성하는 각급 법원과 법원행정처는 입법부인 국회의 감사 대상이다. 특히 국정감사장에는 대법원장이 출석하여 인사말까지는 거쳐야 퇴장할 수 있는 관행이 엄존한다. 상대적으로 언변이 무장돼 있는 국회의원의 '말빨'에, 말보다 '글'로만 직무의 대부분을 소화하는 판사들의 어눌한 답변은 초라하게 까지 보이는 경우가 많다. 물론, 국회의원 등 정치인이 죄를 지으면 판결을 통한 '단칼'에 정치적 목숨을 잃기도 한다.

그런 사법부에 개혁을 명분으로 힘 빼기가 정조준되고 있다. 판사의 개인적 일탈행위 등 여론몰이와 함께. 대법관 추천위원회의에 외부인사 참여를 확대하고 법관인사위원회를 설치하여 의결권까지 쥐어주며, 여성대법관의 30% 할당을 법제화한다는 내용이 핵심이다.

우선보기에 모양과 색깔이 좋다. 하지만 행정부를 손아귀에 넣은 정권이 주도하고, 입법 만능으로 국회가 사법부를 재단하고자 하는 것은 민주주의의 본령인 3권 분립과 그 균형을 훼손하는 일이 될 수 있다.

(17. 7. 5)

청문회(聽聞會)

두 개의 '듣는다'라는 말이 포개진 청문회는 듣는 것, 그 자체다. 행정절차상의 '조사(調査)'라는 개념이 결부되어 있지만 그 순전한 의미는 듣는 것에 방점이 찍혀있다. 영어의 'Hearing'에서 유래된 말이다. 21세기 벽두의 허울뿐이었던 공동정부의 이한동총리부터 도입된 국회청문회가 벌써 17년의 성상을 넘기고 있다.

직선인 대통령과 국회의원간의 호선으로 당선되는 국회의장을 제외한 5부 요인 중 대법원장과 국무총리는 별도로 구성되는 청문회특위를 거치고 본회의의 의결을 통해 입법부인 국회의 동의를 거치도록 한다. 반면, 대통령이 임명하는 각부 장관과 '끗발'중의 끗발인 국정원장, 검찰총장, 경찰청장 등 이른바 '빅 3'는 해당 상임위에서 동의절차인 청문보고서 채택과 무관하게 임명된다.

여당과 야당의 입장과 기준에 따라 청문방식은 고무줄이다. 임명권자인 대통령의 의중에 따라 여당은 불법이나 편법을 관행으로 변형시키는 등 청문회통과를 위해 사력을 다한다. 과거 여당이었던 지금의 야당은 없는 죄도 만들어 온갖의 명분과 의혹을 덧칠해 흠집을 만든다. 정치불신의 덫을 스스로 담근다.

공직후보자도 마찬가지로 정치질시의 씨를 날린다. 한창 연하에 초면수준의 국회의원한테 '존경하옵는'정도의 수식어를 갖다 붙인다. 물론, 모두가 그렇진 않지만 꼴볼견이 많다. 청문회의 취지를 되살리는 근본을 생각해 볼 때다.

(17. 7. 25)

공무원

지구상에 단 하나밖에 존재하지 않은 분단국가, 동족상잔이라는 전쟁의 참화를 겪었던 민족, 그럼에도 세계에서 열 번째 정도 잘 사는 나라, 세계사에도 괄목한 획이 그어질 찬란한 업적을 일궜다. 우리가 사는 한국의 위상이다. 그 이면에는 오로지 잘사는 조국을 건설하겠다는 선각자적 직업군이 있었기에 가능했다. 공무원이 그 중심에 있다고 해도 지나친 말은 아닐 것이다. 적어도 한창의 성장기조가 이어졌던 6, 70년대는 그랬다.

사회가 변동하여 공무원에 대한 단상과 인식도 변했다. 과거의 애국이라는 절대적 이념을 바탕으로 멸사봉공하는 복무강령도 많이 퇴색되었다. 적당히 자리를 지키면서 엎드려 움직이지 않고, 표리부동하여도 정년까지 누구도 건드리지 못하는 '철밥통'이 된지 오래다.

아무리 좋은 정책과 주민이 바라는 행정도 자신에게 이익이 생기거나 유리한 것이 아니면 나서거나 집행하지 않는다. 지갑에 자기가 먹을 '밥 값'이 없어도 전혀 불편함이 없는 직업군이 되었다. 물론 극히 일부의 그들일 것이다.

얼마전 추경이 아닌, 목적예비비로 공무원을 늘리기 위한 예산안이 국회를 통과하였다. 시급한 행정수요가 있을 것이다. 일도 많고 고생하는 공무원도 많다. 하지만 그들의 격무가 보편적이거나 실제일 것이라는 진단에는 쓴 웃음이 지어진다. 일과시간에 도박판을 벌려 적발된 공무원도 있었다. 유사한 사례들을 들이대 봐 라면 지면이 모자랄 것 같다.

(17. 8. 11)

장단(長短)

길고 짧음을 뜻하는 '장단'은 음악의 일정한 폭과 길이로 반복되는 리듬이면서 패턴이다. 전통음악과 서양음악에서 구분되는 그 형태는 매우 다양하고 복잡한 각색을 이룬다. 여기에는 박자와 빠르기, 강약과 일정한 틀을 포괄한다. '어느 장단에 춤을 출까'라는 탄식조의 표현도 그 오묘한 다양성에서 비롯된 말일 것이다.

그러한 장단은 세상을 사는 여러 현상을 은유하고 표현하는데 자주 인용되기도 한다. 정치의 복잡다기한 역동성을 비유할 때도, 경제와 사회변동에서의 급변과 일관 혹은 대폭과 소폭 등으로 그 정도를 가늠하기도 한다. 인격체 형성을 다루는 교육분야는 어떤 장단이 바람직할까?

폭염의 절정기에 교육자가 될 사명감으로 오랜 기간 연마한 젊은 교육인의 애절한 시위가 가슴을 여민다. 전국 초등교사 선발인원이 지난해의 6할에 불과한 3천 여명으로 줄인다는 정부 방침에 따름이다. 서울은 지난해 기준으로 8분의 1, 경남도 75%정도만 뽑는단다. 좀 덜하다는 중등교원의 경우도 '도긴개긴'이다.

교원수급 등 교육정책 실패의 단면이다. 전정권 혹은 그 이전, 또 그 이전의 정부를 탓하기도 한다. 교육부와 공무원 정원을 총괄하는 행안부가 서로 삿대질하고 일선 교육청까지 책임 떠넘긴다. 흔히 보는 일이지만 꼴볼견이다. '49년에 제정된 교육법이 '97년에 교육기본법으로 대체된 이후 20년 동안 정권의 입맛이 더해져 17번의 법률개정이 있었다. 언필칭 백년대계이어야 할 교육정책의 장단이 너무 요란스럽다.

(17. 8. 25)

점심시간

점심으로 한 끼가 더해져 하루 삼식(三食)이 일상화 된 것이 그리 오래지 않다. 최소한 조선시대를 지낸 근세기에 이를 데 까지 수 천년 동안 아침에 한번, 일몰 즈음 한 끼를 먹어 하루두번 식사를 가진게 우리네 조상이다. 서양도 우리와 별반 다르지 않았다.

대부분의 직장인들은 정오부터 오후 1시까지를 점심시간으로 쓴다. 근로기준법에는 노동시간을 하루 9시간 이내로 제한하고, 그중 1시간을 휴식시간을 보장하고 있다. 이 시간을 점심식사로 활용한다. 물론, 자영업 혹은 IT 등 벤처 및 중소기업의 경우는 형편에 따라 들쭉날쭉한 경우가 많다.

흔히 점심식사를 위한 사람간의 약속은 12시로 철칙화되어 있다. 공무원을 포함한 공직자들이 담보받은 점심시간이 그렇기 때문이다. 빠르면 11시 반경부터 식사를 위한 행렬이 만들어진다. 간혹 그들중 늦게는 오후 2시경까지 늘어지는 경우도 있다. 현장출장, 외근 등으로 치장되어 업무공백을 합리화 시키기도 한다.

지난주 새 대통령의 취임 100일을 기념하는 기자회견이 있었다. 지금까지의 관행과 달리 각본없는 행사로 소통에 진일보했다고 평가될 만 하다. 다만, 시작시간이 오전 11시로 회견시간을 사실상 사전에 확정시킨 점은 새겨 볼 일이다. 모두가 12시부터는 점심시간으로 밥을 먹어야 하기에 그렇다. 실제로 1시간 남짓으로 회견이 종료되었다. 시사점이 없지 않다.

(17. 9. 14)

재심청구

세 번의 국회의원과 여성부의 초대장관에 환경부장관까지 두 번의 장관을 역임했다. 이화여대 총장을 지낸 장상씨가 여성으로서는 처음으로 지명받았지만 국회의 인준을 받지못해 서리(署理)꼬리를 지우지 못했기에 헌정사상 최초의 여성 국무총리라는 빛나는 이력이다. 아직도 유일의 여성총리라는 영예가 유지되고 있다. 지난달 말 정치자금법 위반으로 대법원의 최종심에서 징역 2년을 언도받고 만기 출소한 한명숙씨의 역정(歷程)이다.

한 건설업자로부터 9억원의 정치자금을 받은 혐의다. 그중 대략 3억원에 대해서는 대법관 13명 전원이 유죄를 인정하였다. 공소장에는 동생의 전세금으로 1억원을 사용한 정황을 짚었고, 돈을 건낸 사업자의 병원입원 위로금으로 1억원을 주었다는 피의사실을 적시하였다.

하지만 한 전총리는 무죄를 주장하며 처절하도록 억울함을 호소했다. 재판중에는 "진실을 인양하겠다", 출소이후 첫마디로 "앞으로 당당하게 살겠다"면서 분한 심정으로 혐의를 부인하였다. 한 전총리측 말대로 MB정권의 정치보복성 억지재판이라면 천벌이 내려질 졸렬한 정권이다. 그 반대면 사람으로 할 수 없는 후안무치, 뻔뻔함의 극치다.

여성 정치지도자로 전직 총리의 정치탄압인지, 범죄자의 자기변명인지 가려볼 만한 가치가 있어 보인다. 재판의 오류를 가려달라는 형사소송법상의 재심청구도 한 방법이다. 그것이 모자라면 국회 국정조사가 있다. 모두 당사자의 의지로 가능하다.

(17. 9. 28)

'최근 5년간'

추석이후 곧 국회 국정감사가 실시된다. 각 상임위별로 20여일간 이어진다. 감사기관인 각 국회의원은 그야말로 한해의 최고 '대목'으로 국정감사 및 증언감정에 관한 법률 등에 따라 행정부와 법원행정처 및 각급법원 등 사법부를 대상으로 칼끝을 겨눈다. 요즈음 그 기초작업으로 이들 피감기관에 엄청난 자료제출을 요구한다. 요구문서 제목에 대체로 '최근 5년간'이라는 기한을 넣는다.

그 '최근 5년간'을 첫 머리에 두고 공문서 수발신 사본일체, 감사원지적 및 조치사항, 간행물목록 및 실적물, 임직원 (해외)출장 일정표 및 정산보고서(개별 증빙서류 첨부) 사본일체, 사무관이상 간부 학경력 및 이력서 등은 기본이다.

의원실에는 그 자료들이 그야말로 산더미처럼 쌓인다. 공개되지 않아야 될 개인정보도 수두룩하다. 5년이 아니라 사안에 따라서는 10년 이상을 살펴야 할 경우도 있을 것이다. 하지만 1할도 읽히지 못하고, 파쇄없이 곧장 쓰레기장으로 직행되는 경우가 대부분이다. '최근 5년간'으로 왜 못 박는지, 엄포면서 일종의 겁박처럼 보인다.

얼마전 방송통신위원회는 MBC의 과점(寡占)주주인 방송문화진흥회를 대상으로 이사회 회의록과 속기록, 예산집행 내역, MBC 사장 추천 및 해임 관련 자료 일체 등을 요구했다. 감독권행사로 볼만하다. 여기에도 '최근 5년간'이라는 기간을 적시하였다. 닮지 않아야 할 행태다.

(17. 10. 19)

마녀사냥

귀신의 우두머리, 유럽 어느나라의 전설에 나오는 마녀(魔女)는 주술(呪術)로 사람에게 해를 끼치고 불행을 뒤집어 씌우는 포악한 존재다. 이 절대악을 단칼에 날린다는 명분으로 등장한 행동양식이 마녀사냥이다. 절대선이라던 기독교의 권위를 보호하기 위한 광신도적 현상에서 기원한다.

이러한 마녀사냥이 강력한 기독교사상이 기득권을 유지하던 프랑스를 위시한 유럽 여러나라에서 산발적으로 발발하다가 16세기에 마녀사냥의 전성기를 구가했다. 전체주의의 산물이다. 사람들이 혐오하는 존재를 마녀라는 이름으로 형상화하여 일거에 희생양을 만드는 광기(狂氣)였다.

사회과학에서는 집단적 히스테리를 원인으로 보고 집합체에 의한 개인 따돌림으로 분석하기도 한다. 진위도 밝혀지기전에 다소의 못된 양태가 발견되면 앞뒤를 살피지 않은 채 그 사람을 살수 없도록 더 괴롭히는데 혈안이 된다. 자신의 선량함을 확인하는 대리만족의 기제로 활용하는 심리현상이다.

사람은 절대선도, 절대악으로 일방되어 있지 않은 미완적 존재다. 누구나 그렇다. 법대(法臺)뿐아니라 사소한 주위에 가히 인격살인이라 할 현대판 마녀사냥이 너무 많아 걱정이다. 처음엔 저까짓 사람, 저런 부부가 대한민국의 최고위 장성이며 커플인가 싶었다. 이른바 '공관병 갑질 사령관'사건말이다. 찬찬히 뜯어보니 사건이 왜곡되어도 너무나 굴절되어 있다.

(17. 10. 26)

일동기립

모두 일어서라는 낯설지만은 아닌 '일동기립'이라는 구령이 있다. 과거, 아주 옛날 학교다닐 때에는 거의 매일 듣던 말이기도 하다. 역설적으로 지금은 거의 사라진 이 명령어가 엄존한 장소가 있다. 재판이 열리는 각급 법원이다. 단독판사든, 합의부 재판부든 판사인 재판장이 입정할 때 어김없이 법원 경위는 일동기립이라는 명령어를 구사한다.

재판장 개인에 대한 예가 아닌, 삼권분립상의 사법부에 대한 경의 표시라는 명분을 단다. 그런 취지라면 입법부인 국회에서의 표결이나 대정부질문 등 국회활동 중 의원들의 출입에 그런 예를 갖춰야 하는지, 국가원수면서 행정부수반이 들고나는 장소에 꼭 일어서야 하는지 엉뚱한 상상이 간다.

얼마전 직권남용죄로 재판을 받던 전 정권의 민정수석이 재판태도가 불량하고 변호사와 소곤댄다는 이유로 재판장으로부터 야단을 맞았다. 다음 부터는 그냥 넘어가지 않겠다는 취지의 엄중한 경고를 가했다. 재판에 임하는 태도는 경건하고 겸손해야 한다는 불문적 마음가짐은 너무나 당연하다.

피고인의 불량한 태도는 인성의 문제다. 그러나 법정에서의 변호인 조력은 피고인의 방어권행사이면서 마땅한 권리다. 불이익을 당할까 봐 피고인은 물론, 그 가족과 지인이 '끽'소리도 못하는 법원 풍경은 온당치 않다. 일제나, 전체주의의 잔재처럼 보인다. 애국가도 모두가 함께 불러야 하는 제창(齊唱)이 논란이 되는 세상이다.

(17. 11. 10)

여탕(女湯)

유아기에 여느 아이들처럼 어머니를 따라 목욕탕에 갔다. 그곳이 여탕인줄은 몰랐지만 그랬을 것이다. 어머니가 언제나 수건으로 몸을 가리고 입욕장에 들고 나가는 장면들은 또렷이 생각나지만 어떤 것도 다른 기억이 없다. 그런 목욕탕이 이제는 사우나나 찜질방 이름으로 어디에서나 성업이다. 특히 찜질방은 독특한 문화로 자리잡아 국제적 관광상품이 된지 오래다.

그런데 여탕에는 남탕처럼 자유롭게 무한정 사용하는 수건과 비누비치가 거의 없단다. 입장시 한장 또는 두장을 별도로 제공하며, 들어갈 때 몇 천원에 빌려주고 퇴장시 반납하면 환불받는 곳도 있단다. 훔쳐갈 우려 때문이리라. 수건에 '훔친 타월', 이라든지, '돌려 주세요'라는 문구를 새긴 것도 종종 본다.

영업하는 목욕탕을 나무랄 수는 없다. 한해동안 수천장의 수건이 없어진다는 업주의 엄살을 듣자면 고개도 끄득여진다. 그러나 여성은 남성보다 도둑질을 많이 할 가능성이 있다는 전제하의 영업방침이다. 여성을 잠재적 절도범으로 보는 시선에서 비롯됨이다. 성차별이며 여성인권 침해로 볼 만 하다.

바꿔야 할 문화다. 보건복지부, 여성가족부, 국민권익위원회, 해당 자치단체에서 매우 특별한 관심을 가져야 한다. 지속적인 계몽과 권장을 병행하면 바꿀 수 있다. 더 절실한 것은 무료로 빌려주는 수건과 비누는 엄연한 목욕탕의 재산이라는 고객의 확고한 인식에 있을 것이다.

(17. 11. 17)

수능

중등교육을 마치고 고등교육인 대학에서 학습할 수 있는 역량이 어느 정도이지를 가늠하는 대학수학능력시험, 수능이 지진여파의 천재지변으로 연기되는 사태를 맞았다. 1994년에 처음 실시한 이래 처음이며, 이전에 있던 비슷한 평가시스템인 학력고사, 또 그 이전의 예비고사 시대에서도 없던 일이다.

과거 약 백만명에 육박하던 수험생이 이제는 60십만명 정도로 줄었으나, 학부형은 말할 것도 없고 많은 사람에게 연례행사처럼 부담을 안긴다. 연관된 교육 비즈니스가 엄청나며, 이를 결부시킨 상업적 마케팅도 도처에 기승이다. 나라 전체가 몸살을 앓는다.

하나의 정답을 선택하는 5지선다형의 객관식으로 치러지는 수능은 전국의 수험생이 같은 장소, 같은 시간에 문제를 본다. 평가의 효율성과 공정성을 앞세운 일제고사다. 다양한 방식의 창의적 발상보다는 외우고 찍는 주입식이며 획일적 사고를 양산시킨다. 정해진 기간내에 빨리 채점하며, 정답에 대한 누구의 이의를 허락하지 않는다.

하루에 일제히 치르는 입시제도를 다시금 살펴 볼 때다. 12년간 갈고 닦은 수험생의 능력을 단 한번의 기회로 재단하는 것은 어떤 잣대로도 합리적이지 못하다. 국가의 역량을 따지고 민도(民度)도 견줘봐야 한다. 기계로 빠른 채점이 왜 필요한지, 학생을 뽑을 대학의 자율에 왜 맡길 수 없는지, 주관식 문항의 답에 모두가 승복할 수험생이나 학부형의 수용역량은 어느 정도인지, 쉬운 일은 아니다.

(17. 12. 13)

권위

얼마전 계약이 만료된 우리나라와 일본간 통화스와프(通貨, currency swap)문제로, 처음 체결된 2001년 초에 일본과 외교마찰이 있었다. 양국화폐의 교환비율에 따라 필요한 만큼의 돈을 상대국과 맞교환하는 협정 중 그 총액을 두고 양국의 이견에 따름이다. 두 나라 외교장관 회담에서도 좀처럼 의견차를 좁히지 못하고 양국간 교역불균형이 들먹여지는 사태까지 번졌다.

당시 16대 총선에 교섭단체 위상도 건지지 못했던 자민련의 김종필총재는 참패의 책임을 지고 일선에서 물러나 있었다. 양국간의 불협화음을 감지한 그는 일본총리 모리 요시로에 전화해 일거에 외교적 마찰 등 모든 문제를 해소하였다.

지난 65년 한일국교 정상화회담 당시 외상으로 김종필의 파트너였고 70년대 말에는 총리를 지낸 오오히라 마사요시의 비서관이 모리 요시로다. 경륜인정에 따른 저항없는, 일종의 권위(authority)가 발휘된 사례로 꼽힐 만 하다.

국내 최고 공공의료기관으로 200여개에 달하는 지방의료원 등 국공립 병원행정을 총괄하는 국립의료원장에 전남 순천의 한 여성아동병원장이 내정 됐단다. 약국을 운영하던 약사가 차관급인 식품의약품안전처장에 전격 임명된 전례도 떠올려진다. 획기적 인사라는 평가도 있을 것이다. 하지만 누구나 수용하는 포괄적 커리어, 권위가 부족하면 조직의 냉소가 일게 마련이다. 공직은 더욱 그렇다. 정당한 권위는 작위적 겉모양, '폼'이 아니다. 모두가 인정하는 역량에서 나오는 것이다.

(17. 12. 20)

상(賞)

정해진 분야에 우수한 발자취를 남기거나 본 받을 만한 업적이 탁월할 때, 칭송하기 위해 상이 주어진다. 요즘과 달리 옛날 졸업식에는 각급 학교에 상이 적었다. 성적우등상이나 결석하지 않은 학생을 대상으로 개근상에, 학교를 빛냈거나 또렷한 공적을 남긴 한 두명에게 학교장 또는 공직자 등의 이름으로 시상하는 정도였다. 각양의 명분으로 거의 졸업생 전원에게 상을 주는 지금과는 사뭇 달랐다.

숨겨진 재능발굴과 창의적 품성을 장려하는 취지에서 가급적이면 많은 학생을 대상으로 상을 주는 것은 교육적으로도 긍정적 작용을 한다. 듣도 보도 못한 이상한 기관이나 단체에서 정치인 등 상을 필요로 하는 사람에게 남발하는 세태와 비교할 것은 아니다.

연말에 무슨 명목으로 상을 받지 않은 국회의원은 드물 것이다. 권위있는 기관단체명과 유사한 이름의 임의단체들이 경쟁이라도 하듯 상을 뿌린다. 주최측은 상을 받는 힘센 사람의 유명세를 활용할 기대를 갖기도 한다. 이름대로 오직 하나 정도 일 듯한 최우수상이 수십 개가 넘고, 심지어 대상(大賞)도 복수에게 주는 경우도 있다.

매관매직, 과거에 벼슬을 돈을 주고 사고 팔 듯 매상매장(賣賞賣狀)하는 데도 흔하다. 큰 돈 대신 상패제작비를 요구하거나 주최측의 간행물을 장기로 구독케 하는 경우는 그나마 나은 편이다. 상은 희소성에 그 가치가 돋보이는 법이다.

(18. 1. 11)

이중(二重)언어

유아기에 어린이집 또는 유치원에서는 의무교육에 대비하여 영어 등 여러 프로그램을 실시하고 있다. 만 6세 이전의 아동이 대상이다. 이 시기는 신체의 급격한 성장을 가져오고 고유한 정서가 분화되며, 짧지만 폭발적 인지발달을 가져온다. 이 때의 이중언어, 영어교육과 관련한 논란이 뜨겁다.

교육부가 취학전 영어교육을 금지한다는 방침을 내놓았다가 엄청난 반발이 제기되자, 아직 명확한 입장을 정하지 않았다고 물러섰다. 정부에 의한 일방적 규제, 학부모의 선택권 박탈과 같은 현시적 문제는 차치하더라도 그 효율과 효능성도 도마에 있다.

출생후 처음 습득한 언어, 정체성 기반, 가장 받아들이기 쉬운 말과 글, 제일 많이 사용할 언어의 총칭인 모국어가 안착되기 전인 아동기의 언어적 부작용이 핵심이다. 찬반과 연관된 절대적 우세를 보이는 이론은 없다. 순기능과 역기능이 공존한다. 다만 이중언어에 대한 완전한 분리 능력은 그 시기에 존재하지 않음은 확실하다.

대부분 사람의 생애를 통해 활용영역, 사용기회가 거의 없을 영어 집착은 소모적이다. 영어로 생활 혹은 생업을 영위하는 부류가 별로 없다. 말과 글이 직업인 사람도 모국어인 한국어의 중문과 단문, 복문과 혼합문의 혼동에, 맞춤법 기초도 충분치 않은 사람이 많다. '인간발달'도 한 축으로 미국서 5년을 유학하였다. 특별한 사연과 이유가 있지 않은 이상, 유아기의 영어교육을 권장하고 싶지 않다.

(18. 1. 18)

단일팀

아득한 일이다. 40대 후반의 약간 말을 더듬은 권력가의 독특한 억양은 지금도 뇌리에 생생하다. 국토분단 이후 북한과 최초의 합의사항, 7개 항이 공표되었다. "쌍방은"으로 시작한 당시 이후락 중앙정보부장의 발표문, 7·4공동성명이다. 강산이 너댓번 바뀐 1972년 7월 4일의 일이다.

곧 통일이 되는 줄만 알았다. 사상과 이념 · 제도의 차이를 초월한 민족적 대동단결을 도모하고 무력도발과 군사충돌은 물론, 상호 비방을 중지하고 각 방면의 교류를 천명했으니 말이다.

이후 몇 해 동안 수 백개의 출구를 갖춘 수 십개의 대남 침략용 땅굴이 발견되는 등 크고 작은 충돌이 이어졌다. 북한은 서울올림픽을 저돌적으로 방해하고 불참하였다. 1991년과 2000년엔 74공동성명보다 훨씬 고차원의 '평화'를 담은 각각의 남북기본합의서와 615 선언이 나왔다. 그동안 우리의 두 대통령이 평양을 방문하기도 했다. 이후 핵무기로 무장하였다.

평창 동계올림픽을 앞두고 남북 단일팀이 구성된단다. 체제선전 목적의 예술단을 파견하고 수백명 규모의 응원단이 남으로 내려온다. 모두 북의 요구 따름에 우리 돈으로 치른다. 몇 명의 선수를 참여시키고 단일팀으로 포장되는 것이다. 너무 요란하다. 그동안 북한이 보였던 '치고 빠지는 '담담타타'(談談打打), 그 관행적 기만과 다름 아닐 것 같다.

(18. 2. 23)

말씀자료

정부부처를 비롯한 공공기관을 물론, 대기업 등 큰 조직에서는 CEO 혹은 수장의 대외활동을 위해 '말씀자료'라는 비공개 내부문건을 보고하기도 한다. 문서이름이 정해진 것은 아니라도 유사한 성격의 현안들을 담는다. 만나는 사람의 학경력이나 성장배경을 기본으로 특이한 에피소드, 상대의 시황(時況) 등이 들어있다.

양자간의 첨예한 관심사안을 두고는 예민도가 깊어진다. 파트너가 좋아하는 음식과 습성까지도 언급되기도 한다. 피하고 자제해야 할 목록들도 챙겨질 때도 있다.

조직의 장은 현안을 비롯한 직무를 소상히 파악하고 있겠지만, 리스크를 줄이고 행여나 의외의 실수를 방지한다는데 그 초안을 둔다. 다만 일정부분 공개되어도 무방할 회의자료와 달리 다소간의 은밀함이 있다.

팽창올림픽 개막 즈음, 한 장의 사진이 유독 클로즈 업 되었다. 청와대에서 우리 대통령의 미국부통령 예방(禮訪)을 받는 모습이다. 찰라의 필름 해독에 어폐는 있겠으나, 큼지막한 문서를 들고 낭독하는 듯 했다. 부통령은 먼 산 보듯 시선이 엉뚱한 데 있었다. 다식하고 지혜롭다는 대통령이 왜 말씀자료, 원고에 의존했는지 알 길이 없다. 행여 바빠서 였을까. 군 최고통수권자로 막중한 결단이 일상인 대통령이 정신없이 분주해서 좋을 일 만은 아니다.

(18. 3. 2)

재벌

덩치가 큰 대기업군 중 주주 혹은 지배구조가 가족이나 그 친인척에 경도된 집단을 재벌로 속칭한다. 공정거래법 등 관련 법률에 근거하여, 지금은 자산규모 10조원 이상의 50여개 기업군을 거느린 대기업 중 일부를 그런 범주로 보지만 법률 용어는 아니며, 긍정적 의미로 쓰는 말도 아니다.

누가 뭐래도 오늘의 세계 정상급 무역규모를 자랑하는 경제대국을 이룬 배경에는 재벌의 투자나 노하우가 한 몫 있었다는 사실은 부인하기 힘들다. 그럼에도 불구하고 이들 재벌에 대한 질시나 비난이 그치지 않은 이유는 그들의 각종 퇴행적 기류가 곳곳에 잔존하고 있음이다.

얼마전 인기높은 프로야구단을 운영하는 한 재벌기업의 실질적 총수가 불구속 재판 중 뇌물공여죄로 2년 6개월의 징역형을 받고 법정 구속되었다. 기다렸다는 듯 다음날, 그동안 경영권을 다퉈 왔던 한 살 연상 실형(實兄)이 그의 계열회사 대표직 해임을 주장하고 나섰다.

형은 동생을 밀어내기 위해 국책은행장을 지낸 사람과 한 달에 10여 억원을 주기로 하고 자문계약을 맺었단다. 썩 정당해 보이지 않은 계약내용은 차치하더라도, 껌으로 성장한 재벌이기에 개인에게 주는 수백억 원의 돈이 껌 값 정도로 치부됐는지 궁금하다. 곡해일지 모르겠으나 영어의 몸이 된 동생을 두고 곧장 칼을 들이대는 일, 패륜으로 읽으면 무리일까. 재벌이라는 인식을 더 더럽게 만든다.

(18. 3. 13)

영입

모양이 미끈하여 휑한 벽에 장식품으로도 좋을 요즘의 TV수상기, 그 활용도가 전과 좀 달라졌다. 요즘 젊은이들은 TV를 잘 보지 않는다. 인기 프로그램도 그 '엑기스'만을 별도로 편집, 가공하여 전달하는 '포털'로 보고 듣는다. 그러니 생명줄인 광고도 방송사를 외면하고 그곳으로 옮긴다.

방송의 위상이 폭삭 주저앉게 된 다른 이유도 있다. 정치적 외압에 굴복한 자업자득에서 그렇다. 여야 할 것 없이 역대 정권에서 모두 그랬다. 권력이 바뀌면 권부에 출입하는 기자들도 바꾼다. 금과옥조같은 정책도 집권층의 입맛에 맞춰 이리저리 새롭게 요리된다.

정당은 영입이라는 명분으로 방송사출신 인사를 새 인물로 둔갑시켜 선거에 내 놓곤 한다. 우선 비교적 잘 알려졌으니 쉽게 어필된다. 방송사 대표나 간판뉴스 앵커출신으로 국회의원에 등원한 사람이 두 손의 손가락 수 보다 많다.

야당에서 보궐선거용으로 공영방송사 전직 사장과 또 다른 방송사의 앵커출신을 영입했다. 집권당이 된 과거의 야당이 그랬고, 그 이전의 정권에서도 그랬던 것처럼. 당사자는 할 말 많겠지만 시선이 마냥 고울 순 없다. 정권교체로 탄압받고 차였다고 하겠지만, 이유가 있을 것이다. 그렇다 한들 한 순간 '홰엑'바뀌는 몸가짐이 썩 진중해 보이지 않는다. 유권자 마음이 예전과 같을지 모를 일이다.

(18. 3. 29)

수석(首席)

시험 등에서 등수가 가장 으뜸이거나 조직에서 직급혹은 보직의 가장 윗 자리를 수석으로 일컫는다. 학력고사 등 전국단위의 시험이나 각급 국가고시의 성적을 두고 그런 용어를 쓴다. 자리를 두고는 80년대 까지만 해도 대통령비서실에 장관 혹은 차관급의 비서관에게만 부여된 자리였다.

90년대 말에 들어서는 국무총리실에도 차관급인 실장 아래에 1급 비서관에게도 수석이라는 보직이 부여되었다. 그즈음, 입법부인 국회역시 관리관 혹은 1급 전문위원들도 수석의 지위를 가졌다. 사법부도 마찬가지로 부장판사중 가장 선임에게 그런 칭호가 붙었다.

정당에는 국장급 전문위원을 수석으로 보임한다. 4급의 국회의원 보좌관 2명중 한명을 수석으로 셀프 호칭하는 의원실도 있다. 과거 1명이던 대변인도 수석칭호의 그들이 있고, 수석자가 곁들인 부대변인도 수두룩하다. 협회나 회사 등 민간혹은 임의단체의 다양한 자리에 쉽게 붙는 용어가 되었다. 가장 아래직급인 서기보에서 1급인 관리관에 이르는 일반직 공무원의 각 직급에 아직 그런게 없는 실상과 대비된다.

용어와 낱말과 자리의 이름도 시대에 따라 바뀌고 변화한다. 당연한 일이다. 수석이라는 자리가 많아서 나쁜 일도 아니다. 뒤에서 '사장님'으로 부르면 열에 아홉이 돌아본다는 우스개가 스친다. 상도 귀해야 빛나고, 희소가 가치를 발한다. 자리 '인플레'우려가 든다. 비단 '수석'만이 아니다.

(18. 4. 12)

전략공천

각급 지방선거에서 정당의 공식적 추천을 받는 공천과 관련한 뒷 얘기가 봇물이다. 경선이든 아니든 공천을 획득한 후보는 영원한 당인(黨人)임을 역설하면서 자신만의 황홀감에 잠시 도취되는 경우도 본다. 반대로 탈락한 후보는 정당민주주의가 훼절되었다는 등의 울분과 억울함을 호소하면서 효력정지 가처분과 같은 법률적 대응에 나서기도 한다.

과거와 달리 공천의 방식은 다양해졌다. 일반 국민이 참여하거나 당원만의 투표로 결정하는 경선도 있고, 여론조사를 통해 정할 때도 있다. 경선이 아닌, 유력한 후보를 영입하여 별도의 심사없이 입당 절차만으로 확정하는 공천도 있다. 이른바 전략공천이다. 공천신청도 하지 않은 사람이 허울좋은 명분으로 공천을 받는 경우도 다반사다. 입사시험 없이 합격되는 이치를 연상되는 것처럼.

공천과 관련하여 민주성을 강조한다는 취지에서 각 정당은 경선원칙을 당헌에 규정하고 있다. 공직선거법 47조 또한 공천의 민주적 절차를 명시하고 있다. 각각 있으나 마나, 명시적 준수없이도 무방한 훈시적 규정들이다.

선거준비로 길게는 몇 년에 걸친 각고의 의지와 열정이 전략공천 한방에 물거품되는 현상을 본다. 이미 선관위에 납부한 법정기탁금의 2할과 정당에 낸 수백만원의 공천심사비를 제외한 손실이다. 경쟁력있는 후보를 내세워야 하는 정당의 입장도 있겠지만 '확'와닿지 않는다. 낙천자의 비애가 더 서글퍼 보인다.

(18. 4. 26)

'명함 16장'

상춘기에 집중된 초등학교 등 동창회개최가 절정이다. 지방선거를 앞두고 그런 친목모임에 다녀왔다. 출마할 인사들의 얼굴알리기가 한창이다. 한시간 동안 16장의 예비후보 명함을 받았다. 모든 후보가 더 친한 척, 더 아는 척과 같은 연기도 있었을 터이다.

이 시기만큼은 후보가 절대적 '을', 유권자는 당당한 '갑'의 형국이다. 후보는 분장하듯 만면에 웃음기로, 상대는 좀 뻣뻣해 보인다. 을에게 왜 나를 몰라보느냐는 핀잔도 준다. 활달하면 건방지다고, 겸손모드면 약골이라는 질책도 가한다.

행사때만 나타나 안부를 구걸한다며 꾸중도 한다. 평상시에 그런 행동을 취하면 사전선거운동 혐의로 징역형을 받을 소지도 있는데 말이다. 정작 법으로 정한 공식 선거운동 기간은 불과 15일간 뿐이다.

후보에 대한 냉소는 당선후 태도돌변 상상에 기인했을 것이다. 모두가 그렇진 않겠지만 당선되면 목이 깁스(Gips)형으로 변한다. 사지(四肢) 또한 귀해진다. 손전화 대신받는 사람을 두기도 한다. 당선인도 사람인지라 환경과 여건이 바뀌어 변하기 마련이다. 그러나 사람의 도리, 근본이 바뀌면 곤란하다. 성장과정과 이력을 담은 명함에서 그런 사람 가리기는 무망할까. 사람됨됨의 진정성 정도, 그 여부는 찾을 것 같다. 선량을 보는 최소한의 기준말이다. 정준입니다

(18. 5. 11)

합동연설회

진주와 사천이 한 선거구로 2명의 국회의원을 뽑던 중선거구제하의 10대 총선 후보자 합동연설회때의 일이다. 중학생시절이니, 꼭 40년전의 기억이다. 멋져 보였던 한 무소속 후보의 연설을 듣기위해 갔었다. 그런데 참 우연히 그와는 다른 무소속후보와 간단한 대화에 악수 기회가 있었다. 이후 그분에게 애틋한 정감이 발원되었다.

합동연설회가 전면폐지 된 것은 2004년, 17대 총선부터다. 오프라인 방식의 고비용 구조 대신 케이블매체 등을 통한 방송토론회를 도입하였다. 시대적 트렌드에 맞추었다.

언젠가 고향의 한 사회단체로부터 특강을 위해 명망가를 모셔달라는 청을 받았다. 당시 최고 명성이던 지상파 뉴스 앵커를 맡았던 분께 부탁드렸다. 그분은 “기계인 카메라 앞은 자신있지만 사람, 특히 대중앞의 연설은 불가능할 정도로 자신이 없다”며 완곡히 거절하였다.

사람의 재능은 다양하게 떨쳐진다. 스튜디오안의 실내 토론회에 적합한 역량, 특히 이른바 ‘카메라발’이 좋은 사람, 수천명이 모이는 대중연설을 기막히게 잘 하는 능력 등등으로. 법률안 개정협상은 현역 국회의원의 고유직무다. 선거법도 대부분 다음 선거를 치를 당사자, 그들의 손질에서 완성된다. 일종의 기득권 발휘다. 합동연설회 폐지를 확정한 당시, 그 이면에도 무소속 등 마이너후보의 살가운 유권자접촉을 은근히 차단시킨다는 의도가 없지 않았다. 선거철, 후보의 역량을 잘 살펴야한다.

(18. 5. 25)

유지(遺志)

며칠전 국내 정상급 대기업군 회장이 타계하였다. 3일의 가족장을 치르고, 고인의 애착이 고스란히 배인 숲속 한 나무아래에 영면하였다. 진주출신으로 애향심이 유별하여, 고향에 대학을 만들어 후학을 장려하는 등 기업의 사회적 책무에 진력한 사람으로 알려진다.

망인에게 너그러운 풍속을 차치하더라도, 그가 성장시킨 기업은 '정도 경영'으로 타의 모범이 되었다. 뇌물이나, 부패, 정경유착 등으로 총수가 구속되거나 사법처리된 사례가 없다. 사주(社主)의 지조는 사원의 훌륭한 귀감이면서 자존감으로 작용되었다.

소탈하고 검소한 삶, 허례를 배격한 고인의 뜻대로 장례식도 간소했다. 부의와 조화는 물론, 가족외 조문도 정중히 사양하였다. 지인의 혼동이 없도록 각 언론의 공고를 통해 알렸다. '속세에서 일로 만난 지인의 슬픔이 대수겠느냐, 나로 인해 그들의 번그러움을 끼치기 싫다'는 이유였을 것이다.

장례, '그게 그런게 아니다'라 했던가. 적지 않은 정치인과 기업인이 장례식장을 찾았다고 한다. 모두 '나와 고인의 인연은 특별하다'는 생각이었을 것이다. 고인과 유가족이 불쾌하지는 않았겠지만 만족하지도 않았을 것 같다. 얄궂은 상상이 든다. 삶의 최후, 고인의 진솔한 유지가 거역된 것은 확실하다는.

(18. 6. 8)

특보(特補)

특정 전문분야에 대한 특별한 도움이 필요한 상항에서 대통령은 청와대내에 장관급 혹은 차관대우를 하면서, 비서실요원과 별도로 상근하는 특별보좌관을 두기도 했다. 3공화국 시절부터였다. 이름을 줄여 '특보'로 불리면서 때에 따라서는 거마비나 일정한 활동비를 지급하고 비상근으로 바꾸기도 했다.

이후 정당에서는 공무원이 아니기에 보좌관이라는 이름 대신 '보좌역'이라는 이름의 자리가 등장하였다. 과거 총재로 명명된 대표 곁에는 특보라는 자리가 많았다. 당 3역인 원내대표, 정책위의장, 사무총장실에도 보좌역을 배치한 데도 있다.

대통령선거때, 주요 정당의 '선대위'에는 수백명의 특보자리가 남발되기도 한다. 후보와 면식이 충만하여 잘 아는 그들도 있고, 얼굴이나 이름정도 기억하는 특보도 있다. 아예 후보와 일면식도 없는, 선대위 산하 말미조직에 별도의 같은 이름인 특보 자리를 만들어 임명장을 찍어 주기도 한다.

이번 지방선거에 출마한 후보 공보물의 이력란에 '국회의원 특보'인쇄물을 보았다. 법정(法定)이나 공식이 아닌, 임의로 갖다 부친 직함이다.

뜬금없는 비유같지만 '부친(父親) 특보'도 틀린 말은 아니다.

자리가 부풀려지면 신뢰는 반감된다. 정치불신, 질시될 원인으로 작용될까봐 안타깝다.

(18. 6. 28)

JP

개개인이 정치적 성향을 드러내거나 특정인을 거명하는 것이 난처할 때가 있다. 그래서 서로간의 암호같은 영문 '이니셜'이 등장했을 것 같다. 박정희정권 18년간 2인자로 인식된 김종필을 대놓고 언급하는 것 또한 부담이 됐을 것이다. 그를 칭하는 'JP', 정치인이나 특정 지역을 영어철자의 머리글자로 사용한 효시였다. 이후 YS나 DJ도 그런 연유로, PK니 TK라는 지역 명칭도 직설적 언급에 대한 방어장치로 나온 것이다.

이립(而立), 30대에 군대를 기반으로 도탄지경인 정치체제를 일거에 바꾸고 집권당을 포함한 수차례의 당 대표, 9번의 국회의원, 두차례에 걸쳐 6년이 넘는 국무총리를 지낸 JP가 운명 몇 분전까지 또렷한 의식을 유지한 채 인간수명을 다하고 타계했다.

논어와 맹자 등 중국고전에, 일본의 '사무라이'전사(戰史), 미국의 세계패권 스토리, 러시아의 시와 소설, 프랑스 샹송에 이태리 오페라를 한 언변에 엮는 가히 해학의 달인이었다. 문예와 문화재 등 인문학에 대한 해박한 조예, 수채화 중심의 미술활동, 화음악기의 연주력, 심지어 각계 인사가 들여주는 음담(淫談)의 이해력도 탁월하였다.

근대 한국사의 산증인이었다. 나름의 주관으로 비교적 가까이서 봐 온 그의 유연자적하고 인간적 풍모를 더 이상 살필 수 없음에 눈물이 흐른다.

(18. 7. 13)

국적기

우리나라 소속의 양대 항공사가 수난이다. 멀게는 이른바 '땅콩회항'으로 큰 여식이 집행유예지만 징역형을 받았고, 둘째딸은 협력업체와의 회의 도중 물 컵을 집어던진 사건이 촉발되어 업무방해죄 등으로 불구속기소, 상습 및 특수폭행 혐의 등으로 기소될 처지의 부인이 있다. 외아들은 부정편입학 혐의로 수사가 진행되었고, 대학졸업장이 박탈된다. 본인 역시 횡령, 배임, 사기 등의 혐의로 구속영장이 청구되기도 했다. 대한항공회장 얘기다.

후발 경쟁 아시아나항공도 고초도 비슷하다. 승무원을 마치 '기쁨조'부리듯 해괴하고도 시대착오적 행사를 조장했다. 본인은 모른 일이라고 잡아 떼겠지만, 좋아하니 아부하는 것이다.

사건무마를 위해 두당 수억원, 건당 수십억원의 합의금이 쓰였다는 루머도 있다. 인해전술하듯 수십명의 변호인을 두고 대응하고 있다. 유전무죄를 떠올리게 한다. '갑질'의 전형이다.

이들을 상대하는 대상의 행태도 칭송할 일은 아니다. 한번이라도 초죽음을 당한하는 검찰의 압수수색이 무려 11번이 있었다. 일부 혐의는 20년이 넘는 것도 있다. 일벌백계도 있지만, 특정인과 특정세력의 특정한 목적과 의지가 없으면 있을 만한 일이 아니다. 또 얼굴을 숨긴, 가면을 쓰고 수십년간 '끽'소리 없다가 자신의 작업장 총수에 퇴진요구, 뒤통수 때리는 처사도 온전히 보이지 않는다. 그들만의 이유가 있겠지만 비겁한 일이다.

(18. 7. 28)

자리 나누기

얼마전 국회 하반기 원구성이 마무리되었다. 상반기 또는 하반기라는 말은 상임위원회 위원 임기를 2년으로 못 박았기 때문에 생겨난 말이다. 국회법 제 40조가 그렇다. 같은 법 제 41조 4항은 위원장 임기를 상임위원과 같도록 하여 2년으로 규정했다. 훈시가 아닌, 실정법상의 효력규정이다.

그런데 무려 8개 상임위원회의 위원장을 2명씩 지정하여 2년의 임기를 쪼개 각각 1년으로, 심지어 임기 1년의 예산결산특별위원장은 각각 6개월씩 쪼갰다. 누가 봐도 '꼼수'다. 이런 자리쪼개기가 불법은 아니라도 편법임은 틀림없다.

정치에 대한 비난, 질시가 됨은 자명하다. 이러다 특활비에다 국회의원회관과 별도로 본관에 드넓은 집무실이 따로 갖추어져 있는 상임위원장의 임기가 몇 개월 정도로 여러 명이 돌아가며 맡는 자리가 될지 염려스럽다. 전국의 지방의회 구성에도 적지 않은 영향을 미칠 것이다. 좋은 것을 따라 하기는 어려워도 나쁜 것은 쉽게 배우기 마련이다.

좋은게 좋은 것으로, 감투를 늘리려는 정당의 편의에 따라, 경선 등 불편함의 회피를 위해 오용된다면 정치의 부정한 희화가 끊기지 않을 것이다. 1년, 또는 몇 개월에 불과한 자리로 전락되어 위원장이라는 정당한 권위도 떨어진다. 아무나 하는 그런 자리로 말이다. 이러한 퇴행이 아무렇지도 않은 것처럼 이어지니, 정치가 또 욕을 먹는다.

(18. 8. 9)

노회찬

열을 알고 하나를 말할 때와 하나를 알고 그것을 언급할 때, 표정과 태도가 달라진다. 내공의 정도에서 자신감의 차이가 난다. 노회찬, 그는 늘 자신에 찼다. 2004년, 비례대표로 국회의원이 되기 전에도 곧은 결기에 용맹을 떨쳤다. 복잡하고 난해한 이슈를 쉽고 명료한 표현으로 공감을 끌어냈다. 사람의 살가운 정분으로, 또 때로는 예리한 필설로 응수했다.

사회적 약자에 관대했고, 권력에는 자신을 돌보지 않은 기개가 창창했다. 서민의 고달픔을 같이 아파했다. 정의로왔다. 요연한 경구의 말장난을 경계했고 비겁함을 멀리했다. 인간으로써의 풍자와 윗트도 넉넉했다.

살벌함과 삭막함이 가득한 정계의 풍랑을 해친 지혜가 탁출했다. 몸담은 진보세력을 넘어 정치권의 보배라 할 만 했다. 그가 자살했다. 진영을 불문하고 참 안타까운 일이다.

친구에게 받은 돈에 대한 죄 의식이 별로 없었을 수 있다. 길가다 불가피하게 침 한번 안 뱉은 사람있겠냐만, 적발되면 경범죄처벌범이 된다. 목숨을 끊기 직전에 "부정한 돈을 받지 않았다"는 극구 부인이 없었다면, 3선 의원을 만들어 준 경남창원 선거구민에 대한 한 줄이라도 유언이 있었다면 추모의 내실이 더 아름답고 선연했을 것 같다. 명복을 바란다.

(2018. 8. 30)

특수활동비

보통과 좀 다른 의미의 '특수'가 붙은 공기관 활동비에 대한 시비가 한창이다. 국회는 극히 일부만 남기고 거의 폐지를 수용할 수 밖에 없는 상황으로, 총리실과 각 부처 등 행정부와 사법부도 대대적 수술대 설치를 자처했다. 그동안 엄청난 그 비용을 써 왔던 기관의 민낯이 드러남에 따름이다.

만시지탄이다. 특활비는 총액으로 편성되고, 사용내역을 공개하지 않아도 된다. 증빙서, 즉 영수증없이 쓸 수 있는 돈이다. 다만, 용처의 적절성 등은 각각으로 국가재정법을 통해 한정하고 있다.

국정원과 국방부, 경찰 등 사법기관의 특수활동비는 엄중하게 보장되고 보호되어야 한다. 기관운영 및 정책집행에 불가피한 요소도 없지 않다. 문제는 이 특수해야 할 활동비가 예사로 전용되고, 기관장의 쌈지돈마냥 개인돈 처럼 집행된 것이 잘못이다. 격려금, 위로금, 축하금 등 듣기 좋은 이름으로 둔갑되었다. 가정의 생활비로 쓴 사람도 있다.

크게는 각부(各府)의 수장이나 작게는 각급 기관장 등, 조직의 이른바 높은 사람이 하사하는 각양의 금품도 그런 예산에서 돌려져 나온게 대부분이다. 문제가 없을 것으로 여기는 관행, 공직의 집단지성 마비상태서 나온 일탈로 볼 수 있다. 조직구성원이나 일반시민도 그들이 주는 어떤 금품도 기대하지 않는 풍토도 요긴하다. 공직수행의 영예로움에 걸맞게 높은사람 스스로, 극히 제한적이고 소액정도의 자기 돈 좀 쓰는 품량은 어떨지. 기관장을 못해본 사람의 망상(妄想)일지 모르겠다.

(18. 9. 7)

형법 제 297조

진보정당의 대표로, 50대 미혼인 한 의원이 형법 제 297조, 강간조항을 고치는 법률개정안을 발의했다. 기존의 '폭행 또는 협박으로 사람을 강간한 자'를, '저항이 곤란한 폭행·협박한 자, 폭행·협박한 자, 명백한 거부의사 표시에 반한 자'등으로 세밀히 구분하여 강간범죄를 정한 개정안이다. 대권반열에 있던 전직 도백의 1심 무죄판결 파장에 따른 것으로 강간죄 성립의 범위를 넓혔다.

모두가 같을 순 없지만 남녀간 성 정체성과 욕구에 대한 표현방식은 매우, 몹시 다르다. 고결한 비유는 아니나, "사랑한단 말 대신에 웃음을 보였는데, 모르는체 하는 당신 미워 미워 미워. 사랑한다 말할까. 아니야 아니야 말 못해. 나는 여자이니까"라는 유행가가 있다. 하지만 시대가 달라졌다.

2-30년전부터 강간이라는 무시무시한 용어대신 '성폭력'표현되어 왔으나 법률용어가 아니다. 동의가 없다면 강간범으로 본단다. 판사가 동의의 범위를 정하고 행위의 자세나 태도를 확인해야 진위를 가릴 형국도 올 것이다.

남성은 엄정히 경각해야 한다. 상대가 싫으면 말을 섞는 것도, 손이 스쳐도 불쾌감을 갖는게 여성이다. 알량한 남성성(男性性)으로 강변될 일이 못된다. 옛날과 달리 이성교제 기회나 정도가 상상이상으로 넓고 커졌다. 여성도 성적 자기결정권을 철저히 행사해야 한다. 세상이 변했다. 반면에 정조를 목숨과도 바꾸지 않은 선인들도 많았다. 개정안의 향배가 궁금해진다.

(18. 9. 14)

의전서열

지난주 대통령 특사단이 꾸려져 하루 동안 북한을 방문한 성과로 다음주 남북정상회담이 개최된다. 나라의 공식행사 등에 각 요인을 대우하는 순서가 국가의전서열이다. 국가원수이면서 행정부 수반인 대통령이 으뜸이다. 다음이 국민의 대표로 대의기관인 입법부 수장인 국회의장, 대법원장이 각각 그 뒤를 잇는다. 외교부 관할의 의전 실무편람이 근거다.

대통령권한대행 순서는 달리 정해져 있다. 의전서열 5위인 국무총리가 첫 순위고, 다음이 10위권 밖인 부총리겸 기재부장관이다. 정부조직법에 명시된 것으로, 실제 '끗발'순서는 아닐테다.

특사단장은 국가안보실장이었다. 연륜과 경륜에 있어서도 안보실장이 훨씬 위다. 더욱이 국정원장은 한 고교의 그 실장보다 십년 남짓 후배다. 단장입장에서는 '애'로도 보일 것이다. 아무런 하자가 없고 문제될 게 없지만 '원칙'이라는 재단으로 살피면 다른 시선이 들 수 있다.

안보실장은 장관급으로 의전서열 18위에 해당되는 자리다. 그 단원인 국가정보원장은 법률상으로는 장관급이지만 예우는 부총리급으로 의전서열 11위에 있다. 차관급인 국정원차장만 수행했다면 어땠을까 하는 생각이 든다. 그러나 정상회담석상에서 당 '부부장'직함의 여동생이 '티'나도록 위원장 필기구 뚜껑을 여닫고, 앉고 설 때 의자나 빼고 미는 모습의 상대측보다 백배는 낫다. 권력세습으로 오누이가 나란히, 우리 같으면 폭동이 몇 번 날 일이다.

(18. 10. 8)

한글

참 신통한 일이다. ㄱ, ㄴ으로 시작하는 불과 14개의 자음, ㅏ, ㅑ로 출발하는 10개의 모음으로 만개 이상의 소리를 표현하는 우리의 한글말이다. 한글은 글자 하나하나가 하나의 소리를 내는 음소(音素)문자다. 일본어와 중국어 소리는 많아야 500여개를 나타낼 뿐이다.

소수민족이 쓰는 말을 포함하면 지구상에 모두 7천 여개의 언어가 있단다. 백만명 이상이 쓰는 문자는 30여개로 추려진다. 그중 한글의 과학성은 단연 으뜸이라는 평가가 있다. 유네스코 세계기록유산 등재가 그 실증이라 하겠다. 동양에서는 유일한 등재 기록물이다.

인터넷 자판이나 휴대폰 단말기 글자판 이용에 있어서도 영어나 중국어, 일본어보다 훨씬 간결하다. 그럼으로써 타자속도나 정보체득 등 소통방식이 빨라진다. 세계 최강 수준의 IT산업을 구축한 기반이 여기서 발원된게 아닌가 싶다.

내일은 5대 국경일의 하나인 한글날이다. 특별한 의미를 살핀다. 주위에 한글의 영예로운 위상손실이 너무나 많기 때문이다. 얼토당토않은 언어습성이 한글명예를 훼손시킨다. 한글과 어울리지도, 옳지도 않은 한자어와 영어를 갖다 부쳐 그 뜻을 굴절시키는 꼴볼견도 있다. 조어(造語), 아이디어같지만 우리글의 오염으로 읽힌다. 정부나 공공기관, 전파를 타는 언론사나 포털의 올바른, 정상적인 한글운용을 고대한다.

(18. 10. 26)

교육부장관

국회 국정감사가 한창이다. 교육위원회에선 야당이 50대 중반의 여성 교육부장관을 인정할 수 없다며 질의대상에 배제 시키고 있다. 자질시비 등으로 인사청문회 경과보고서 불발에도 불구하고 임명장을 받은 데 따름이다. 재선 국회의원으로, 해당 상임위 위원으로 6년 이상 활동했다면 전문가 반열로 놓아도 큰 무리가 없을텐 데 공세는 계속된다.

교육부장관은 유아기부터 초중등학교를 거쳐 고등교육인 대학까지 교육행정 수장이기에 특별히 경륜과 식견, 인격적 권위를 최고덕목으로 하여 임명되어 왔다. 1948년 헌정후, 시인 모윤숙의 부군으로 더 알려진 문교부 이름의 초대장관인 안호상박사 이후 지금까지 모두 59명의 장관이 나왔다. 대부분이 교수출신이거나 교육계 거장이었다. 처음으로 DJ정부때 격상되어 노무현정부까지 부총리급이었다가, 박근혜정부때 부활되어 지금도 부총리급이다.

평화를 전제하지만, 국가원수인 대통령이 국헌상 적국에 드나드는 일이 생겼다. 세상에는 시스템이나 질서로 해석되지 못할 무수한 일이 참변과 섞여서 발생한다. 천만분의 하나같은 가능성에도 방비해야 할 것이 국사다.

교육부장관은 국무총리와 부총리겸 기재부장관 다음으로 국군통수권을 포함한 대통령권한대행 세번째 순위다. 자질보다 더 중시될 덕목에 회의가 있을 만 하다. 왜 미덥지 못한 상상이 드는지 모르겠다.

(18. 11. 9)

도산 안창호

분단국가로 세계 10위권의 경제대국, 대한민국 도회 심장이 된 서울 강남에 도산공원이 있다. 압구정동과 청담동을 사이에 둔 신사동에 자리한다. 1970년대 초, 일생을 뺏긴나라의 자주독립과 애국을 기반으로 국가융성의 기반을 다진 도산(島山) 안창호선생의 위업을 기리는 뜻에서 그때 대통령의 강력한 의지로 조성되었다. 공원인근은 당시의 뽕나무숲이 지구상에서 주목받는 첨단의 패션거리로 변한, 상전벽해(桑田碧海)의 전형이 되었다.

공원에 들어서면, 선생의 명언하나가 눈에 띈다. 경술국치 직후인 미국 유학시절, 샌프란시스코 한 농장에서 한인들과 일하면서 한 말로, "오렌지 하나를 따더라도 정성껏 하는 것이 나라를 위하는 길이다"라 했다. 저마다의 직분에 충실하는 것이 애국이라는 가르침으로 '쏙'들어오는, 가히 참 리얼한 교훈이다.

상해 임시정부의 총리와 내무총장을 역임하면서 끊임없는 민족계몽에 헌신했다. 일정에 항거하면서, 감내하기 힘든 참혹한 옥고를 치루면서 숨을 거뒀다. 민족의 거장이 아닐 수 없다.

오늘은 선생의 탄신 140주년 기념일이다. 샌프란시스코가 위치한 미국의 캘리포니아주 상원은 매년 11월 9일을 만장일치로 도산 안창호의 날(Dosan Ahn Chang Ho Day)로 제정하여 기념식을 열고 있다. 좀 부끄럽다. 숙연하도록 애국의 본질을 골몰하게 한다. 그가 생애를 통해 강조한 '자주'는 학문으로 숙성되고도 남을 가치다.

(18. 11. 23)

'비대위'

사립유치원의 공금횡령 등 회계비리가 적발되어 적지 않은 파장이 일고 있다. 전체 2할 정도의 국공립 유치원을 제외하면 대부분이 사립인 형편을 감안하면 유년기 자녀를 둔 학부모의 염려는 이만저만이 아닐 것이다. 이 사태를 대처하는 한국유치원총연합회는 비상대책위원회를 구성하여, 왜곡된 실태를 바로 알린다는 취지로 정부와 여론전에 맞서고 있다. 결속력을 어필하면서 비상사태를 헤치고 있다.

여느 조직과 단체도, 위기 등 비상시에 '비대위'라는 한시적 기구를 통해 어려움의 탈출구를 모색하기도 한다. 정당도 마찬가지다. 제 1야당이 '비대위'체제하에서 절반정도의 외부인을 위촉하여 조직강화특위를 가동하던 중, 뜻밖의 헤프닝을 맞았다. 정치평론으로 이름을 떨쳤던 그 핵심인사가 전권을 위임받았다며 활동하다가 곳곳에서 갈등과 마찰로 종국적으로 해촉된 사태가 전말이다.

다른 결사체도 그렇겠지만, 정당도 다양한 분야가 각양의 귀중한 요체를 갖고 운영된다. 마땅히 전국에 산재한 '당협'이라는 조직관리가 핵심적 구성체다. 하지만 정당의 미래를 담은 기획과 비젼, 정책과 홍보, 민원과 국회대책 등 중요하지 않은 요소가 없다.

조직의 경쟁력 강화를 위한 제한적 기구하에서 전당대회 등 당의 모두를 '들었다, 놨다'할 만한 폭발적 언행은 열정보다는 '오버'로 읽혀질 만 하다. 정상이 아니기에 비상이다. 비상이 짧아야 정상인 것이다.

(18. 12. 6)

'예결위'

국가예산을 심사하고 의결하는 기능은 입법기관인 국회의 중추적 권한중의 하나다. 예산결산특별위원회에서 진행되는데, 지금은 상설화되어 연중 운영되고 있다. 대체로 결산심의는 정기국회가 개시되는 9월 중에, 내년도 예산은 국정감사를 마친 10월말 경부터 실시된다. 회계연도 개시 1개월 전까지 확정토록 했으니, 올해도 법정시한을 넘겼다.

11월 한 달은 50명의 예결위 위원인 국회의원은 물론, 국무총리와 각부 장관을 비롯한 고위공무원들은 개인약속이 불가능할 정도로 대목장을 맞는다. 여야간 혹은 대정부간 얼굴을 붉힐 지경의 치열한 논박에, 설전을 벌이며 공방을 주고 받는다. 은연중에 위원과 국무위원의 개인적 역량과 인품, 화력과 내공의 정도가 드러난다.

내년도 470여조원의 경우처럼 수백조원에 달하는 예산이 각각의 명분과 관행으로 덧칠되어 긴요(緊要)와 불요정도로 나뉜다. 지역과 직능을 대표하는 위원의 개인기와 정당배경이 최고, 최후의 수단이 된다.

정부는 여야, 위원의 위상과 활동영역을 재단하여 은밀한 몫을 떼 놓는다. 그래야 좀 편해진다는, 그런 속물근성도 더러 목격될 때가 있다. 임기 4년 동안 한번도 예결위에 못들어 가는 국회의원도 있고, 각당의 총무역할을 맡는 간사는 피 튀기며 얻는 자리다. 그래서 지역 및 직능에 가져오는 돈은 선량(選良)의 한 기준이 된다.

(18. 12. 20)

당연직

맡고 있는 직책에 따라 투표 등 특별한 행위없이 자연스럽게 부여되는 직위를 '당연직'이라 한다. 대통령에 당선되면 헌법에 근거한 국무회의 당연직 의장이 된다. 시장과 군수가 각각의 자치단체 체육회장이 되는 것도 그렇다. 당사자의 의사와 무관하게 관련 법률 혹은 각 기관 및 단체의 규정에 따름이다. 맡고 싶지 않아도 해야 하는 자리다.

각 정당마다 당헌과 당규가 상이하여 일괄할 수 없지만 당연직 당직이 많다. 광역지자체장에 당선되면 소속 정당의 당무위원이나 중앙위 중앙위원, 전당대회 대의원 등의 자리가 '그냥'주어진다.

다른 자리와 달리 수십명 정도의 당무위원은 실속이 꽤 있지만 그 회의에 그들은 거의 참석하지 않는다. 친형 강제입원건과 드루킹 댓글조작건으로 각각 기소된 두 광역지자체장이 당직을 고사하면서 백의종군하겠다고 했다. 그들의 당직은 이미 언급한 당연직들이다.

매우 이례적 예외조항이 있지 않는 한, 당연직 사퇴는 해당 법률과 규정을 위반한 행위다. 대통령이 국무회의 의장을 사퇴한다면 헌법위반이 된다. 비약이지만 이치는 다르지 않다. 백의종군이라는 순정성을 훼손한 '쇼'처럼 읽힌다. 어떤 대상을 하수(下手)로 보고 말장난을 하고 있는지 궁금해진다.

(19. 1. 9)

백의종군

정치인이 애용하는 '백의종군'의 의미가 훼손되고 그 순정성이 말살되어 여간 안타깝지 않다. 군의 작전권과 장병을 지휘하는 군령(軍令)을 빼앗기고 병졸로 강등되어 칼 한 자루에 의지한 채, 온갖의 수모가 수반되는 그 징벌은 사형에 버금가는 '죄 물음'이다. 문신은 유배로, 무신에게는 그것으로 극형(極刑)을 감수케 했다.

임진란의 참혹한 전쟁에서 이순신장군은 임금으로부터 백의종군을 명받고 "빨리 전사하는 것보다 못하다"는 애절한 심경을 난중일기에 옮기며 장렬히 그 소임을 극복했다. 상명하복에 목숨을 내놓는 군장(軍場)에서의 상실감은 흔히 상상할 예사로운게 아니다. 그러나 이순신은 살신을 솔선하며 빛나는 전승으로 그 위업은 찬란한 경지에 이르러, 민족사에 우뚝 선 성웅으로 추앙되었다.

위장된 겸손 모드로 불리해진 정치적 위상을 교묘한 언변과 함께 탈출하려는 행위와 결코 연관지울 수 없는 가치를 지니고 있다. 더욱이 잘못에 대한 처벌로, 스스로 언급하여 그것을 선택하여 선언하는 것은 실로 '넌센스'다

어제, 오늘 정치인에 의한 셀프 백의종군 선언이 지천이다. 사태의 본말을 전도시키는 행위로 읽히기에 충분하다. 그 장렬한 징벌 수행의 의기와 다른 굴절된 '셀프'정치인의 교활함과 기망(欺罔)이 현실정치를 더 혼탁하게 만든다.

(19. 1. 23)

'국판'

얼마전 한 매체에서 법률용어가 아닌, 생소한 속어 하나를 등장시켰다. 국회에 파견한 판사를 지칭하여 국판이라 표현했다. 한 고등법원 관할권역내 근무하는 지방판사, 향판(鄕判)을 연상하여 흥미로 지어낸 말 같다. 사법부 수장인 대법원장이 수난을 당하는 지금, 당시 어느 국회 법사위 위원이 국회에 파견된 판사신분의 전문위원을 통해 판결을 거래했다는 의혹이 일파만파다.

국회 사무처 전문위원으로 보임되는 판사는 개방형 공모제를 통해 임용되는 것으로 보이지만 실상은 그렇지 않다. 법원행정처 인사차원에서 내정하여 국회에 일정기간 근무시키는 것이다.

지금은 공모제라는 허울로 임용하지만, 이미 90년대 초반부터 입법부인 국회에 판사를 파견하는 것이 정형화되었다. 좋게 얘기하면, 판사의 법사(法司)에 대한 식견을 입법부가 활용하는 것일 터. 하지만 여는 조직에서도 그렇듯 파견하고, 파견받는 양 기관의 민원해결 등 현실적 이익에 따름이다. 이번 일이 들켰고 좀 과장됐지만 국회의원과 법원, 쌍방의 민원 맞교환은 뉴스도 안될, 관행이었다.

판사의 파견은 더 있다. 청와대, 감사원, 헌법재판소 등에도 나간다. 준사법기관이라는 검찰은 이런 기관에 더해서 국정원, 공정위, 권익위, 심지어 전국 각 지자체 등 수십개가 넘는 기관에도 파견된다. 엄밀히 얘기하지 않아도, 삼권분립을 훼손할 기괴한 실상이다.

(19. 2. 14)

아나운서

방송매체의 뉴스 등 프로그램을 진행하거나 특정한 콘텐츠를 전달하는 직종인 아나운서가 인기 직업군이 된지 오래다. 외모지상주의, 루키즘(lookism)이 유별스런 유행도 한 몫 했다. 말로 전달하는 직업의 특수상 아주 독특한 훈련과 학습을 필요로 하는 분야다.

종합편성채널의 메인 뉴스 프로그램 진행자인 동시에 그 회사의 CEO로 활약중인 인사의 폭행사건과 관련한 논란이 뜨겁다. 그는 한 지상파방송의 아나운서로 입문하여 기자로 전직하여 고공 유명세를 떨쳤다. 최근까지 수년간 한국의 가장 영향력 있는 언론인으로 각광받았다. 직분에 맞는 역량과 신뢰 이미지 따름이다.

휴일 심야에 교외 한적한 주차장에서 발생한 단순한 접촉사고의 발단으로 파급이 커졌다. 동승자 여부, 그 신원을 둘러싼 사실관계를 주축으로 한 프리랜서 기자의 취재과정에서 불거진 사건이다.

의혹 모두가 가짜뉴스일 수도 있고, 반대일 수 있을 것이다. 상대의 협박성 언행도 찬사받을 일이 못된다. 그러나 동영상사이트에 퍼져 있는 그 폭행사건 관련 녹취를 들어본 사람들의 변별은 대체로 비슷할 것 같다. 명망가의 '비굴에 비겁'이다. 단순한 폭행사건에 10여명에 이르는 '로펌'소속 변호인단이 꾸려진 경우가 흔지 않다. 본질이 여기에도 담겨있다. 불법보다 표리부동한 이중성, 신뢰상실이 더 큰 상흔으로 남을 언론인 지존의 말로가 보인다.

(2019. 2. 28)

낙하산

비행기나 헬기 등 이동기기에서 공중을 거쳐 땅위로 안전하게 내리기 위해 시용하는 낙하산은 주로 군사용으로 이용되었다. 군인의 훈련이나 군수물자를 전달하고 조명탄 등의 투하에도 활용한다. 요즘은 레져용으로 스카이다이빙을 위해 사용되기도 한다.

대기권의 높은 곳에서 떨어지는 것으로 인식되어 공직사회 등 조직에서 일상적 인사가 아닌, 고위직을 내려 꽂는다는 의미로 회자되기도 한다. 환경부 소관 공공기관의 공모과정에서 드러난 낙하산인사 부작용은 흔하디 흔하지만 그 파장은 빨리 끝나지 않을 것 같다.

권부에서 낙점한 인사가 예선을 통과하지 못하자 '적격자 없음'으로 하고, 재공모를 통하여 특정인사의 자리를 만들어 주었다. 실상 특별한 일도, 이례적인 사건도 아니다. 해당 중앙부처는 아닌 척, 안하는 척 한다. 하지만 맞고, 하는 것을 당연지사로 여긴다.

찍어 준 인사가 선임되지 못하면 담당 국·과장 등 실무 공무원들은 초죽음이 된다. 당해 정권에서는 승진이나 영전이 불가능해 진다. 그래서 형식적 임원추천위원회 등을 꾸려 구색을 갖추고 성사시켜야 한다. 지천의 이러한 부당한 관행에 대한 검찰의 수사가 진행된단다. 들키면 '골'간다. 속임수같은 허울뿐인 공모제에 대한 경각이 드리워지면 좋겠다.

(2019. 3. 14)

양단(兩斷)

이번달부터 국방의무를 수행하는 모든 장병들에게 원칙에 따른 평일외출이 허용되었다. 입영후 일정 기간동안, 부모 등 가족 및 이성친구 등 지인들과의 단절에 따른 정신적 부담을 덜고, 복무중 스트레스 완화 등 자기계발에 도움을 준다는 취지다.

공교육이 같은 교사(校舍)에서 같은 선생님으로부터 지도받기에 사회통합화 기능이 있는 것처럼, 장병도 각각 군(軍)이라는 동일한 환경속에 복무하기에 빈부격차 등 계층적 이질감에서 한때는 해소된다. 그럼으로써 전우애같은 동질감이 형성되고, 전투력이 강화되는 것이다.

일과후 영내를 벗어나 지내는 상황을 감안하면 우려가 있다. 대부분이 음식점이나 노래방, PC방 등에서 시간을 보내다 귀대하는 풍속이 고착화 될 것이다. 돈없으면 불가능한 소일들이다. 인상된 봉급을 저축해서 제대하겠다는 일부의 순박한 의지도 굴절되기 마련이다. 장병간 빈익빈, 부익부 현상이 극명하게 드러날 소지가 많다. 처절히 깨지는, 계층간 또 하나의 극명한 사회적 양단현상이 생길 것이다.

세대간, 이념간 사회 곳곳의 간극이 너무나 큰 오늘이다. 이런 양극화에 또 하나의 부작용이 창궐할 것이다. 여기에 입대전 남성 청소년 7할 이상이 '스포츠 토토'등 도박경험을 답한 보고서를 연관시키면 위험천만이 아닐 수 없다. 도박하러 외출하는 경우까지 생기게 된다. 전투력약화 염려에 더해 장병복지 근원을 더듬게 된다.

(2019. 3. 28)

'프로'

지난주 있었던 대통령 외국순방서 벌어졌던 '외교결례'와 관련한 말이 많다. 각각의 다른 나라에서 어울리지 않거나 사용하지 않은 인사말에, 음주를 금하는 나라서 건배를 제의하고, 방문국과 엉뚱한 사진을 등장시키는 등의 해프닝을 두고 나온 얘기들이다.

흔히 무슨 일을 아무나 하는, 그런 수준을 넘은 경지를 '프로'로 일컫는다. 직업의 일이 아닌, 취미 단계를 '아마추어'로 본다면 그 상대적 개념이다. 공직이 귀한 직종으로만 인식될 것은 아니지만 전문성, '프로'를 요구하는 필드임은 분명하다. 특별히 국가원수가 집무하는 대통령실, 청와대 근무는 더욱 그렇다.

내공과 언행을 별도로, 눈빛과 통찰만으로 직무를 인지하는 '프로'경계에 든 '맨 파워'로 볼 만하다. 각국간의 정상회담 등 외교업무를 다루는 의전분야는 특히 그렇다. 가방 들고 일정챙기는 따위를 그것으로 보면 안된다. 대중의 눈길을 끄는 오락 양념에 골몰하는 사람의 직무와는 달라야 한다.

국보급 도자기에 먼지 한 톨 묻은 흠을 찾아내는 수준, 묻은 먼지를 수치로 여기는 경지가 거기 사람들의 필요충분 요건이어야 한다. 국빈으로 방문한 손님의 실수를 덮어 주려는 초청국 아량을 '상대 나라는 가만있는데, 호들갑이다'라며, 별일 아닌 일로 치부하는 그곳 사람의 반응에 아연할 따름이다. 의전, 아무나 하는 게 아니다. 특별한 프로 영역이다.

(2019. 4. 10)

'매뉴얼'

물건이나 특정한 시스템을 운용할 때 안내나 도움을 제공하기 위한 지침인 '매뉴얼'은 국가 재난관리에도 엄격히 쓰인다. 지난 주말, 엄청난 화마를 겪은 강원도 산불에도 적절한 매뉴얼이 구사됨으로써, 참혹했지만 천재지변을 비교적 잘 극복했다.

이런 와중에 제 1야당의 원내대표가 국가재난 컨트롤타워 기능을 수행하는 국가안보실장을 국회에 잡아 두었다는 구설과 피해지역으로 꼽힌 속초시장이 임지를 벗어나 국내여행중 이었다는 비난이 일었다.

산불이 발발한 그 시각은 국가안보실장이 참석한 국회 운영위원회가 열리고 있었고, 속초시장은 휴가로 제주도에 가족여행 중이었다. 재난의 정도가 가늠되기 힘든 형국에서 무리수를 두어 고의로 회의장 이석을 불허한 것으로 보기 힘든다. 여러 실제적 정황이 그렇다. 아울러 진위가 도마에 올랐지만, 재난이 예측되는데 개인여행을 감행할 간 큰 선출직 단체장은 적어도 대한민국에는 없다.

정부의 재난관리 매뉴얼에는 안보실장의 직무를 현장이 아닌 곳에서도 대신하고, 단체장 기능을 대체할 원칙이 설정돼 있다. 안전과 직결된 참사에, 책임자의 상징적 활동은 엄히 중요하지만 일의 본질은 시스템이다. 노란 옷 입고 현장에 오가는 것을 능사로 볼 차원을 넘어야 한다. 감정적으로 갈구는 정쟁의 소재될 게 못된다.

(2019. 4. 25)

양심

누구에게나 어떤 가치를 판단하는 마음이 있다. 양심으로 일컬어지는 이 개별 마음씨는 자신만의 정체성을 기본으로 주관적 인생관이나 인격형성과 연관된 규범도 포괄한다. 따라서 사람마다 그 기준이 같을 수 없다. 어떤 양심을 가지든 자유란 말이다. 헌법도 이를 명문했다. 제 2장의 19조가 그렇다.

5년 전에 일어난 세월호 참사와 관련한 각양의 추모대회가 있었다. 주최단체는 물론, 대부분의 참석자들은 그날의 참상을 되새기면서 경건한 마음을 가졌을 것이다. 반대로 그 행사에 유무형적 불참자도 많다. 1촌의 부모나 친자식도 일정한 기간이 지나면 그 슬픔은 차근히 경감된다. 역설적으로 슬픈 지난 세상사를 잊어야 하는, 망각을 섭리로 받드는 그들의 양심이 까닭일 것이다.

진위여부를 차치하고, 강원도 산불이 발발한 시점에 대통령이 언론사 대표들과 음주했다는 주장이 제기된 바 있다. 군 통수권자, 행정부 수반은 술을 마시면 안되나? 재난의 위중한 상황에서 폭음할 정도의 양심없는 대통령은 없다. 대한민국이 그런 나라가 아니다.

서로의 양심 차이에 이맛살 지뿌리면 안된다. 자신의 잣대로 상대의 욕되는 일만 들추는 못된 습성을 버려야 한다. 기쁨과 슬픔을 남들 보이게 드러내는 일이 양심에 부합하는지 스스로 되돌아 보면 좋겠다. 희노애락의 표현방식도 양심에 따라 각각이 다르다.

(2019. 5. 15)

스승의 날

정부가 제정하고 행사를 주관하는 국가기념일인 스승의 날이다. 1965년에 지정됐으니 벌써 수십년의 성상을 이어오고 있다. 70년대와 80년대에 걸쳐 약 10년간 서정쇄신의 명분으로 폐지한 때도 있었다. 지금도 유사한 기풍, '김영란법'여파로 행사의 규모나 의의가 크게 축소되었다.

초중등 및 대학의 각급 학교에서는 이런저런 불필요한 오해소지를 원천으로 막는다는 취지에서 아예 관련 행사를 생략하는 경우가 많다. 각 교육청의 재량에 따라 휴무일로 정하여 등교를 하지 않는 학교도 있다.

이런 와중에도 학생 스스로, 가르침을 받는 스승의 음덕을 기리기 위한 다채로운 이벤트가 열리고 있어 심장한 미소가 생긴다. 교수연구실과 담임선생님 책상에 스스로 만든 꽃 상자를 올리기도 하고, 출입문에 직접 제작한 각양의 '캐릭터'를 붙이기도 한다. 사제지간의 사진 공모전을 펼치기도 하고, 감사한 마음을 담은 자필편지에 '은사의 밤'과 같은 소박한 시간을 갖는 대학도 있다. 흐뭇한 일이다.

음양력 환산에 이의가 있지만, 5월 15일은 세종왕의 당시 양력 탄신일이다. 왜 그날을 스승의 날로 지정했는지 많은 생각을 갖게 한다. 오늘의 나라 부강에 교육만한 기여를 찾기 힘들다. 특히 일생을 헌신한 대다수 교육자의 역할이 그렇다. 그런 공로를 찬사하는데 인색할 일이 아니다. 스승의 은혜는 하늘같다는 가사 말이 '확'와 닿는 오늘이다.

(2019. 5. 23)

눈치

법률용어로 '신속처리안건'이라는 적절한 말이 따로 있는데 굳이 낯선 외국어를 사용하는지 의아했다. 국회발 '패스트트랙'말이다. 우선 차치한다. 그 파문이 지금도 이어지고 있다. 이 와중에 공무원인 국회사무처 직원의 좌불안석, 눈치보기가 이만저만이 아닌 것 같다. 각 특위 위원 사·보임에 따른 실정법인 국회법의 적법성을 두고 그들 모두의 입장이 같지는 않았을 것이다.

국회법 48조 1항은 일반적 원칙으로 국회의장은 사보임을 할 수 있도록 했다. 똑 같은 법, 같은 48조 6항은 구체화하여 임시회의 경우는 사보임 금지를 규정했다. 9월 정기국회를 제외하면 다른 회기는 모두 임시회다.

차관급인 현직 입법차장은 1항을 강조하며 사보임의 적법을 들고 나왔고, 직전은 아니지만 같은 보직의 전직 입법차장은 기고를 통해 개별원칙을 조문한 6항이 더 존중되어야 한다며 사보임의 부당성을 지적했다. 여와 야, 누가 맞고 그름을 특정할 수 없을 정도로 난해한 일이다. 사무처 인사권을 가진 국회의장과 같은 당 출신의 사무총장의 눈치를 살피지 않을 수 없다. 전문위원 이상의 고위직은 더 그렇다. 하지만 그들과 다른 생각을 가진 직원, 또 그들과 다른 입장의 직원 상호간 눈치 살핌이 없을리 없다. 또 한편의 양극이다. 너무 멀다. 다시 패스트트랙, 유학으로 5년간 미국생활을 했지만 이 말의 뜻을 찾아 사전을 몇 번 뒤적거렸다.

(2019. 6. 13)

OECD

경제협력개발기구, OECD는 과거 소련을 견제하기 위해 미국의 입김으로 결성되었다. 1961년의 일이니 꽤 긴 성상을 이어왔다. 자유시장경제 및 민주주의, 인권존중이 설립의 기본이념이다. 최대 강대국 반열인 러시아와 중국에는 문호가 닫혀있다. 시사하는 바가 크다.

가입국이 경제선진국처럼 보이지만, 그렇지는 않다. GNP가 겨우 5천불에 턱걸이한 나라도, 인구가 불과 30만 수준의 국가도 있다. 연방국가인 미국을 제하고는 거의가 내각제인 정치체제다. 문화와 역사, 전통 등 우리와 많은 차이가 있다. 교육제도 또한 무척 다르다.

그 가입국 대부분은 공교육에 취학하는 연령대가 만 5세다. 18세면 대체로 고등학생이 아니다. 프랑스와 영국은 대학입시가 아예 없거나 느슨하다. 주축인 유럽 절대치 나라 대학진학율이 30%대 남짓이다. 핀란드는 5% 수준이다. 직업교육과 기능인 육성이 고교교육의 본질이다. 온종일 공부 굴레에 쌓여있는 입시만능 고교학풍과 대학교육이 보편화된 우리와 간극이 넓다.

투표권을 18세 이하로 낮추자는 핵심 배경이 이들 OECD국가 전부가 그렇다는 데 있다. 만 5세에 취학하고, 학기 개시가 우리와 다른 일본을 제외하면 아시아 국가 대부분이 우리와 유사한 19세다. '패스트트랙'에 감춰진 공직선거법 개정안 골자중의 하나가 선거연령의 18세 하향조정이다. 온전한 학습권보장이 더 요긴해 보인다. 조마조마한 마음으로 지켜본다.

(2019. 6. 28)

위인입법

얼마전 김대중 전대통령의 부인 이희호여사가 타계했다. DJ의 동반자이면서 한국여성운동의 선구자적 족적을 남기며 97세를 일기로 생을 마감했다. 서울의 명문학교를 졸업하고 일찍 미국 유학길에 올라 학구열도 남달랐다. 1세대 페미니스트로 손꼽히는 신여성의 상징으로 부족하지 않다.

DJ 사후에도 재야의 정신적 지주로써의 위상을 지니며 정치적 영향력도 상당했다. 기라성같은 전현직 정치인의 어김없는 문안이 이어졌다. 화합을 강조하여 평화통일을 염원하는 유지를 남김으로써 추모객들의 진중한 심금을 울렸다.

이여사의 안타까운 별세로 크게 드러나지 않은 갈등요소가 해소 될 것 같다. '대통령 등의 경호에 관한 법률'에 따라 이여사 경호업무를 대통령경호실에서 경찰청으로 이관해야 하는 문제를 두고 배태적 진영간의 묵시적 갈등이 있다. 현행법상 퇴임후 10년에서 5년을 더한 기한이 종료된 지난해, 더 연장을 위한 법률개정안이 발의되기도 했다. 계류중에 정부는 임의적 경호대상으로 포함시켜 청와대 경호를 계속했다.

한 야당 의원은 법치를 강조하며 경호처 직무집행 가처분 신청을 냈다. 경호실 인력과의 정분(情分)유지가 이관불가 사유가 못 된다는 것이다. 특정인을 위한 위인입법(爲人立法)을 말하며 경찰청 경호를 받는 YS 부인인 손명순여사와의 형평성을 따지는 사람도 있다. 이여사의 명복을 빈다.

(2019. 7. 11)

기수(期數)

준사법기관이라는 검찰청 문화가 많이 바뀌긴 해도, 대통령제하의 권부인 청와대와 검찰의 소통은 자연스런 것이다. 좋은 표현으로, 인사나 예산 및 정치사안에 대한 사법처리 등에 대한 협력관계를 유지한다. 그 총괄은 민정수석이 맡는다. 굳이 파트너를 꼽자면 법무장관과 검찰총장이다.

지난 2000년대 중반, 갓 40대에 든 비교적 젊은 인사가 그 직위에 임명되었다. 판사나 검사임용 전력이 없던 변호사 출신이었다. 당시 검찰총장과의 사법시험 기수는 12회 차이가 있었다. 그의 동기생은 검사장이나, 차장검사가 아닌 막 일선의 부장검사에 턱걸이 한 시기였다. 긍정적 시선으로 보면 파격이고 혁신이지만, 검찰 내부의 상당한 동요가 있었다. '잘 해보라고'하는 등의 자조적이며 냉소적 인식이 파다했다. 곧 당시 대통령의 통치적 권위와도 연관지웠다.

검찰청법이 개정되어 검사의 상급자에 대한 명령복종 의무가 없어진 대신, "지휘나 감독에 따르도록 한다"로 두루뭉술하게 바뀌었다. 하지만 상하 혹은 선후배 기수에 대한 질서가 엄격한 곳이 검찰이다.

비로소 검사장급 반열에 있을 기수의 인사가 총장에 내정되었다. 그에게 훌륭한 검사라는 세평도, 극명한 그 반대 시선도 있다. 역시 견고한 틀을 깬 사법부 수장의 발탁, 그 대법원장과의 연수원 기수차이가 8년에 8회다. 위증이 불거진 청문회 결과를 두고, 임명에 관한 귀추에 눈길이 간다.

(2019. 7. 25)

다당제(多黨制)

내년 총선을 불과 몇 달을 앞두고 선거구제 등을 다룰 국회 정치개혁특위 가동이 본격화 된다. 직전 여당 원내대표가 위원장으로 내정되고, 각 당의 출전 채비가 진행되고 있다. 오랜 논란을 가져온 연동형비례대표제 도입 여부가 그 핵심 사안의 하나다. 이는 다당제냐, 양당제냐의 선택을 가늠하게 된다.

정부수립이후 한 두 해를 빼고 70년 성상 동안 강력한 대통령제가 시행되어 오늘에 이른다. 북한을 주적으로 하는 대치 상황 중 강력한 통치력이 필요했다는 원인에 따름이다. 이기면 전부를 획득하는 것이 대통령체제의 골자다. 마땅히 무소불위 절대권력에 대적할 힘센 야당이 필요하게 된다. 양당제 전제를 의미한다.

연동형비례대표제는 여러 군소정당 출현을 사실화한다. 사표를 방지하고 협치를 구동시키는 등 많은 장점이 있다. 그러나 강력한 야당 기능을 어렵게 한다. 집권당은 제 1 야당을 제외한 다른 정당과의 연정 혹은 연대를 손쉽게 수단화 한다. 지금의 여야를 상정하는 게 아니다. 항구적 여당은 없다.

선진국 중 우리와 유일하게 비교, 대입할 수 있는 순수 대통령제를 채택하는 나라는 연방국가인 미국이 유일하다. 당연히 양당제가 안착되어 있다. 장마에 샌들착용과 대통령제하의 다당제 중 조화를 묻는다면, 전자를 택하겠다. 땡볕에 비옷착용과 대통령제하의 다당제에 대한 어색함을 묻는다면 후자가 더하다 답할 것 같다.

(2019. 8. 8)

대상(大賞)

특정 분야에서 성적이 우수하거나, 훌륭한 직무를 수행한 사람에게 각양의 상이 주어진다. 그중 대상은 그 으뜸으로 인식된다. 다음 순위로 최우수상, 우수상, 장려상 혹은 가작(佳作) 정도로 매김되는 경우가 일반적이다. 물론 당선, 입선 등 다양한 이름으로 주어지는 사례도 허다하여 상명(賞名)이 정형화된 것도 아니다.

최근에 국회의원, 자치단체장 등 각급 선출직을 대상으로 많은 상이 주어졌다. NGO 혹은 여러 시민단체에서 일정한 기준을 정해 시상하는 일이 많았다. 헌정대상, 의정대상, 지방자치대상 등의 이름이 대부분이다. 대상이 선정되면 다음 순위로 볼 우수상 등과 같은 상도 있을 것 같지만, 없다. 1등으로 여겨질 대상만 있을 뿐이다.

헌정대상, 우리나라 최고 영예로운 국회의원쯤으로 인식될 만한 상명이다. 임의단체가 주는 상이 권위가 없다는 말도 아니다. 수십명이 같은 이름인 '대상'수상자라는 것에 시사점을 느낀다.

사무실 인근, 가수 '싸이'덕으로 세계적 명소가 된 서울 강남에 도산공원이 있다. 선각자로 실천적 항일, 독립운동가인 도산 '안창호기념사업회'도 이 곳에 있다. 얼마전 아주 우연한 계기로 여기서 주관한 전국 글짓기대회에 응모하였다. 상중의 맨 아래 등위인 장려상이 주어졌다. 당연히 1명의 대상과 다음 순위인 우수상 등의 수상자는 몇몇의 다른 사람이었다. 하지만 마음속에 나름의 의미를 지닌다.

(2019. 8. 22)

'특례'

보통이 아닌, 특별한 경우의 사례를 뜻하는 '특례'가 행정구역을 나누는 영역까지 등장했다. 정부입법으로 국회에 제출한 개정안을 포함한 지방자치 관련법이 각각 다른 의원 이름으로 여럿 상정되어 있다. 대부분 경남 창원시를 비롯한 경기 수원, 용인, 고양시 등 인구 100만을 넘긴 도시를 대상으로 '특례시'명명으로 다른 기초자차단체와 차별적 지위를 갖도록 한다는 내용이다.

소속된 광역단체로부터 사무의 독립적 집행이 가능하고, 도시계획의 자율성을 보장받는 등의 권한을 부여했다. 당연히 돈도 더 생기고, 부시장 등 고위직도 늘어난다. 행정수요의 적절한 조정이라는 이유가 있다.

이 와중에 인구 50만 수준의 몇 개 기초자치단체도 이 특례시 범주에 들어가야 한다는 법안도 슬그머니 올려놨다. 해당 지역 출신 국회의원들이 발의한 것이다. 장군에 멍군도 있을 터, 인구 3만 남짓의 군(郡)단위 자치단체도 지역소멸 위기를 명분으로 재정지원 등 별도의 '특례군'지정이 필요하다는 요구도 나왔다. 전국의 24개 군이 대상이다. 이들 요구대로 특례시든, 특례군이면 다른 시군은 가만 있을까.

특례가 많으면 그게 보통이 된다. 차제에 지금의 3단계 행정단위를 2단계로 좁혀도 문제가 없다. 인터넷 일상화에, 종이없이 행정행위가 가능한 데가 지천이다. 복사기는 커녕, 타자기도 없던 시절에 나눈 행정체계가 지금에 이른다. 'AI'시대에 살고 있다.

(2019. 9. 6)

'국민청문회'

말 많던 법무부장관 후보자 인사청문회가 오늘 열린다. 검찰을 포함한 법무개혁의 최적임자라는 인식과, 양두구육(羊頭狗肉)과 같은 이중인격의 표상이라는 평가가 병립한 가운데 개최된다. 이전에 간담회 형식을 빌렸지만 법에 없는 '국민청문회'라는 거룩한 이름까지 등장했었다. 방송 등 언론매체를 통한 실황중계로 국민을 직접 상대한다는 초법(超法) 방식이라는 비평에서 벗어날 수 없는 사단이다.

그런 발상이 어떻게 가능했는지 지금도 의문이다. 언론이 국민과의 소통을 위한 핵심 수단이지만 '국민의 대표'라는 본질은 못된다. 편의적 탈법 선례는 국회나 정부뿐 이니라 사회 곳곳의 절차적 정당성을 무력화시킨다.

미우나 고우나 국회는 국민을 대신한 대의(代議), 대표기관이다. 이로 부터 법률이 정해지고, 인사청문회 구성 및 방식 등이 담보된다. 행정부의 일개 국무위원 후보자 편의를 위해 입법부의 '들러리'처신은 심대한 멍에로 남을 것이다.

실체없는 '국민'을 들먹이며 주관과 자의에 의한 '잘못 된 법'은 안 지켜도 된다는 소아병적 의식이 주위에 의외로 많다. 법률에 따른 국회청문회를 보게 돼 다행이다. 간담회나 '국민청문회'와는 그 청문 심도에 있어 차원이 다르다. 모든 절차가 법률에 근거하기 때문이다. 민주주의의 근본이 법치(法治)에 있다는 진리는, 한국사람의 주식이 쌀에 밥이라는 사실보다도 엄연하고 자명하다.

(19. 9. 26)

투사(投射)

사람 누구나 자신의 심리상태나 사회현상에 대한 욕구불만이 나타날 때, 이를 방어하기 위한 자연발생적 행위를 취한다. 방어기제를 마련하는 것이다. 투사는 그중의 하나로 위급을 느낄 때, 그 원인을 외부환경에 돌림으로써 자신의 심리적 안정을 취하는 정신이동 과정이다. 정신분석학에서는 과대망상과 같은 편집증도 그 범주에 놓는다.

법무부장관과 관련한 논란이 끊이지 않는다. 배우자를 포함한 가족과 자신의 이미 드러난 사실만으로 장관직 수행은 커녕 당장 구속감이라는 시선과, 신상털기식 검찰수사의 무리를 제기하는 사람도 없지 않다.

비난하는 사람들의 저의를 의심하면서, 자신이 속한 진영에 대한 공격으로 치부한다. 투사심리로 읽힌다. 자신만이 인정하는 초능력을 믿고, 근거없는 공세로 여기는 것 같다. 심리학에서는 '과대형 편집증'으로 분류한다.

기만은 '가짜'를 만든다. 물론 가정이다. 위조나 조작 등 의혹 대부분이 사실로 밝혀진다면, 의학전문대학원에 다니는 사람은 '가짜'의사가 될 가능성이 커진다. 가짜의사한테 목숨을 의탁할 환자는 없다. 그 대상이 너도 나도 아닌 우리다. 같은 맥락으로 당사자에 의한 '검찰개혁'도 당장 보이지 않겠지만 기망의 결과로 가짜가 된다. 진실이 아닌 의혹에 불과했다면, 마땅히 그 반대다.

(19. 10. 11)

의전(儀典)

공식행사 등에서 특정인물에 대한 일정한 예우를 보이는 의전은 관습과 문화에 따라 각각 다르겠지만, 국가원수에 대한 그것은 특별히 엄중하다. 대통령의 국외출장이 잦아졌다. 국제회의 참석이나 현안에 따라 순방하는 방문외교는 나라 위상을 높이는 성과를 내기도 한다.

외교 청사진을 들고 출국할 때나, 성과와 함께 귀국할 때마다 거창한 의식이 있다. 출영 및 환영을 통해 목표가 잘 이행되도록 성원하고, 체재하는 동안 무탈로 결실을 얻은 환영의 의미로 한다. 다만, 옛날과 다른 '글로벌'트렌드, 출국의 잦은 빈도를 감안하여 범위가 대폭 축소될 필요는 있다. 근래의 대통령은 한달 한번꼴의 출국이 있었다.

때 마다 요인들의 행사 참석이 필수화 되었다. 상시로 보는 청와대의 비서실장, 안보실장, 정책실장에다 정무수석 등 차관급 인사도 오간다. 언제부턴가 집권당의 대표와 원내대표도 참석자 이름표 대열에 끼였다. 한 점의 거품이라도 걷고, 한 조각의 생산이라도 절박한 무한경쟁의 시대다. 과거 한해 한 두번 정도의 해외순방에나 있을 요란한 의전에 효율적 잣대가 필요하다.

같은 맥락으로 자치단체서 거행하는 대외행사에서의 의전도 간소화 될 필요가 있다. 기관장끼리, 축사니 격려사니하여 그들만의 '덕담 품앗이'도 그런 범주다. 미필적 고의, 듣고 싶지 않아도 들어야만 되는 주민의 입장이 그럴 것 같다.

(19. 10. 24)

공직선거법 제 90조

민주주의의 꽃, 대의정치의 상징인 선거에서의 공정은 아무리 강조하여도 무리가 따르지 않는다. 부정을 방지하기 위한 핵심적 수단은 법률에 근거한다. 우리나라의 공직선거법은 세계에서도 모범이 될 만한 수준으로, 이웃 일본이 벤치마킹을 시도할 만큼 선진화되어 있다.

옥의 티라 할까. 유권해석의 애매함을 자아낼 만한 구석이 하나 있다.

선거법 제 90조는 시설물설치 등의 금지 조항을 두고 있는데, 선거일 180일전 부터는 입후보예정자는 현수막이나 피켓 등 광고물을 설치하지 못하도록 하는 것이 골자다. 내년 총선을 기준으로 하면 180일전의 시점은 지난주인 10월 17일이다. 따라서 10월 18일 부터는 후보자는 어떤 홍보물 등 시설물을 설치하지 못한다.

환언하면, 180이전의 이후인 10월 17일까지는 허용범위가 제한되어 있지만 다양한 방식의 홍보시설물을 활용할 수 있었다는 말이 된다. 그래서 정당활동과 별도로 입후보를 염두에 둔 후보자는 다양한 방식의 홍보활동을 진행했다.

몸에 착용하는 '피켓'도 그 일환이다. 그래서 10월 18일 이전에, 길거리에서 특정 정치적 문구를 쓴 피켓을 몸에 착용한 후보자를 쉽게 볼 수 있었다. 그런데 같은 법 제 254조는 사전선거운동을 골자로 한 선거운동기간 위반죄를 명시하고 있다. 걸면 걸리는 함정처럼 보기 십상이다.

(2019. 11. 2)

인불백일호(人不百日好)

세상을 사는 사람에게는 어떤 분야에서든 생애의 절정기를 거친다. 이 시기에 육체적으로나, 심리적으로 지치지 않는 에너지에 열정으로 뒷받침되는 정신력의 전성기를 가진다. 누구에게나 그렇다. 겁나는게 드물고, 어느 상황에서나 자신감이 넘친다. 거기에 권력을 쥐면 정도가 더해진다.

청와대서 비서관으로 일한 전직 국회의원이 광역단체장 선거에 출마한 특정후보 낙선을 위해 첩보를 하달했다는 의혹이 제기되어 정치권의 진흙탕 싸움으로 번졌다. 이 와중에 핵심 관련 공무원으로 지목된 인사가 자살하는 극단적 상황으로까지 치달았다.

'핀셋'으로 찍어 낸 것 같은, 무량한 권력으로 선거판을 뒤엎었다는 가담(街談)도 허무맹랑하게만 들리지 않는다. 정치적 '끗발'이 영원하다고 믿었을 테고, 그 힘이 자신의 평균적 역량이라고 여겼지만 천만의 말씀이다. 간이라도 내 줄 것 같은, 그 일에 동조한 사람이 끝까지 '자기 사람'일 것 같았겠지만 이만저만한 착각이 아니다.

인불백일호, 사람이 쥔 권력이 백일을 넘지 못한다. 화무십일홍(花無十日紅)에 세불십년장(勢不十年長)도 그런 맥락이다. 세상이 바뀌면 사람도 변한다. 만고불변, 세상사는 사람의 섭리가 그렇다.

(2019. 11. 9)

참모(參謀)

기관의 장이나 군의 지휘관에게는, 그들에게 부여된 권한을 적절하고 합리적으로 발휘 할 수 있도록 보좌진들이 포진된다. 학문적, 실천적, 정치적이든 조직내의 가장 역량있는 인재들로 짜여진다. 권부중의 최고급 반열에 있는 대통령비서실의 경우는 더욱 그렇다. 대통령의 국정운영과 관련한 상황판단, 기획 등 모든 범위를 망라한다. 눈빛만으로 생각을 간파하고, 각양의 형편에 따라 대안을 도출해 낸다. 당연히 지휘관과 천륜에 근접할 정서적 함의를 지닌다.

며칠전, 국회 국정감사장에서 대통령의 한 참모가 믿기 힘든 언행을 드러냈다. 제 1야당 원내대표를 향해 전투적 태도로 반말투의 언변을 쏟아 냈다. 이른바 '우기다'사태다. 국정감사는 중단됐고, 이후 예결위 등 예정된 국회일정이 파행되었다.

비서질장의 한 단계 아래 직급인 그 참모는 3선 의원을 지냈다. 필요이상으로 엄숙한 국감장의 권위가 안중에 없었을 것이다. 그가 지존으로 여기는 대통령의 충직한 직무수행으로 여겼을지 모른다. 오욕이 점철된 국회 폭행사건에 여러번 연루되어 유죄를 받은 전력도 있다.

야당의원에 상당히 고압적인 비서실의 수장, 자신의 휘하가 아닌 외교부 관료를 꿇어 앉힌 안보실 차장, 이중인격의 화신같았던 전직 법무부장관, 최근 추락한 대통령의 인기가 그 사람들의 박덕(薄德)에서 기인됐다는 분석이 틀린 말이 아닌 것 같다. 참모가 주군의 인기 가늠자가 되는 세상이다.

(2019. 11. 16)

예결위

내년 한해동안 512조여원의 돈이 필요하다는 정부의 예산안이 파행을 거쳐 국회 본회의를 통과하였다. 실정법인 국회법에 따라, 예산결산특별위원회를 거치도록 했지만 '상전'인 각 교섭단체간 비공개 합의에 따라 처리해 버린 것이다. 법 위에서 정치행위가 노골화된 사건이다.

정원을 50인을 넘지 않도록 하는 예결특위는 이름 그대로 상설인 상임위원회와 달리, 특별위원회라는 이름으로 운영되고 있다. 이번에도 그 기능이 상실되었다. 그래도 실세들이 자기 지역에 챙길 것은 다 챙겼다는 당연한 듯한 뉴스가 멈추지 않았다.

엄청난 예산을 연중 상시로 심의하고 감시할 여건이 못된다. 정부가 들기지 않을 정노로 떼어 놓은 여당몫, 애결위원 몫, 때에 따라 야당 실세 몫 등을 적발해 낼 수단과 기능이 무색하다. 당해 특위인 예결위 역할이 온전하지 못하다는 말이다. 규모를 달리하지만 지방행정, 예산편성 및 심의도 유사한 관행으로 처리된다.

문제는 또 있다. 여당이 마음만 먹으면 제 1 야당을 배제시키고, 군소정당의 협조를 얻어 예결위 위의 '정치'를 만들 수 있다. '초법'으로 국가운영 시스템을 허무는 결과가 된다. 그래서 자연스런 군소정당 출현을 사실화시키는 '연동형비례대표제'도입에 의심적 눈길이 모아져야 한다.

(2021. 1. 19)

"트롯"

전통가요로 인식되는 '트롯'열풍이 거세다. 기성 인기가수를 심사석에 앉히고 경연을 벌이는 방송 프로그램이 이곳저곳이다. 경연가수들의 역량도 대단하다. 케이블(PP)이 먼저 개시했고, 지상파도 자존심을 뭉개면서 슬그머니 대열에 숟가락을 얹었다. 원조로 자부하는 한 케이블방송의 특정 시간대에 30% 남짓의 시청률을 보이기도 했다. 가히 돌풍이다.

중학교때부터 '트롯'를 좋아했다. 특히 지난해 추석에 선풍을 일으킨, '가황'으로 불리며 카리스마 넘치는 그 가수 노래는 거의 알고 부를 정도였다. 친구들로 부터 비아냥도 들었다. '또 그 가수냐?, '영어권에 오래 유학했는데 '팝'하나도 모르냐?''트롯말고는 아는게 없냐?'와 같은. 노래 부를 때 마다, 늘 그 장르였다. 그런 핀잔을 여태껏 듣는다.

그런데 지금은 그 가수를 좋아하지 않는다. 학창시절에 듣던 서정감 넘치는 가사에 그의 원음 목소리에 여전히 심금이 요동치지만, 지금 그의 노래 듣기가 싫어졌다. 여기에 많은 사람이 시청한다는 열풍의 지금 '트롯'프로를 한번도 시종으로 시청한 적이 없다.

지나친 '꾸밈'에 식상했다는 이유가 본연의 '카타르시즘'인지 모를 일이다. 방송사의 현란한 연출, 고급 영상미가 왜 흠이겠는가. 신인가수들의 빼어난 가창력에도 불구하고 시청률에 목맨 방송의 상업적 향배에 낚이고 싶지 않음은, 시류와 유행에 끼지 못한 열등감의 발로라 해도 할 말은 없다. 그렇다 한들, 방송에 취한 일부 출연자나 티나는 눈속임 허식에 가슴속 오랜 '트롯'동질감 이반을 숨기기가 쉽지 않다.

(2021. 2. 25)

보루(堡壘)

한문의 '흙 토'변이 받침을 두고 있어 한눈에도 대지위의 굳건한 장치임을 쉽게 짐작할 글자, '보루'는 성채(城砦)같은 땅 위의 튼튼한 구조물을 뜻한다. 3권 분립의 한 축인 사법부를 흔히 민주주의 최후 보루요 법치의 그것으로 일컫는다. 대법원과 대법원이 관할하는 각급 법원 등 모든 기관을 통틀어 붙이는 말이며, 그 수장이 대법원장이다. 국가원수인 대통령의 5년, 국가의전 2순위인 국회의장의 2년보다 더 긴 6년이 임기다.

현직 지방 법원장에서 일거의 '핀셋'발탁으로 4년째 임기를 유지하고 있는 지금의 대법원장 '거짓말 논란'이 끊이질 않는다. 차관급인 고등법원 부장판사의 단핵과정에서, 이를 해명하는 입장문에서 노골적이고 극명한 거짓과 위선이 확인되고 감지됐다. 대한민국 최고 집단지성의 한 기둥인 사법부 우두머리 언행으로 믿기 어려운, 일종의 기행으로 읽혀졌다.

주목받는 일반 형사 또는 민사재판에서 예기치 않은, 보편적 상식을 무너뜨리는 판결을 가끔 본다. 하지만, 많게는 수십만장에 이르는 기록물을 기초로 어련한 판단을 했겠는가 하는 신뢰로 법원과 판관의 고뇌를 받들었다.

그 장대한 보루에 투박한 파손이 가해졌다. 대법원장 양심이 법원 전체의 규범으로 갈음되기 어렵지만, 적어도 그 상징이 될 만 하다. 일련의 정치재판을 포함한 판결 모두에 심대한 불신이 드리워진다. '법원 판결? 웃기고 있네'같은 사법부 양심에 대한 저항이 사그러들지 않을 것이다. 결자해지해야 하는 대법원장의 처신, 천지지지(天知地知)다.

(2021. 3. 18)

'학폭'

PVC파이프로 허벅지 뒤쪽을 힘대로 수차례 가격당하면 멍에 피가 흐른다. '간장물'로 불렸다. 화장실 '볼일'도 보기 힘든다. 앉을 수 없으니 말이다. 각목 등 나무방망이로 엉덩이를 맞는, '빳다'질이면 다행이다. 비교적 고통이 덜하기 때문이다. 한 학기에 한두번은 그랬다. 고등학교 초기 1년 반 동안 학교 운동부에서 스스로 겪은 체험이며 본 기억이다.

얼마전 국가대표 축구선수의 초등학교 동성 성폭행 논란이 불거지더니 그 여진이 이어진다, 더하여 농구스타 출신의 연예인의 중등학교시절 학교폭력이 또 제기 되었다. 리얼한 피해사례가 여과없이 노출되더니, 가해자는 "결코 그런일이 없다"며 잡아뗀다. 솔직하게 다가오지는 않는다. 피해자는 악마의 화신처럼 인식되던 가해자가 방송에 나와 흥미를 선사하는 가식적 모습에 '꼴'사나왔을 것이다.

어떤 행태든 유무형의 폭력이 무슨 명분으로 정당화되거나 두둔될 수 없다. 다만 오랜 세월전의 문화와 지금의 인권수준을 단순 대비해서는 곤란한 일이 생긴다. 주변에 시대적 상황이 인간의 본성을 이기는 경우가 가끔 있다.

방송은 거의 전부라 할 만큼 각본에 따라 연기자가 아닌 제작자의 의도로 꾸며지고 연출되는 것이다. 우연을 가장한 상황설정으로 만들어 진다. 그들은 '속임'의 미학으로까지 표현한다. 피해자는 잘 나가는 연기자로 변신한 선배에 '샘통'을 가질 만 한다. 심리학에서는 시기심, '샤덴프로이데'(Schadenfreude)로 설명한다. 지금, 그때 매질을 가했던 선배들이 밉지 않다. 보고싶기 까지하다.

(2021. 3. 23)

중립

최근의 일은 아니다. 서울서 지방가는 길에 당시 정권의 실세로 불렸던 여당 원내대표와 같은 비행기를 탄적이 있다. 도착 공항에는 의외의 인사가 나와 있었다. 그 지방 고등검찰청 검사장이었다. 서로의 인사말을 들은바, 사전에 약속한 만남은 아니었다. 시간이 좀 지나고 그 에피소드를 지인에게 얘기하니, “믿을 수 없다”며 펄쩍 뛰었다. 정치인 출장길에 현직 고검장이 공항에 영접나가는 일은 있을 수 없는 일로 항변한 것이다. 그는 부장검사 출신으로 예전 정권에서 차관급으로 일한 바 있다.

국가공무원법에는 공무원의 정치적중립 의무를 엄정히 명문해 놓고 있다. 역시 국가공무원인 검사의 직무를 규정하는 검찰청법 제 4조 2항에, 또 그렇게 해 두었다.

세상의 많은 위선(僞善)을 보고 산다. 그중 곳곳에서 정치적 중립을 가장(假裝)하는 갖은 행태가 특별히 그렇게 느껴진다. 누구나 정치적 소신이나 철학이 있을 것이다. 공직자든, 언론인이든, 교수 등 교육자도 마찬가지다. 아닌척, 중립인척 위장하는 경우가 참 허다하다.

며칠전, 전직 총리의 ‘뇌물’사건 수사검사의 위증교사 의혹에 대한 기소 여부를 가른 대검찰청 ‘수뇌회의’가 있었다. 그 결정은 논외로 치자. 검찰사(史) 단 한차례만 있던 법무부장관의 검찰 지휘권이 근자에 5회나 있었다. 그 회의가 그 연장선이다. 그 안건 또한 대법원판결이 종료된 사건이다. 하지 않는 것이 더 바람직할 법무부장관의 그 지휘권 행사는 검찰의 정치적중립을 더 힘들고 요원하게 만든다.

(2021. 4. 23)

'자리'

얼마전 제 1야당의 한 당직자가 탈당하였다. 그가 지난 재보궐 선거 개표방송 시청을 위한 당내 회의실에 자신의 좌석이 마련되어 있지 않았다는 이유로 사무처 직원에게 욕설을 퍼 부은 파장이다. 번듯한 자리에 앉아 있어야 유력한 사람으로 보일텐 데, 그 기회를 잃은 따름일 테다. 사태의 심각성이 점증되어 출당을 예고하자 미리 거취를 정했다.

그런 현장에 당 대표급 인사에게는 지정석 마련이 자연스럽다. 그 외 당직자는 눈치로 좌석의 자리매김을 스스로 해야 한다. 앉아 있다가도 좀 늦게 나타난 중진이나 선배에게 자진하여 자리를 양보하거나, 마지 못해 비켜줘야 하는 경우도 있다. 반대로 모른척하며 서로의 체면을 뭉갤 때도 허다하다.

대표를 총재로, 원내대표를 원내총무로 부르던 시절이니 오랜 전의 일이다. 장관을 지낸 한 여성당직자가 총재옆에 자리하여 이동하던 중, 그 자리를 탐낸 다른 당직자로부터 갈비뼈를 가격 당해 병원에 간 사건이 있었다. 기풍이 튼튼한 조직에서는 있기 힘든 일이다.

이런 일이 정치판에서 유독 흔하다. 이념결사체로 동지애가 영원할 것 같지만 천만의 말씀이다. 필요에 따라 간도 내 줄 것 처럼, 정 반대인 개가 닭 보듯, 정치적 이해에 따라 이합집산이 일상인 곳이 거기다. 서로간 오랜 인연이 아니기에 안면몰수에 대한 부담이 적다. 개명과 창당의 반복에 따른 허약한 정당의 뿌리도 한 원인일 테다. 내년의 대선, 어느 정당도 온전한 선거매뉴얼이 없는게 현실이다. 돈이 더 들기 마련이다. 고비용에 저효율, 정치질시의 한 단면이다.

(2021. 4. 29)

홍익인간(弘益人間)

초등학생때부터 귀에 못이 박히도록 들어온 '홍익인간'이 수난을 겪었다. 널리 인간을 복되게 한다는 단군의 고조선 건국이념이기에 교육 등 사회 전 영역에 절대 가치로 익힌 것 같다. 얼마전 교육기본법에 명시된 이 홍익인간의 의미가 추상적이고 관념적이라는 이유로 삭제한다는 내용의 법률 개정안이 제기됐다가 일각의 반대로 발의가 철회되었다.

현대국가로의 건국 이래 교육의 기본가치를 담은 이념을 뜻 풀이가 애매하다는 이유로 바꾼다는 것은 온당치 않다는 한국교직원총연합회, 교총 등의 반발에 따름이다. 헌법 및 교육학자를 포함한 학계를 중심으로 범 국민적 공론화를 기쳐야 할 필요가 있다는 명분이 달렸다.

교육기본법은 교육분야 다른 법의 기본이 되는 모법과 같다. 헌법이 민법, 형법 등 각 개별 법률의 모태가 되 듯, 교육관련 법률의 어머니라 할 수 있다. 실제로 교육부가 소관하는 73개 교육관련 법률은 이 기본법을 근간으로 철학과 제도를 규정하고 한다.

발의 취지도, 이를 반대하는 명분도 각각이 설득력이 커 보인다. 하지만 법률 개정의 무게가 너무 가볍다는 생각을 지우기 힘든다. 고쳐야 겠다는 의지도, 기계적으로 즉발하는 양 진영의 입장과 대처가 미덥지 못하다는 말이다. 그 배경에는 교육계의 양대 이념 즉, 한국교총과 전교조 대립의 골과 무관하지 않다. 마치 노동계의 한국노총과 민노총, 예술계의 한국예총과 민예총이 맞서 사사건건 마찰이 있는 것처럼 사회 곳곳에 양극화가 극성이다. 참 얄궂은 일같다.

(2021. 5. 25)

도벽(盜癖)

영어 관용어에 재미난 게 간혹 있다. 부모와 동행하는 아이, 연인이 상대와 손을 잡고 싶을 때 'give me five'라고들 한다. 손가락이 다섯개니 말이다. 남의 물건을 훔치는 좀도둑, 손도둑을 'sticky fingers'로 표현하기도 한다. 손가락에 착 달라붙는, 그런 의미일 터이다.

얼마전 장관 인사청문회를 앞두고, 배우자가 절도죄로 벌금형을 받은 사실을 두고 말들이 많았다. 부인이 유죄의 형벌을 받았다하여, 장관이 될 수 없다는 등식은 꼭 적절하지는 않다. 헌법에 인간의 개별적 존엄과 인격권을 조문하고 있고, 민법도 '부부별산제'를 명문함으로써 각 개인의 차별과 독립성을 강조한 사실이 이를 뒷받침 한다.

그런데도 '갱년기 탓'으로 대응한 장관후보자의 소명에 고개가 갸우뚱해진다. 이른바 '갱년기 질환', 있을 만 한 일은 맞다. 훔친 후의 만족감과 안도감을 얻는. 충동조절의 미약에서 오는 정신질환의 분류다. 하지만 정신분석학에서 엄정한 그것으로 입증되는 비율은 소수점이 몇개 붙는 영점대로 보는 것이 보편적이다.

그 질환이 명백했다면, 형사고발 이전에 훔친 대형마트의 고객에 대한 호의적 조치로 의법(依法) 단계로 가지 않았을 것 같다. 절도라는 범죄를 '갱년기 원인'으로 '퉁'치는 시선에 정신분석의 학리(學理)가 훼손될 수 있다는 우려가 든다. 갱년기 여성의 절도는 무량으로 용인될 일지도. 시중의 논란과 달리 실제 청문회에서는 여야모두 어떤 언급이 없었다. 청문위원, 즉 국회의원의 넓은 아량이 한편의 경외심으로 다가서기도 한다. 비꼬는 말이 결코 아니다.

(2021. 5. 27)

숟가락

밥을 뜨 먹는 숟가락의 기원은 중국이라는 것이 정설이다. 지금은 그 쓰임새가 마주 적단다. 일본은 거의 사용치 않은 식기다. 국을 먹을 때도 젓가락으로 쓸어 마시니 별 쓸모가 없단다. 포크를 사용하는 서양의 숟가락은 사전에도 등장하지 않는다. 뜨지 않고 찔러 사용하니, 공격적이거나 호전적 문화가 발달했다는 얘기가 가담만은 아니다.

숟가락과 연관된 말이 많다. 출생과 입신여부를 가늠하는 행·불행을 암시하는 금수저나 흙수저같은 상징어로 등장하고, 특히 밥상에서의 그것과 관련한 의식 또한 유별나다.

지난주 대통령의 미국방문과 관련한 '숟가락 논쟁'이 뜨거웠다. 삼성을 비롯한 국내 대기업의 미국내 투자규모, 물경 44조원과 견주어 55만회 분의 군인용 백신을 받아왔다는 비아냥이 그런 범주다. 이 투자와 대통령 혹은 정부역할이나 기여가 어떤 인과인지 은근히 궁금해진다. 물론, 권력의 배려와 권장이 그런 결과를 낳았을 것이라는 추측은 있다.

그런데 신중해야할 성과에 대한 '숟가락 얹기'다. 살아있는 권력의 임기중에는 투자권유나 장려라는 점잖은 명분이 분칠된다. 하지만 그게 끝나면, 안면몰수로 항거불능의 강압이라는 용어가 튀어 나올 수 있다. 기업과 권력이 좋을 때는 한 배를 탄 영원한 동지 같지만, 반대의 경우는 상대를 죽여야 살아 남는다. 그 주체는 정말로 입증되기 힘든 직권남용의 굴레가 씌워진다. 하지만 새 권력은 입증시키는 마력도 가진다. 가까운 과거에 죽 봐 온 섭리같은 또렷한 반면교사가 많다.

(2021. 6. 23)

시험

지금의 중국과 국교가 없던, 1990년 즈음의 일이다. 맹(孟)씨 성으로 Mr. Meng으로 불린 여섯살 연상의 중국 경제관료와 워싱톤 DC의 한 대학에서 CM으로 지냈다. 해박한 식견은 물론, 자기관리가 철저했다. 자동차가 없던 그가 운전면허증 필기시험에 몰두하였다. 공산국가서 성장한 자신을 미국사회에 적응하는 한 수단으로 미국 면허증 취득을 택한 것이다.

경천동지라 할, 30대 제 1야당 대표로 선출된 지도자의 공약이 선출직 공무원 선발, 즉 공천에 시험시스템 도입이다. 의회 입문에 일종의 자격을 부여한다는 의미다. 줄 타는 권모(權謀), 잔꾀나 술수(術手)로 무임승차하는 일각의 정치인 양성체제에 경종을 던지는 의지로 보인다.

신선하다. 시험은 그 존재만으로 사람을 긴장시킨다. 누구에게나 그렇다. 응시자체로 자기 능력을 배가시킨다. 기본지식을 갖춘 사람의 의회진출을 희구하는 유권자의 바램을 담아낼 도구가 될 만 하다. 하지만 능사는 아닐 것이다. 정치는 물리적 현상만을 담는 그릇이 아니다. 글과 지식, 컴퓨터와 SNS가 담지 못할 사람사는 맛과 냄새를 엮는 무한영역이다.

자기혁신에 매진한, Mr. Meng(孟令杰), 보고싶다. 유학 직전의 중국 국가계획위원회 처장이었다. 참 많은 얘기를 나눴었다. 그동안 중국 외교부를 통해 근황을 수소문했지만, 답은 생사여부도 모른다. 그는 '6·4 천안문 사태'무력진압 방식을 두고 철옹성같던 등샤오핑에 대립한, 개혁개방의 상징이었던 중국공산당 제 1 서열의 총서기였던 자오쯔양(趙紫陽) '사람'이었다.

(2021. 6. 24)

시험(2)

국회에 발을 디딘 것이 1995년이다. 미국서 교육학 공부를 마치고 귀국한 1994년, 이후 시간강사로 뛰어 다닌 시절이었다. 부족한 개인자질이 탓이겠지만 각 대학의 사범대학이 사라진 즈음이기도 해, '대학선생'되기가 힘든 때였다. 그때 중앙일간지 몇 곳서 '국회 교섭단체 전문위원'공채 공고가 실렸다. 선발방식은 논술시험과 면접이었다.

자가당착 이었을까. 최종학위를 마치고 또 필기시험을 통해 평가를 받아야 한다는 수치심도 일었다. "응시자 거의가 박사학위 소지자들인데. 채점은 누가하지"와 같은 의문도 있었다. 하지만 가장으로 '풀 타임 잡'을 가져야 한다는 절박감에 우선될 일이 아니었다. 응모했다. 잠시지만 시험준비에 정성을 기울였다. 봤던 책을 다시 보기도 했고, 시사 에세이도 정리해 보았다. 무엇보다도 좋은 성적을 얻기 위해 마음을 정숙하게 가다듬었다.

시험은 긍정적 동기를 유발시킨다. 경쟁을 통한 자신의 역량을 간접적으로 평가할 수 있다. 내공을 갖게 한다. 시험의 순기능이다. 하지만 그것만 있는게 아니다.

선택적 학습에 따른 정서적 불안감을 야기한다. 평가에 대한 측정오차가 필연이다. 사람은 일괄될 수 없는 다양한 능력을 가진다. 객관식에 강한 사람, 글 쓰는 주관식에 자신이 있는 사람, 각각의 반대인 경우도 있다. 변별력과 사고력 측정수단도 다르다. 선거에 시험을 획일적으로 적용시키면 부작용이 다분해진다. 참정권에 대한 철학적 해석도 양분될 수 있다. 더 다듬어져야 할 아젠다이다.

(2021. 7. 28)

'타투'

주위에 용과 호랑이같은 문양을 몸에 새긴, 문신((文身)한 사람을 보면 어쩐지 긴장되는 경우가 있다. 옛날, 다른 사람에게 혐오감을 준다는 이유로 징집, 즉 병역을 면제받는 수단으로 악용되기도 했다. 그런 문신이 똑같은 뜻을 지닌 '타투(tattoo)'라는 영어로 변형되어 세간의 관심을 불러온다. 얼마전 여성 국회의원이 자신의 등을 드러내면서 타투스티커를 거기에 부착시킨 퍼포먼스로 말미암은 일로 보인다.

의료법이라는 현행법은 의사가 시술한 문신이 아니고서는 어떤 형태의 그것도 불법으로 규정하고 있다. '타투이스트'로 불리는 30만명 정도의 타투종사자 활동은 불법, 적어도 편법이 되는 것이다. 법률 손질의 당위가 명백해 진다.

타투가 메이크업이나 헤어패션 정도로, 표현의 자유와 같은 기본권 범주이거나 예술영역의 일환으로 인식되어도 탈이 없을 것 같다. 'K 타투'라는 명성까지 구축되여 산업화 수준이 세계 으뜸 차원이 되었다. 그럼에도 불법행위이거나 음성이라는 환경이 아이러니하다.

얄궂은 일로, 왜 천부의 신체에 무슨 '칼질'이냐 라는 힐란이 있을만 하다. 세상은 변한다. 구한말, 개화기에 단발령으로 스스로 목숨을 끊은 선조도 있었다. 하지만 지금 상투나 머리를 땋는 사람은 없다. 다만 법률 개정에 있어, 몸에 칼이 수단으로 작용하기에 마땅히 의료계의 특수적 주문이 철저히 반영되어야 한다. 위생이나 보건의 절박성 때문이다.

(2021. 7. 29)

욕(辱)

사람누구나 화를 지닌다. 상대방 혹은 사회환경적 요인에 따라 자신과 다른 정서적 감정을 갖거나 심정이 부딪칠 때 노여움을 갖게 된다. 이런 화를 해소하거나 표출하는 방식도 제각각이다. 강박으로 공격적 행동을 보이기도 하고, 욕설과 같은 언어적 표현방식으로 드러 내기도 한다. 이러한 욕은 상대에게 모멸감을 던지며 인격의 가치를 떨어뜨린다. 상대가 아닌, 제 3자가 듣기에는 사람과 현상을 저주하는 자각을 갖게 한다.

충동적 공격성을 가진 욕은 스스로 절제하거나 자제하지 않으면 상대에게 엄청난 피해를 주게 된다. 형법에서는 모욕죄를 별도로 조문하여 엄중히 단죄한다. 분노에 따른 욕을 참지 못하면 대인관계의 원활이 불가능하다. 심리학에서는 이를 분노조절장애, 좀 더 깊은 학리(學理)적 분류로는 '간헐적 폭발장애'로 명명되어 있다. 이 현상이 지속되면 명백한 질병의 일종으로 개념 짓는다. 정신분석학의 따름이다.

한 대선주자의 십 수년도 넘은 이른바 '형수 쌍욕'이 또 도마에 올랐다. 당사자는 스스로 '불행한 가정사'로 매김한다. 자의는 아니겠지만 부덕으로 강변한다. 그 후보의 형수가 녹음으로 욕을 유도한 시선도 없지 않다.

그런데 대상이 친형의 배우자, 즉 형수다. 혈족이 아님으로써 천부적 혜량이 불가능한, 엄중한 근본과 도의가 요구되는 상대다. 아울러, 지방차치단체장이라는 공무수행자 입에서 나왔다. '잔혹하고 무자비하다'는 인식을 떨칠 방도를 찾아보지만 쉽지 않다. 또박하며 반복적 욕설 구사는 간헐적 폭발장애의 영역으로 보는 것이 대체적 정설이다.

(2021, 8. 4)

올림픽

세기적 역병, 코로나 팬더믹 와중에 올림픽 열기가 점점 뜨거워 지고 있다. 얼마전에는 여자배구가 개최국이면서 세계 랭킹도 한참 위인 숙적 일본을 파이널 세트까지 가는 접전을 벌인뒤 역전승을 거뒀다. 취약분야인 체조에서 금메달도 나왔다. 승리감의 진수는 오래 담겨 있을 것 같다. 사회적 거리두기로 몸도 마음에 고단함이 가중되고 있는 시점에 일시나마 통쾌한 청량제로 작용되기에 충분하다.

근세기 인류 생활에 올림픽 만큼 직접적 영향을 미치는 이벤트가 많지 않다. 개최국의 위상, 메달리스트의 인간드라마, 각국 혹은 스포츠 스타의 승패와 관련한 의미 등 모두가 보고 즐기는 지구인의 관심 포인터다.

한국이 지금의 굴지적 경제선진국으로 도약하게 된 결정적 계기중의 하나로 88 서울올림픽 개최를 꼽는 시선에 큰 이의가 없을 것 같다. 분단국이면서 당시 일본에 이은 아시아 국가로는 두 번째 개최국이며, 냉전에 말미암은 이전 미국 불참의 80년 모스크바와 소련 불참의 84년 로스엔젤리스가 보인 '반쪽'의 것을 한쪽으로 승화시킨 화합 올림픽으로 기록되었다.

이전과 달리 올림픽 순위와 성적에는 다소 둔감해진 느낌이 있다. 경쟁에 따른 집착과 부담을 덜 가지는 까닭일 것이다. 모든 것의 여유가 배경이다. 성적만능의 '엘리트체육'에서 모든 국민이 즐기고 다지는 '생활체육'으로의 정책 전환의 더 절박한 계기가 되었으면 좋겠다.

(2021. 8. 25)

홍범도

얼마전 대한독립군 총사령관이었던 홍범도장군의 유해가 정부의 '최고예우'를 받으며 송환되어 성대한 봉환식을 가졌다. 그의 키가 2미터로 소개되었다. 국가 기간방송 KBS가 그랬다. 각각의 다른 매체는 6척 장신, 180cm 또는 190cm로 보도하기도 했다. 100년 전 인물 묘사가 분명하기 힘들지만, 역사적 고증이 부실하거나 정확하지 않다는 꺼림직한 여운은 떨치기 힘들다.

머슴으로 일하며 주인을 불순한 이유로 살해하고 포수생활로 생계를 잇다가 그 수렵을 단속하던 일제(日帝)에 대한 보복 동기로 독립군을 결성했다는 비아냥도 있지만 독립운동의 공적은 확실하다.

지금의 60만 대군을 이끄는 별 네 개, 4성 장군 혹은 이에 준하는 보직인 '사령관'을 연상하지만 만주와 연해주에 산재한 여러 무장 독립단체중 수백명 규모의 이름 빛나는 '대한독립군'의 한두해 수장 역정은 정확하다. 과거 소련의 자유시(市)에서 발생한 천여명의 우리 독립군 학살사건에 주동하여 귀화한 소련사람이라는 주장도 있지만 항일투사 이력은 명확하다.

유해를 실은 수송기를 호위하는데 한 대 당 1,500억원 정도에 한번 이륙으로 500만원 남짓의 기름을 먹는 FA-50 기종 등 전투기 6대가 초계비행 했다. 예닐곱 시간의 비행으로 어둠이 내린 시간에 도착점을 잡고 '플레어'로 섬광을 발사하며 착륙했다. 휴일의 황금시간대에 공영방송은 정규 뉴스시간까지 밀어가며 생중계했다. 경건과 엄숙을 가장한 찬란과 화려가 돋보였다. 작위가 넘치면 쇼로 보인다.

(2021. 9. 28)

방탄소년단

영어의 몸 5년째, 탄핵 당한 대통령의 소속정당 대선 중앙선대위서 수개월간 상근하면서 겪은 일이다. 투표 하루 전인 2012년 12월 17일 밤에 있을 서울 광화문 마지막 유세를 기획하면서 가수 이미자님께 유세장에서의 애국가 독창을 청했다. 대중가수의 정치참여를 우려하면서 당초 거절하였다. 떼쓰듯 몇 번을 읍소했다. 후보의 모친인 고 육영수여사와의 연분을 상기하면서 기꺼이 응락하였다.

방탄소년단(BTS), 지금 지구상 최고급 대중인기 그룹이다. 한국의 소중한 자산이다. 그 BTS가 대통령을 수행하면서 유엔총회에 연설하는 등 세계 정치무대에서 화려한 주목을 받았다. 시련을 이겨낸 세계 청년에 대한 위로 메시지를 전한 위업으로 인정빋을 만 하다. 국가의 위상을 높인 헌신이다.

하지만 배치된 시선 또한 왜 없겠는가. 수년간 짜여진 대중 연예인의 공연스케줄 절취가 블가피한 정치이벤트에 꼭 참여시켜야 했을까. 영부인의 미술관 참관에 까지 동행케 한 일정이 온당만 할까. 권력의 끗발로 불러서 갔겠지만 국가와 정부나 정권개념이 혼재됐을 것이다. 애국과 아세(阿世)의 간극 말이다.

물음이 생긴다. 정권을 쥔 대통령의 인기 구가가 왜 필요할까? 못할게 없지만 자제하는게 스스로에게 유리하며 합당하다. 정권을 얻기 위한 과정에서의 이전투구와 사생결단, 그 이치와 비할게 못된다. 영하 7도 쯤 혹한의 그날 밤, 대기실은 커녕 개인기업 1층 화장실서 무대복으로 환복한 이미자님에 대한 무례가 지금도 가슴을 푹푹 쑤신다.

(2021. 10. 7)

서울시장애인후원회

아버지가방에들어가신다. 아버지가 방에 들어가신다. 아버지 가방에 들어가신다. 옛날 국어시간에 띄워 쓰기의 중요성을 배우면서 늘상 예시로 맞은 문구다. 엄연히 다르다. 서울시장애인후원회. 서울시 장애인 후원회. 서울시장 애인 후원회. 장애인후원회와 애인후원회라니 똑같은 글로 채워졌지만 괴이(怪異)한 차이다.

"그 사람은 얼마나 성실한 분인지 모른다. 뿐만 아니라 매사에 꼼꼼하여 실수하는 일이 드물다. 부모에 효도하고 대하는 모든 사람에게 상냥하며 친절하고 거기에 키가 훤칠하며 얼굴도 잘 생겼다. 그런데 그 사람은 거짓말을 잘하고 사람을 속이는 근성이 있다"이게 칭찬인가, 욕인가? 필요에 따라 꼬리 자르면 훌륭한 사람으로, 머리 뭉개면 사기꾼으로 인용된다.

글을 쓰거나 말을 할 때 서술방식이 사람마다 모두 같을 수 없다. 신빙성과 설득력을 배가시키는 방도도 다르다. 논문을 작성하는 방법론도 같은 선상이 아니다. 결론을 우선하는 연역논법과 인과가 주축인 귀납논법으로 나뉘기도 한다. 전문을 읽고 들어야 실상이 파악된다.

대선을 앞두고 정치와 후보에 관한 정보가 무더기로 쏟아진다. 정책과 후보의 말이 각각 머리와 꼬리가 짤린 채 덧칠되고 가공된다. 사실과 본질을 일거에 뒤집기도, 엎기도 한다. 정치적, 후보의 이해(利害)에 따라 역사까지 비틀리고 후려쳐 친다. 그들이 써먹는 문맥과 어법을 살펴야 하는 일이 더 생겼다. 주말에 맞을 한글날을 둔 단상이다.

(2021. 10. 15)

개고기

한번도 먹지 않았다. 먹고싶은 생각도 없었고, 앞으로도 먹지 않을 것이다. 그냥 안 먹고 싶을 따름이다. 보신탕으로 불리는 개고기 말이다. 집에 반려동물이 없다. 향후의 계획도 없다. 반려, 한 두 마리 동물과 생활하지 않으면 마치 정서적 결함이 있는 것 같은 트렌드에 공감하지 않을 뿐이다.

개고기 논쟁이 뜨겁다. 얼마전 대통령의 식용금지 관련 화두가 전기가 됐지만, 그 논박은 오래전부터 있어 왔다. 관련 법률의 유권해석도 찬반 진영의 견강부회를 심화시키는 빌미가 된다. 축산법상의 가축에 대한 정의는 개가 포함되어 있고, 도살과 유통을 한정한 가축물위생관리법에는 개를 그 범위에 넣지 않은 이유 때문이다. 식용이 합법은 아니지만, 그렇다고 명징한 불법 또한 아닌 것을 말한다.

얼마전, 우연히 공영방송 KBS가 마련한 토론회를 접했다. 식용금지를 주장하는 3명의 패널을 스튜디오에 앉히고 그 당위를 전했다. 반면, 식용허용을 주장하는 1명의 패널은 전화로 연결하여 그 논지를 듣게 했다. 토론방식의 생명은 공정이다. 그 불공정에 대한 괜한 심사가 뒤틀렸다.

철학적 인본주의를 들먹일 것도 없이, 누가 뭐래도 세상의 영장(靈長)은 인간이다. 동물과 반려하는 생활인의 욕구도 충분히 소중하다. 하지만, 동물의 생명을 사람의 그것과 동일선상에 놓을 일은 아니다. 식용의 선택적 자유를 유지해 온 고유한 문화적 배경도 뭉갤 일 역시 아니다. 법률로 금지하는 것은 억압을 떠올리게 한다. 유난히 큰 눈을 가진 소, 그리고 돼지나 닭, 오리도 눈물이 있다.

(2021. 11. 4)

산하기관

한자(漢字)의 표현이 재미있다. 우산 산(傘)자를 써서 우산 아래란 말로 정부 혹은 자치단체가 출자했거나 출연(出捐)한 공기관을 산하기관으로 부른다. 법률용어다. 공무원으로 운영되는 소속기관 구성원과 달리 임직원은 공무원 신분은 아니다. 그 장(長)이나 임원은 퇴직공무원으로 채워지기도 했지만, 지금은 대부분 공모를 가장(假裝)하여 정권 혹은 단체장의 선거 등 보은적 행상(行賞) 인사로 활용된다. 확실한 '자기 사람'이다.

정부나 자치단체의 철저한 관리감독을 받는다. 당해 연도 결산, 익년도 예산 승인권 등이 감독기관에 귀속된 탓이다. 기관장은 거의 장관 혹은 단체장이 임명한다. 관련 법률과 자치단체 정관이 그렇다. 상임이사는 각 기관장 임명 몫이지만, 말만 그렇지 기관장 마음대로 임명하는 자리가 아니다. 법률과 규정이 그렇다고 인사권을 행사 했다간 당장에 '모가지'신세가 된다. 정부 산하기관의 그 자리는 부처를 넘어 청와대 인사 검증대에 올려지기도 한다.

'대장동'사건으로 말썽많은 성남도시개발공사 상임이사(본부장) 인사에 관여했느냐는 국회의원의 질의에 당시 성남시장은 "잘 기억나지 않는다"는 취지의 답을 했다. 정관상 인사권자는 시장이 아닌, 공사 사장 몫이라는 점을 어필하고 싶었을 것이다.

측근도 아니라고 했다. 거짓말은 상대가 모를 것이라는 착각에서 감행된다. 하지만 관찰자는 대부분 그 진위를 분간할 능력은 되다. '700억 의혹'으로 구속된 당시 본부장은 당시 그 시장의 3인방 중 '넘버 투맨'으로 불리기도 했다.

(2021. 11. 19)

전국노래자랑

합격을 알리는 효과음, '딩동댕동댕'과 불합격의 '땡'으로 잘 알려진 KBS '전국노래자랑'을 보고 듣지 않은 국민은 거의 없을 것 같다. 전국 시군구, 기초자치단체를 기준으로 각 지역에서 일반인을 대상으로 노래와 재치를 뽐내며 대결하는 오락 프로그램이다. 1980년에 첫 방송이 있었으니, 40년 성상을 넘겼다.

출발 당시, 영국의 BBC와 더불어 공정을 상징하는 세계적 공영방송으로 인정받는 일본 NHK '노래자랑'을 흡사하게 모방했다는 시선이 있지만, 명실상부한 한국 최초의 '오디션'포맷을 다진 최장수 프로그램이다. 지상파까지 망라한 방송 전 영역에 걸쳐 그렇다.

한 '프로'가 이만하게 '롱 런'한 배경에는 출연자의 풋풋한 노래실력과 장기자랑이 우선이겠으나, 진행을 맡은 MC의 친근한 언변도 한 몫 하는 것 같다. 특히 초창기 몇몇 진행자의 '바통'을 이어 올해까지 30년 이상 마이크를 놓지 않은 코메디언 출신 송해님의 입담과 재치가 특별히 그렇다. 노익장에 그의 검소하고 소박한 사생활도 그런 인식을 굳히게 한다.

구순을 훌쩍 넘긴 연령과 수십년 이어진 고정 '틀'에 대한 인물 피로감이 없을 수 없다. 당사자도, 시청자도 그럴 것이다. 후임 MC가 거론된다. 익살과 농담으로, 진실같지 않지만 본인 스스로 '후계자'를 언급했다. 사실이라면 놀라운 일이다. 엄연한 공영방송의 시스템으로 결정할 사안이지 출연 전임자 개인이 정할 사안이 아니기 때문이다. 천하의 송해님이라도 그렇다. 독재인식이 농후한 그 용어는 국가나 정치영역만 있는게 아니다.

(2021. 12. 3)

소비자의 날

사람이 생활을 영위하는 삶 속의 필요한 물건, 그 재화를 구입하는 사람을 소비자로 일컫는다. 그 숭고한 소비자 권리와 이익의 폭을 넓히기 위해 제정한 날이 12월 3일, 오늘이다. 이름하여 '소비자의 날'이다. 다소 생소하게 다가오지만 법정기념일이다. 소비자보호단체서 임의로 설정하여 지내다. 지난 1997년 오늘에 법률로 정해 기념하고 있다.

소비자보호에 관한 본격 인식의 중대성은 시장경제, 자본주의의 원조라 할 미국에서 발원되었다는 것이 중평이다. 소비자권익 증진, 소비 진작을 통해 경제성장을 견인한다는 취지로 케네디 대통령이 연방정부 입장을 의회에 보고하는 '특별교서'에 그 가치를 세세히 언급한데서 유래한다. 이 교서는 소비자가 상품과 용역으로 인한 신체와 재산상의 위험과 재해로부터 보호받을 수 있는 안전할 권리를 담고 있다. 벌써 60년이 넘은 일이다.

우리도 꼭 현실적으로 구현되고 있다고 볼 수는 없지만 소비자 권익을 법률로 보장하고 있다. 구매한 상품으로 인하여 입은 피해에 대하여 신속 · 공정한 절차에 따라 적절한 보상을 받을 권한을 포함한 소비자 권리를 8개까지 세분하여 담보하고 있다. 소비자기본법이 그렇다.

물건을 공급하는 생산자 이상으로 소비자가 지혜롭고 똑똑해졌다. 말만 소비자, 그 권익보호라는 구석이 아직도 지천이다. 전형적 갑을관계처럼 보이기도 한다. 대기업과 중소기업간, 국가 및 지방자치단체와 연관된 소비자 위상도 예외가 아니다. '갑'으로 행세하면서 소비자 우습게 보다간 큰 코 다칠 것이다.

(2021. 12. 8)

'식량안보'

얼마전 요소수 수송을 위해 공군 수송기가 태평양을 가로지르는 항로로 호주를 왕복하였다. 하루 평균 소비량 600톤 남짓의 5%도 안되는 27톤 정도를 실어 나르기 위함이었다. 돈으로 따지면 약 3천만원 어치 물건을 가져오기 위해 항공유 1억원 정도를 쓴 셈이다. 비행기관리 나 감가상각비, 인건비를 빼고다. 정부노력 어필 의지일 것이다.

당장에 택배를 포함한 물류대란 조짐이 나타나고 '사재기'와 같은 매점매석 현상이 감지되기도 한다. 정부는 몇 개월분의 요소수가 확보되어 있다고 공언하지만 자원확보 실상에 적지않은 불안감이 지속되고 있다. 머지 않은 장래에 국제간 '자원안보'전쟁이 도래할 것이라는 전망이 나오기도 한다.

간과해서 안될 불안감이 스친다. 식량문제다. 생필품의 하나인 요소수보다 먹는 문제가 더 급하다. 주곡인 쌀의 자급률은 95%가 넘으니 완벽에 가깝다. 전통 주식인 쌀의 소비량 절반에 육박하는 밀은 전량에 가까운 약 200만톤을 수입에 의존한다. 젊은 사람들이 많이 먹는 라면, 빵, 국수, 과자 등의 주원료다.

쌀을 포함한 전체 곡물류 자급률은 절반 정도지만 쌀을 제하면 한국의 곡물 자급률은 5% 미만이다. 세계 200여개국 평균 식량자급률은 1, 즉 100%가 넘는다. 중국이 한국에 대한 사실상 요소수 수출금지를 단행한 것처럼, 각국이 식품원료인 곡류 교류를 중단한다면 어떤 일이 생길까. 아찔한 일이다. 한미방위조약에 근거한 유일한 군사동맹인 미국은 우리 사정을 좀 봐 줄까?

(2022. 1. 12)

공약

선거에 즈음하여, 유권자에게 후보자를 선택하는 절대기준이 뭐냐고 설문하면 대체로 몇 가지 원칙을 말한다. 초반에는 인물, 공약, 정당 순서로 정한다고 답한다. 비교적 그렇다. 후보 개인의 역량과 경쟁력을 으뜸으로 친다. 그러다가 막판 혹은 실제투표는 그 기준의 비중이 바뀐다. 보지도 않고 소속 정당후보를 우선으로, 다음 차례로 약속, 즉 공약을 꼽는다. 위주했던 인물 됨됨이는 후순위로 밀려난다는 것이 여론조사 전문가들의 중론이다.

엄청난, 절대적 기준이 아니면서 그렇다고 하찮지 않다고 여기는 것이 공약 같다. 곧 정책이다. 그것이 실현되기 위해서는 국가시스템을 통째로 바꿔야 하는 것도 있고, 관련 실정법을 개정해야 가능한 것들도 있다. 변하지 않고 당선자가 마음만 유지하면 곧 실행될 약속도 있을 것이고, 이행할 의지가 아무리 장대해도 인식과 문화가 형성되지 않으면 '택'도 없는, 허무맹랑한 것이 되기도 한다.

대통령선거를 앞두고, 여당후보의 '비정규직 공정수당 확대', 야당후보의 '병사월급 200만원'약속이 예사롭지 않게 '클로스 업'된다. 비단 이뿐이 아니다. 각각의 진영에서는 정책의 당위성과 실현성을 구체적으로 내민다. 반면에 상대 공약을 두고 적반하장과 견강부회를 들먹이며 가치를 가차없이 깍아내리는데 혈안이다.

나라의 리더를 뽑는 선거가 50여일 남았다. '선거공영제'라 하여, 정당의 국고보조금에 더하여 선거비용 대부분을 별도로 국가가 지불하는 국가는 우리 외에 거의 없다. 법률을 기반으로 한 지원금만 수천억원이다. 그뿐인가. 공약의 대부분이 세금, 나라돈으로 이행된다. 더 꼼곰히 살펴야 할 이유가 거기에 있다.

(2022. 1. 13)

기억

좀 창피한 일화다. '종편'출범 이전의 일이니 약 10년쯤 되었다. 미미한 시청률이지만, 출연시간 등 단순 비교로 'KBS 심야토론'보다 적어도 5배 넘는 출연료가 책정된 NA-TV(국회방송)의 시사 '프로'에 정치평론가로 활동하였다. 요일을 달리하여 같은 프로에 1년 이상 출연한 인사가 있었다. 특집으로 일대 일 맞장 토론도, 분장실서 사담을 나누기도, 같이 밥을 먹기도 했다.

지난 총선시, 낙천자 신세였을 때였다. 우연한 계기로 제 3자가 전화를 바꿔주는 과정에서 그와 통화가 되었다. 인사를 나누고 지난 추억을 전하자, 그의 반응은 기억에 없고 "모르겠다"였다. 그는 당시 전국을 돌며 정치거물, 유력후보를 엮는 '유튜브'를 제작하고 있었다. 지금, 진영을 망라하고 유명세나 구독자수 등의 기준으로 한손의 손가락으로 꼽히는 유투버다.

사람의 기억능력은 보편적 기준 적용이 무망할 정도로 다양하며, 극히 차별적이다. 인지발달이론에서의 완전기억 또는 형상화 능력을 포함한 그 범주를 한정하는 일도 불가능하다. 다만, '상태의존기억'으로 불리는 일종의 기억 의지에 따라 척도가 달라지기도 한다. 이른바 '선택적 기억'은 그런 연유로 생긴다. 사람은 불필요한, 불리한 기억을 회피하는 본능을 지닌다.

함께 해외에서의 공무수행으로 십여일, 30끼 정도를 같이 한 사람을 "기억에 없다"는 한 정치인의 술회가 있었다. 그럴 수 있다. 하지만 그 가능성은 거의 0에 가깝다. 의도적 '상태의존기억'회피 범주를 벗어난 까닭이다. 전화를 끊고, '몰인격'을 되내이며 저장된 그의 전화번호를 지웠다.

(2022. 2. 8)

'RE100'

순간 뜨끔했다. 대선 TV토론에서 한 후보가 상대에게 묻는 '알이 백'으로 들리는 그 말을 알아듣지 못했다. 글을 읽고 쓰면서 시사성 용어습득과 응용을 직업적 일로 수용하는 처지인데 관용어를 이해하지 못하다니, 다른 측면으로 '무식한건가?'는 의심도 들었다.

방송 직후, 각양의 SNS 필드에서는 그 '알이 백'에 관한 해석과 견해가 도배되었다. 나라를 이끌 지도자가 그것도 모르느냐, 한편에서는 상대를 골탕 먹이기 위한 표현방식과 관련한 조롱으로 대별되었다. 이제는 대부분의 사람이 알게된 'Re100', 기업에서 사용하는 전력의 100%를 재생에너지로 대체하자는 국제 기업간 협약 프로젝트 즉, Renewable Energy 100의 약칭어다.

기후나 환경, 대체에너지 영역에 종사하거나 공부하는 사람에게는 대단히 중요한 이슈다. 마땅히 인류의 영속적 토양유지에 필수적 가치로도 이해 될 만 하다. 그렇지만 외국어에 기반한 약칭이 대선 토론장에서의 관용어로 갈음되기는 상당한 어패가 있어 보인다. 음식점에서 주문하는 고객의 메뉴와 전달하는 종업원, 그들만의 표현방식이 달리 들리는 비유는 맹랑한 비약일까.

정책의 '디테일'허약을 들추고 싶은 의도가 순정해 보이지 않다는 시선이 있다. 지도자는 모두에 해박해야 한다. 그럴 필요도 이유도 없다. 진영의 두 관점 병립이 엄존하다. 나무도 알고 숲을 이해하면 금상에 첨화겠지만, 인간의 한정된 능력으로 가능한 일이 못된다. 영문의 풀네임을 보고서 쉽게 이해한 스스로에게 적어도 '무식'의 소치는 아닐 것 같은 자조가 생겼다.

(2022. 2. 9)

거짓말

사람의 생각과 행동을 연관지어 분석하는 정신과학으로서의 심리학은, 학문적 체계 정립 시간이 길지 않다. 하지만 관념상의 가치는 인류역사 만큼이나 오래된 사회과학이다. 진짜와 가짜를 구분하는 사실 증명, 그 일종인 거짓말 연구는 심리학 주축의 중대요소가 된지 오래다. 물건을 사고 파는 비즈니스, 사람과의 인연을 연관짓는 행동영역 등 참과 거짓을 구분하는데 필수적 리서치 영역이 되었다.

미국 서부에 소재한 한 명문대학에서 비슷한 시기에 발표된 복수의 연구에 따르면, 사람은 하루중 최소 1번 이상 최대 200번 남짓의 거짓말을 자행한단다. 거짓의 정의가 형이상학적 관점이면서, 그 구성과 발생 배경이 달라 그 빈도의 폭이 엄청나 보인다. 다만, 사람은 누구나 할 것 없이 거짓말을 달고 산다는 유추는 분명한 것 같다.

선의로 일컬어지는 거짓도 있지만, 과시욕이나 상대의 공격수단, 의롭지 못한 이익을 탐하는 심리에서 구사되는 경우가 대부분이다. 발달심리학에서는 사람의 인지 기능중 9할이 넘는 무의식 영역을 악용하는 대표적 사례로 분석하기도 한다.

전략적 은폐, 즉 의도된 거짓말을 거리낌없이 뱉는 사람도 더러 있다. 잘못과 오류를 뭉개거나 지난 거짓을 또다시 덮기 위한 목적이 배여 있다. 나라의 리더를 뽑는 즈음이다. 후보, 지도자의 거짓말은 매우 정교하게 포장된다. 현실정치에서의 최대 무기는 들키지 않고 속이는 스킬, 거짓말 배짱에서 비롯된다는 말도 있다. 그 분간도 중요한 관건이 될 것이다. 정치는 선거만의 영역이 아니다. 사람사는 모든 공간에서 생동한다. 영원할 것 같은 각양의 인연에서도.

(2022. 3. 4)

정부청사

중앙정부 부처가 입주한 청사가 여러곳에 산재해 있다. 행정수도 이전을 통해 대부분의 부처는 세종청사로 이전을 완료하였다. 2014년의 일이다. 그이전에 주로 경제부처가 있던 과천청사는 법무부와 방송통신위원회 등 정책부서만이 남았다. 마찬가지로 한때 정부종합청사로 일컬어지던 서울 세종로에 위치한 서울청사는 외교부와 교육부, 통일부 등 비민원성 정책부처만이 살림하고 있다.

청와대와 더불어 한때 행정 권부(權府)로 까지 인식되던 서울청사는 한산하다는 느낌이 들 정도의 위세로 전락됐다. 각각 12층과 19층으로 나눠진 본관과 별관을 합치면 연면적이 130만여㎡(약 40만여 평)에 달한다. 이 넓은 사무공간에 불과 천여명 정도의 공무원이 일한다. 텅텅 비어있다는 말도 무리가 없을 정도다.

내진설계로 지어졌고 서울의 한복판에 있다. 해체수준의 청와대 개편을 공약한 한 대선후보의 약속이행이 순조로울 수 있는 절차적 방증으로 읽힌다. 600명 남짓의 경호처 인력 모두를 입주시켜도 무리가 없을 공간이다.

차제에 대통령경호 시스템까지 되돌아 볼 필요가 있어 보인다. 경찰력을 활용하는 방안이다. 러시아와 북한 등 공산체제 일부를 제외하고는 대부분 선진국 국가원수의 경호는 경찰이 수행한다. 미국도 별도의 경호기관이 아닌, 국토안전부 소속의 일선 수사기관서 맡는다. 남북대치의 특수성이 있지만 우리는 민주적 선진국가에 살고, 따라서 대통령은 독재자가 아니다.

(2022. 3. 16)

'상공회의소'

대기업의 산실인 전국경제인연합회(전경련)와 더불어 한국의 대표적 경제단체로 성장한 대한상공회의소는 일정규모 이상 기업이 주축이다. 상공업계 권익을 대변하고 근로자복지 실현을 위해 설립되었다. 세종시와 제주도를 포함하여 전국 17개 광역 지자체와 지구촌 거점도시를 망라하는 외국상공회의소, 주한외국상공회의소 등 촘촘한 넷-워크가 구축된, 회원간의 결속이 유별한 조직으로 정평된다. 기초 지자체 단위의 지역 상공회의소도 구성되어 있다.

각 지역상공회의소는 대한상공회의소의 정회원으로 규정한다. 관련 법률이 그렇다. 상공회의소가 없는 군단위 지자체는 사업장과 영업소를 두고 있다. 적지 않은 회비가 있다. 또 상공업이 주류인 비영리법인과 단체의 중앙회를 대상으로 특별회원을 지정하는 문호도 있어 덩치가 예사롭지 않다.

출중한 역대 회장에 이어 지금은 한국의 3대 기업군을 이끌고 있는 대기업의 오너가 대표를 맞고 있다. 어느때 보다도 활동이 원활하며 그 위상이 높아져 있다. 조사연구 등 R&D 사업도 활성화되어 있다. 기업가의 세세한 노무 및 인사 관리 등의 지원, 진흥사업가지 수행한다.

오늘, 3월 16일이 '상공의 날'이다. 다소 생소하다. 날짜가 지정되지 않은 이유도 있을 것이다. 매년 3월 셋째주 수요일로 정해졌기 때문이다. 이전까지 중소기업의 날, 전기의 날, 발명의 날 등을 통합하여 지정한 1984년 이래 40년 정도의 성상을 지녔다. 명실상부한 국가지정 기념일을 견인한 공로는 뭐니뭐니해도 각 지역에 산재한 상공회의소, 그 회원인 상공인의 몫이다.

(2022. 4. 5)

대의(代議)민주주의

고대 그리스, 아테네까지 거슬러 가는 민주주의 역사는 각 인류 공동체 성장에 장대한 흔적을 남겼다. 누가 뭐래도 사회운영 체제로써의 민주주의는 인간이 발명한 최고의 걸작이란데 이의가 없다. 지금의 거대 대중사회는 '국민발안제'와 같은 직접적 요소를 가미해 보지만 가능한 일이 못된다. 차선으로 투표로 대표를 뽑아 전체 구성원의 의사를 결정하는, 대의정치 출현과 활성의 당위가 거기에 있는 것이다.

대의민주주의의 생명은 국민의 정서, 그 순정(純情)을 최대치로 담는데 있다. 굴절돼서는 안된다는 말이다. 그 보증을 위해 법률 등 체계적인 수단이 적절히 구사되는 것이다. 헌법과 법률로 대통령과 국회의원 등 각급 선출직 공무원에 대한 자격요건과 책무, 임기 등을 엄정히 하는 것도 그 일환이다.

현역인 국회의원직을 2년 만에 그만두고 지방선거에 출사한다는 징후가, 여야를 불문하고 곳곳에 나타난다. 국헌(國憲), 헌법 제 42조는 국회의원 임기를 4년으로 조문했다. 국회법 또한 이를 원활히 추인토록 "나는 헌법을 준수하고"라는 첫 말로 국민앞에 선서토록 강제한 바, 제 24조가 그렇다. 아울러, 이 법 10여개 이상의 조항으로 개별적 헌법기관으로 보는 국회의원의 임기 4년간 지켜야 할 의무사항을 낱낱이 풀이하고 있다.

사퇴에 따른 보궐선거에 또 엄청난 돈이 든다. 혈세다. 이를 차치하고도, 보궐선거 평균 투표율이 30%대에 불과한 실상은 국민 대표성에 하자를 남긴다. 10명 중 서너명이 참여한 선거 결과를 대의로 인정하기 힘들다는 말이다. 대의민주주의 훼손에 더해 고질적 정치냉소, 질시가 더해질 우려가 생긴다.

(2022. 4. 6)

'이멜다'

뚜렷한 기억이 있다. 지금의 선진국 반열의 기반을 닦은 박정희가 서거했을 때 이멜다, 그녀가 필리핀 대통령 부인 자격으로 방한하여 조문한 장면이다. 유신 종말기인 70년대 말 까지만 해도 필리핀의 국제적 위상은 우리와 별반 차이가 없었다. 오히려 그 이전 그 나라는 아시아에서 일본 다음의 부국으로 우리보다 우월적 형편이었다.

그녀의 남편, 마르코스 전 필리핀 대통령의 집권시기와 형태가 여러면에서 박정희와 유사했다. 경제개발을 명분으로 정치독재를 감행했고, 장기집권 의지도 공히 상당했다. 필리핀 명문가 출신 정치인 마르코스는 최고급 명성의 미인대회 입상자인 이멜다를 갖은 구애로 배우자로 맞았다.

초기 집권시기와 달리. 부부는 부패의 상징으로 나락의 길을 걸었다. 매일 같은 소모적 파티 등으로 시간을 보냈다. 마르코스는 실각했고 망명지에서 사망했다. 이멜다는 정치적 부침을 겪으며, 수도 마닐라 시장에 장관을 거치고 구순을 넘긴 지금도 국회의원으로 활동하고 있다. 사치의 상징으로, 옷 등 장신구를 보관하는 창고가 웬만한 학교 면적보다 넓다고 알려져 있다.

곧 떠나는 대통령 부인의 의상비와 연관된 말이 지축을 흔드는 정도다. 사악하며, 넘치는 분수로 일관한 이멜다를 빗댄 말도 등장했다. 불명예다. 실상이 왜곡, 과장된 지경도 있을 것이다. 초심과 달리, 검약은 아니었다. 자업자득. 힘 빠질 때 분출되는 각양의 추문에 인간적 성찰이 필요하다. 세상살이, 한창 때의 우군은 소리없이 사라지는 이치 말이다. 앞으로 그 정도는 더해 질 것이다. 연민까지 생긴다.

(2022. 5. 4)

사면(赦免)

국가원수인 대통령의 권한으로 범죄인의 형벌을 없애주는, 사면은 국가가 성립된 고대부터 이어진 오랜 역사를 지닌다. 정사(正史) 흔적이 뚜렷한 삼국사기에 "종묘에 제사를 지내고 대사(大赦)한다"는 기록이 있을 만큼, 당시 신라국 뿐아니라 고구려와 백제도 군주의 은총을 과시하는 의미로 특권 흔적이 많다. 동양윤리의 중심인 중국에서 발원됐다고는 하지만, 일찍부터 민주주의가 발달된 서양의 거의 모든 나라도 그 특권이 행사되고 있다.

완전무결할 수 없는 재판 결과의 오류나 결함을 보완한다는 의미가 있고, 융통성이 담보되기 힘든 법률적용의 획일성에 한계가 있을만 하며, 특정한 정치 상황에서 단죄된 정치범의 경우는 정세변화에 따라 처벌 인식이 변동될 소지가 있다는 명분이 사면의 당위로 나타난다.

흔히 사면권은 대통령의 고유권한이라 하지만, 사전에 여론의 동행과 정치권의 눈치가 살펴지기 마련이다. 직전 대통령의 실정이 반사되어 현직 대통령이 선출되고, 그 대통령에 의해 전직 대통령 주변이 사면되는 일이 관행처럼 굳어졌다. 불행한 일이다.

석가탄신일에 부쳐, 퇴임 하루를 앞둔 대통령의 사면권 논란이 있다. 인지상정에 결자해지로, 다분히 정치적 원인으로 단죄된 행위에 대한 방면(放免)이 아른거릴만 하다. 상대진영 한 사람이 '잡범'으로 일컬은 사람까지 거론됐었다. 전례처럼 불거질 자신의 처지를 생각하면 오묘한 생각이 더할 것이다. 매듭의 끈에 귀추가 모인다.

(2022. 5. 11)

입양(入養)

민족 최대 수난이었던 6. 25 한국전쟁이 불러온 치명적 불행중 하나가 전쟁고아 양산을 꼽을 수 있다. 겨레 모두가 참상을 겪은 과정에서 가족과의 단절, 전사로 말미암아 부모를 잃은 아이가 10만명이 넘었다. 통계로 잡힌 공식 추산만 그렇다. 그중 상당수가 미국을 비롯한 여러 국가에 보내진, '고아 수출'의 뼈아픈 역사를 안게 되었다. 전쟁 직후에는 한해만 2만여명을 넘긴 때도 있었다.

혼인과 같은 혈연과 무관하게 법적인 과정을 통해 영속적 가족을 형성한다는 입양은 과거에도 흔했다. 양자(養子)라 하여 장손(長孫)으로 가계를 승계하는 풍습에 따름이었다. 최근에도 국내 굴지 재벌기업도 가계승계 목적으로 이행되었다.

성적(性的) 사건으로 말미암은 임신과 출산이 입양으로 연계되는 경우도 드물지 않다. 민법은 입양에 근거한 혼란을 방지하기 위해 절차와 효력을 엄격히 규정하고 있다. '입양특례법'을 통해 외국 입양을 지양하면서, 국내입양 우선을 권장하고 있다. 아직도 비공개 입양 비중이 크다. 박애(博愛)이념에 따른 입양보다는 난임과 불임으로 선택하는 경우가 대부분이다.

오늘, 5월 11일은 법으로 정한 '입양의 날'이다. 관련 법률이 제정된 2005년 이래 17회째 맞는 국가기념일이다. 날짜 제정의 유래가 흥미롭다. 가정의 달 5월 중 제일의 가치인 '1'에 하나를 더 보탠다는 의미로 '11', 11일로 정한 것이다. 성스러운 혈연의 가족탄생, 하지만 삼라만상의 억겁 한켠에 깃털보다 미미한 혈연만의 가족탄생은 어떤 의미를 지니는지 골몰해 본다.

(2022. 6. 7)

현충일

서울 동작동에 위치한 국립묘지, 국립서울현충원은 당초 국군묘지로 대부분 6. 25전쟁에서 희생된 국군 장병을 안장하였다. 1955년에 조성되었다가 10년 뒤인 1965년에 국립묘지로 등급이 올려져 오늘에 이른다. 이후 국군만이 아니라, 국가를 위해 헌신했거나 희생된 선열들도 안장 대상이 되었다. 법률로 5부 요인도 사후 장사지(葬事地)로 인정된다. 대통령, 국회의장, 헌재소장 등 5부 요인중 국무총리는 대상이 아니다. 별도의 시선으로 좀 이상하다.

어제로 지낸 현충일은 국군묘지가 만들어진 즈음에 명명되었지만 국가기념일과 관련한 여러 규정 변천이 거듭되어 1975년에 공식으로 호칭되었다. 이후 꼭 50년 전인 1982년에 법정 공휴일로 지정된 것이다.

추모 선열이 꼭 6,25 전사자만이 아니겠지만, 누가 뭐래도 남침으로 전쟁에서 희생된 국군의 넋 추모가 본질이라 할 것이다. 국군이 누구를 위해 존재하는지 깊은 상념을 갖게 한다. 나라를 지킨다는 의미를 되내이게 만든다. 누구로 부터 지켜야 하며, 국군이 필적하는 상대가 누구인지를 전염(專念)하게 만든다.

헌법상 주적(主敵) 해석의 방점만이 아니다. 안보의 본질은 우리, 나라의 안위를 위협하는 요소를 없애는 일이다. 군사적 공격, 위협은 안보를 훼방 놓는다. 지금, 주민인권 억압을 일상화하면서 전대미문의 권력세습을 정당화하는 북쪽 정권이 유일한 적성지(敵性地)다. 지난 수년간 안보무용을 강요당한 시간이 새삼스럽다. 이달, 6월은 호국 및 보훈의 달이다.

(2022. 6. 15)

인수위원회

새롭게 뽑힌 대통령당선인의 지위와 위상, 그 권한을 보다 분명하게 하고 대통령직 인수를 위해 법률로 규정한 것이 '대통령직인수에관한법률'이다. 단임을 실천했지만, 철권통치하의 전두환정권서 노태우정부로 넘어갈 때 비로소 '정권인수'라는 개념이 생겼다. 당초는 지금과 다른 취임식준비위원회란 이름이었고, YS때는 정권인수위원회, DJ정부에 들어서 '대통령직'으로 명명되어 오늘에 이른다. 법률 제정은 노무현정권에서 매듭되었다.

지난 6월 1일에 실시된 지방선거를 계기로 전국 시도 기초 및 광역단체도 새 수장이 뽑혀, 단체장직 인수위원회가 구성되어 가동되는 지역이 많다. 모두 '대통령직'인수가 모형으로 작용됐다. 지방자치법 제 105조에 근거를 두고 있다. 17개 모든 광역단체와 대부분의 기초단체도 구체적 사안을 담은 별도의 관련 조례까지 만들어 놓았다.

업무의 연속성과 당선인의 직무파악을 위한 조치의 일환이다. 조직과 기능 및 예산현황과 인사, 선거공약과 정책기조를 설정하는데 필요한 과정으로 이해될 만 하다.

상당한 돈이 든다. 선거과정에서의 전리품으로 악용되는 경우도 곳곳에 있다. '인수위가 없어도 당선인을 위한 청사내 사무실 마련과 현안보고를 위한 절차와 예우가 완벽하게 보장되어 있다.' '인수'라는 용어도 살갑지 않다. 캠프 출신 일부 구성원의 점령군같은 완장에 '어깨 힘'같은 눈살도 없지 않다. 인수위없이 조용하며, 살며시 업무 점검에 진력하는 당선인도 많다. '폼'없이 낮은 자세로. 더 좋아 보인다.

(2022. 7. 6)

국무회의

헌법과 법률로 정부가 집행하는 주요정책을 심의하는 최고의결기관인 국무회의는 대통령을 의장으로, 국무총리와 중앙 행정부처의 장을 구성원으로 15명 이상, 30인 이하로 한정하고 있다. 꼭 그 원칙이 아닌 때도 있었다. 과거에 있던 정무, 특임장관 등이 참여한 때가 그렇다. 정부조직법을 모법으로, 국무회의 운영규정에 따름이다. 지금은 18개 중앙부처 장관을 포함하여 20명으로 구성되어 있다.

대통령비서실장, 국무총리실 국무조정실장을 비롯한 장관급 예우를 받는 기관의 장이라도 국무회의 멤버는 아니다. 이들은 관행과 필요에 따라 배석하기도 한다. 서울시장의 경우가 특별히 그렇다.

얼마전 국무회의 구성원이 아닌 인사의 관행적 배석이 온당치 않다는 지적이 나왔다. 새로 집권한 당연직 의장인 대통령 의중에 따름이다. 단지 국무회의 참석 여부가 아닌, 사직을 전제한 거취를 정하라는 암시다. 전정권에서 임명된 사유 때문이다.

정권교체를 계기로 공공기관의 장 사퇴가 민감한 화두가 되었다. 정권이 바뀌면 물러나는 것이 합당하다. 그래야 할 이유를 스스로가 더 잘 안다. 정권의 힘과 정치적 배경으로 자리를 맡았기 때문이다. 단체장이 바뀐 전국 지자체의 경우도 마찬가지다. 임기니, 적법한 임명절차니 하는 항변은 비겁할 뿐 아니라 조직에 짐을 안기는 이기적 태도다. 하지만 일괄될 일은 못된다. 장관급 기관장으로 선출된 배경이 독특한 경우가 있다. 국회추천으로 포장되어 있지만 실제는 여야 정당몫으로 임명된 사례가 그런 범주다. 정치적 배경이 비교적 덜 한 직업공무원 출신의 경우도 달리 봐야 한다.

(2022. 7. 12)

부총리

얼마전 새정부 교육부장관이 임명되었다. 사회부총리로 불리는 부총리급이다. 정부조직법 제19조는 "교육·사회 및 문화 정책에 관하여 중앙행정기관을 총괄·조정한다"로 조문하고 있다. 형식교육의 시발인 유아교육부터 대학원 및 성인교육기관까지 관장한다. 18개 전국 시도교육청, 200여개의 4년제 대학을 비롯, 2만여개가 넘는 기관의 업무를 총괄한다.

국가 의전서열은 대통령 및 5부 요인 등에 이은 12위에 매김되어 있다. 대통령 유고시, 그 권한승계 순위는 국무총리에 이어 같은 반열의 경제부총리 다음 차례인 3위다. 국군을 지휘하는 군통수권 승계순서 또한 같다. 역대 여느 교육부 수장이 그랬듯, 행정학을 전공하고 빼어난 역량과 커리어를 발휘한 인사가 낙점되어 임명되었다.

총장이나 대학원장 등 보직 기준이 아닌, 해당 분야 연구인으로써의 최고 영예로 인정받는 오랜 전통의 학회 학회장을 거쳤다. 티없는 옥(玉)은 있어도 완벽한 옥은 없다. 30대 젊은 시절의 객기(客氣)로도 이해될 수 있다. 여성으로 상정하는 '젠드'문제가 아니다.

선입관과 편견을 '터부'한 고전 경험철학의 아버지, 베이컨(Bacon)이 노할 일이겠으나 괜한 상상은 아니다. 지금 면허취소 잣대의 3배가 넘는 알콜 농도까지 외지서 음주하고 운전한 사연이 무얼까. 세상의 인간사, 있을 수 없는 일은 없다. 그렇지만 0. 251은 인사불성으로 읽혀질 만 한 수치다. 흠이라면 큰 흠이다. 청문회까지 무산된 임명이다. 불식될 훌륭한 교육부총리 수행을 기대한다.

(2022. 8. 10)

국회의장

대통령 다음으로 예우받는 국회의장은 입법부 수장이면서 의회 다수당에서 천거한다. 국가 의전서열 2위를 상징하는 관용차 번호판도 '02번'으로 매김한 때도 있었다. 예전에는 의석수와 무관하게, 대통령 의중에 따라 집권당 차지였다. 권위가 인정되어, 경우에 따라 단하의 의원한테 호통까지 치는 모습도 간간히 있었다.

선수(選數)만 크다고 되는 자리가 아니다. 인품에 정치력이 기반이다. 지금처럼 전후반기를 나눠 임기 2년의 두명 의장을 배출하는 체제와 달리 과거에는 4년, 8년 동안 재임한 의장도 있었다. 하지만 그 무게는 퇴하했다. 대통령 유고시 그 직의 승계 가능성은 거의 '0'이다. 행정부에서 순차로 잇기 때문이다. 국회운영도 사실상 정당 몫의 원내대표들이 다한다.

미국은 행정부를 지탱하는 상원이 있지만 인구비례로 선출하는 하원이 우리의 국회 체계와 유사하다. 하원 의장은 부통령이 당연직인 상원 의장에 이어 의전뿐 아니라 대통령직 승계 즉, 권력순위까지 공히 3위다. 상임위원회 위원장까지 실질적 임명권을 가진다. 참 막강하다.

얼마전 435명의 미국 하원을 대표하는 의장이 방문했다. 2년 임기 하원 18선 의원이다. 약 10년전 각각 임기 2년의 하원의장을 두차례 4년을 역임한 경륜의 의회 지도자다. 자신의 건강을 목적으로 '하이 힐'을 고집한다는 만 82세 노익장에 경이롭기까지 하다. 나란히 선 우리 국회의장이 초라해 보였다. '어른'없는, 경륜이 무시된 세상이라 그런지..

(2022. 8. 17)

설화(舌禍)

말이 씨가 되어 닥치는 재앙, 누구나 겪는다. 말 실수를 줄이는 확실한 수단은 비속어 즉, 상스럽거나 거친 말을 삼가야 한다는 심리학자의 일관된 조언이 있다. 역설적으로, 어떤 허물도 감싸줄 수 있는 친숙한 사람과는 일정한 비속어가 오히려 다정감을 더 해 준다는 해석도 붙는다. 심지어 음담(淫談)이 어떤 사람에게는 명백한 성희롱으로, 어떤 경우는 친밀의 수단이 되기도 한다. 때, 장소, 분위기, 대상 가늠이 핵심이다.

정치인이나 연예인이 그런 말실수로 직역(職域)에서 퇴출된 일도, 인격적 매장 전례도 지천이다. 드러나지 않지만 보통사람의 사정도 예외일 수 없다. 말실수는 자신의 행위에 대하여 스스로의 지각이 없는 상태, 즉 무의식에서 나타나는 욕망의 표출에 말미암아 나타난다.

'무의식'을 들먹이며, 그것과 인간의 욕망을 연관시켜 정신분석학을 집대성한 오스트리아 태생의 프로이드(Freud) 주창을 약(略)하기 어렵다. 마치 김치없이 밥 먹듯. 그는 말실수를 무의식에 억압된 본능 발산의 일종으로 본다. 억압은 인내와 위장의 소산이다. 말 그대로 실수가 아닌, 속마음이란 말이다.

얼마전 수해현장에서 기념사진을 위해 "비가 더 왔으면 좋겠다"한 국회의원의 언사가 있었다. 또 대통령실 한 스탭은 "대통령이 비오면 퇴근을 말란 말인가"라면서 적의(敵意)를 드러냈다. 가깝게 지내지만 결코 친숙관계가 아닌, 기자를 상대로 속마음이 들킨 것이다. 때, 장소, 분위기, 대상 분간을 등한시 한 처사다. 포괄적 역량이 그것이다.

(2022. 9. 7)

'커닝'(cunning)

능력을 평가받는 시험이 있는 한 커닝은 사라지지 않는다는 우스개가 있다. 정상적이지 않은 꾀, 간계(奸計) 정도의 의미인 'cunning'은 시험때 감독관 몰래 답을 훔치는 부정행위의 총체적 관용어로 쓰이지만 엄밀한 사전적 어법은 아니다. 보고 베낀다는 'cheating'이 바른 표현이다. 미국식의 치딩이든, 영국발음의 치팅이든 'cunning'을 부정행위로 이해하는 미국과 영국인은 없다는 말이 될 터이다.

우리만이 알아듣는 커닝의 유형과 행태는 가히 기기묘묘하다. 책상위에 키-워드를 표시하거나 쪽지를 만들어 몰래 보는 행위는 고전에 고전이다. 반바지와 레깅스 등 의복을 이용하기도 한다. 스마트폰을 비롯한 통신기기를 활용하거나 무선영상 자료를 이용하는 간 큰 시도도 있다. 타인의 도움없이 가능한 수법도 있고, 그 조력이 필수적인 방법도 있다. 대리시험도 그 범주다.

오래전 사건이지만 자녀의 외국대학 재학시 시험을 대리로 봐 준 유명인의 일탈이 재판을 통해 리얼하게 드러났다. 아들이 시험시간을 통보하고 부모는 "대기 중"이라는 적극적 수행의지를 보였다. 자료열람이 가능한 '오픈 북'테스트 방식이기에 가능했다.

"열패감이 상당하여 보살필 필요가 있었다"는 취지의 변명에 아연된다. 자식을 위해, 불법도 자행할 수 있다는 부모심정은 있을 만 하다. 그렇다한들 용인될 수는 없는 일이다. 형법상 위계에 의한 업무 내지는 공무집행 방해죄 성립이 가능하기 때문이다. 아버지는 최고 명문이라는 대학의 교수로, '공정'을 브랜드로 정의가 표상인 법무부장관을 지냈다. 위선과 그 이중성에 또 실색이다.

(2022. 9. 16)

국민권익위원회

과거에 있던 국민고충처리위원회, 국가청렴위원회, 행정심판위원회 등 3개 국가기관을 합해 출범한 중앙행정기관이 국민권익위원회다. 행정행위의 불합리에 따른 국민 권익이 침해되거나 공무원의 부정 및 부패행위를 예방한다는 취지를 담고 설립되었다. 이명박정부때 통합됐으니, 올해로 14년째다. 정부조직법 제 2조가 근거다.

수장인 위원장과 부위원장을 포함한 나머지 3명의 상임위원의 임명권자는 대통령이다. 형식이 아닌, 실질적 임명이다. 위원회 구성의 결격사유중 하나에 정당인이 포함되어 있다. 다른 정부기관의 사정과 마찬가지로 여기서도 편법이 자연스럽게 자행되는 경우가 많다. 임명 당시 소속된 정당을 일시 탈당하는 일이 그렇다.

지금의 야당 소속 재선 전직의원이었던 현 위원장이 전 대통령으로부터 임명되었다는 이유로 사퇴압박을 받고있다. 임명때 당시 여당을 탈당하고 앉았다. 임기를 명분으로 자리를 굳건히 지키고 있다. 좋게보면 배짱에 소신, 달리보면 철판에 뻔뻔함이다.

전문성을 어필하겠지만, 정권배경으로 발탁되었다는 것은 천하가 아는 일이다. 대통령을 모르는 전문인, 지천이다. 여당 몫, 권력으로 잡은 자리기에 정권교체로 사퇴하는 것이 합당하다. 버틸수록 대통령실 등 유관기관과의 협력이 불가능해진다. 조직구성원이 견디기 힘들다는 현실을 본인만 모르는 것 같다. 다만, 내쫒기 위해 사소한 일처럼 보이기도 한 기관장의 근태니, 업무추진비 추적같은 알량한 수단은 졸렬해 보인다. 이전과 달라야 한다.

(2022. 10. 5)

풍화루(風化樓)

고려시대를 시발로 조선서 크게 중흥한 향교(鄕校), 유교주축의 범절과 시장학(詩章學) 등 경전을 공부하며 유현을 추모하는 제향의식을 지내는 국가교육기관이었다. 지금도 그 유서(由緖)가 고스란히 계승되어 조직적 권위가 빼어나다. 구성원인 유생의 자긍심 또한 예사롭지 않다. 풍화루, 대체로 각 시·군에 산재한 향교에만 있는 다락 행태의 누각이지만 그 모든 곳에 있지는 않다.

선선한 가을 기운의 분수령을 내린 지난 연휴, 600년 성상의 사천향교에서 '풍화루 음악회'란 이름의 공연이 있었다. 도포차림의 유생, 부모 손 잡은 어린이, 서양 금관악기인 색소폰, 장구와 북에 민요가 어우러진 가히 향연이었다. 향교가 주관하는 음악회, 전국 여러 곳에 있다. 하지만 향교안의 풍화루를 소재하여 개최한 음악회, 아마도 사천이 유일하다. '풍화루 음악회', 네이밍이 기발하며 독창적이란 말이다. 도시를 상징할 콘텐츠로 승화시킬 가치가 충분하다는 얘기가 된다.

마음의 안식을 가져오는 문예 향유는 삶의 활력과 일의 생산을 배가시킨다는 명제는 하늘이 내린 섭리다. 비록 그 회임(懷妊)기간이 장구하여 당장의 가시적 효과가 미미해 보일지라도, 지역정체성과 도시경쟁력 기반을 튼튼히 하는 장엄한 프로세스라 할 것이다. 더 많이 보는 음악회, 더 많이 딛는 향교길이 그 지엄한 명분으로 다가온다.

행여 관객없는 공연이나 발길 뜸한 향교, 공동체 성장동력을 약화시키는 일이다. 그 절박한 문제의 키는 자치단체의 괄목할 지원과 배전의 주민관심에 있다. 참 곱고 우아한 이름이다. 풍화루!

(2022. 10. 13)

김동길

글이란 빌미로 존칭없는 거명에 민망함이 크다. 중학교를 갓 졸업한 시기의 기억, 아마도 1980년 이전의 일이다. 지금도, 그때도 흔지 않았던 콧수염에 보우타이를 맨 '대통령의 웃음' 저자에게 푹 빠졌던 때가 있었다. 당시 반체제인사 상징의 한분으로 김동길 얘기다. '국판' 사이즈 단행본을 어깨춤에 끼고 다녔다. 왠지 폼이 좀 났던 것 같다. 박정희서거 이전에 집필된 원고, 대통령과 관련한 수많은 단상을 옮겨 놓았다. 당연히 박정희 독재체제에 대한 실랄한 비판도 상당했다.

모교서 강의하다가 반정부활동으로 해직되고, 만고를 겪으며 복직했으나 일부 운동권 제자들로부터의 모욕을 참지 못하고 사표를 던지기도 했다. 스스로 말했듯 타의로 정계에 진출하여 순탄치 엄청난 곡절을 겪기도 했다.

지난주 창연한 가을하늘 아래서 타계했다. 거침없는 '강골문인'답게 육신과 유물 모두를 내놓고 소박한 가족장으로 억겁의 길로 떠났다. 님의 오성(悟性)은 모방이 불가능할 정도의 경지였다. 수십년을 더 보내면 비교될 지성인이 나타날지 모르겠다.

길지 않은 시간, JP 문하 정당서 특별하고도 값진 훈시를 많이 들었다. 익살, 위트, 직설에 더해 해박(該博)없이 가능치 않은 선문답(禪問答)의 달인, 가히 시대적 거인이며 한편에 감춰진 '반골기질'을 잉태시켜준 마음의 영웅이다. 입신 못한 처지, 자격지심으로 지난 20년간 문안드리지 못한 속죄 요량으로 그의 유훈을 낱낱이 새기려 한다. 위대한 발자취로 마땅히 드리워질 천상의 평안한 영면을 함께 희원한다.

(2022. 11. 9)

소방의 날

불로 인한 재난과 관련한 조선시대 고문(古文)이 있을 만큼 소방의 역사가 깊다. 최초의 법전이라할 경국대전에도 금화(禁火)로 기술하며 소방방재에 관한 각별한 경각을 주문하였다. 오늘, 11월 9일을 국가기념일인 소방의 날로 정한 시간도 꽤 됐다. 박정희정권이 들어선 이후인 1963년에 정부차원의 기념행사를 개최된 이래 1991년 소방법 개정에 따라 법정기념일이 된 것이다. 같은 법 제 14조에 근거한다.

지금은 소방이 화재뿐 아니라 국민의 안전과 관련한 광범위한 재난구조 활동까지 포괄한다. 국민 거의 전부가 아는 '119' 전화번호는 기념일인 11월 9일의 날짜를 따서 만들어졌다. 의미있고 소중한 하루라 할 것이다.

지금의 '중앙119 구조본부'와 '중앙소방본부'를 두어 행정안전부가 관장한다. 구성원으로써는 영예로운 날이다. 별도 법률에 따라 따로 기념일을 정해 두었지만 민간봉사 단체인 의용소방대 10만 대원한테도 남다른 날이다. 의용(義勇), 이름까지 거룩하다.

숙제도 있다. 소방인, 다른 직역의 공무원과 달리 주5일제 근무와 달리 교대로 주간 80시간 이상을 일한다. 현장에 투입될 가용 소방인력의 7할이 넘는 의용소방대에 대해 법률이 정한 지원도 미흡하다. 참사가 발생하면 인간이기에 있을 만한, 그러나 사람으로써는 감당키 힘든 온갖의 비난과 칠책이 따른다. '이태원'에서도 자명하게 불거졌다. 직무와 관련한 태만과 유기도 노출되었다. 이 참사를 계기로 국민안전을 위한 완벽한 소방행정 구현을 소구하면서 소방인의 건승 기원을 덧붙인다.

(2022. 11. 17)

순국선열의 날

일본 제국에 외교권을 넘긴 을사조약, 강권(强權)에 의해 억지로 체결된 협약이라 하여 늑약(勒約)으로 일컫기도 한다. 종국적으로 국권을 잃은 한일합방의 전초적 사건으로 1905년 11월 17일에 있었다. 식민지배를 위한 총독부 전신인 통감부를 설치한다는 내용이 골자였다. 대한제국의 황실을 보호하고 평화를 유지한다는 그 명분에 말문이 막힌다.

악몽같은 식민지배의 나날을 보낸 후 20여년이 지난 1939년 대한민국 임시정부하의 의결기구인 의정원에서 망국일을 상기한다는 취지로 그날, 11월 17일을 순국선열기념일로 정했다. 셈하니 80여년 전의 오늘이다. 잃어버린 조국의 국권을 회복하기 위해 목숨을 바친 선열의 얼과 위훈을 새기기 위함이다.

광복전까지 임정서, 이후는 애국단체 등 민간 혹은 정부에서 약식의 추념행사를 개최하다가 1997년부터 법정기념일로 승화시켜 오늘에 이른다. 선열의 숭고한 독립과 희생정신이 없었다면 이 찬란한 세계속의 한국이 있었을까.

순국선열에는 김일성 만행의 동족상잔 한국전쟁에서 희생된 국군도 당연히 있다. 왜 우리 젊은이들이 군대에 징집되고, 각양의 의식에서 애국가를 제창하며, 재정의 3할 정도를 국방관련 예산으로 찜해야 하는지. 인권유린에 우리한테 미사일 발사도 불사하는 세습 독재정권 때문이라면 비약일까. 감성적 민족주의로 돈주고 뺨맞는 일 그만하면 좋겠다.

(2022. 12. 7)

'예결위원'

국회 예산결산특별위원회 활동이 법정시한을 넘기고도 매듭을 짓지 못하고 있다. 내년도 예산안 처리 시한을 못박은 근원은 헌법에 있다. 회계연도가 개시되는 내년 1월 1일의 30일 전으로 정했으니 지난 12월 2일까지 의결됐어야 했다. 헌법 제 54조 및 예산안 동의 본회의 자동부의 등을 한정한 국회법 제 85조 3에 따름이다. 국회가 헌법과 실정법을 위반하고 있는 셈이다. 자신의 불법행위가 뉴스 '꺼리'도 되지 못한다.

국회 예결위, 대체로 해마다 열리는 국정감사가 종료되는 10월말부터 활동을 시작한다. 약 2달간의 시간을 정해 정부가 짜놓은 편성안을 심의의결하는 것이다. 중앙부처 1개 혹은 복수 정도의 장관을 상대하는 상위위원회와 달리 모든 부처 장관을 대상으로 정책질의를 펼친다.

당대표가 있지만 실질적으로 원내대표가 지휘한다. 다수당에서 위원장을 맡고 각당에서 총무역할을 하는 간사가 뽑힌다. 수백조에 달하는 셈을 정리한다는 의미로 계수조정위원회를 별도로 둔다. 집권당의 경우 정부서 파견된 국장급 관료가 섞인 정책위원회 전문위원의 도움을 받는다. 국가 예산을 획보할 '끗발'의 순위라해도 무리가 없다.

정부는 위원장, 간사, 계수조정위원, 예결위원 등의 차례와 몫으로 묵시적 '방'을 만들어 놓는다. 공식적일 수도 없고 들키지도 않도록 한다. 치열한 논박을 통해 '나라 돈'을 자신의 지역구로 가져가는 일이 국회의원 직무의 상당 부분이다. 임기 4년간 예결위원 한번도 못하는 의원도 많다. 그것도 포괄적 역량차이다.

(2022. 12. 16)

인순이와 '호두까기'

율동을 수단으로 예능 이벤트에 등장하는 '백 댄서'출신으로 한때 국내 정상급 뮤지션이라는 별칭까지 얻은 가수 인순이, 빼어난 가창력에 더하여 하자를 찾기 힘든 사생활에다 중학교과정의 대안학교까지 설립하여 육영사업에도 두각을 보이는 모범적 연예인이다. 한국전쟁 당시 주한미군을 아버지로 둔 혼혈로 댄스, 트로트, 래핑, 재즈, 발라드는 물론 전통민요까지 섭렵한 최고급 대중가수다.

'호두까기 인형과 생쥐대왕'이라는 원제로 독일의 호프만이 세상에 내놓은 불세출의 동화인 '호두가기 인형', 발레 무용 작품이다. 러시아 클래식의 거장 차이코프스키 작품의 주옥같은 선율이 배경이다. 선물받은 인형이 쥐들을 물리치고 왕자로 변신한다는 권선(勸善) 스토리는 부모 등 어른과 함께한 어린 관객의 긍정적 인지작용을 성장시키기에 충분하다.

국가관리는 아니지만 무역항이 있고, 국제공항은 아니지만 서울로 오가는 항공노선이 있는 사천서 지난주에 '호두까기'공연이 문을 열었고, 다음주 인순이 송년콘서트가 열린다. 800여석의 빈자리가 없을 만큼의 성황이었고, 그 이상의 호응까지 전망된다.

가수 인순이를, 적어도 이름은 들어봤을 '호두까기'친견만으로도 행복한 일이다. 다만, 각각 5만원 수준과 15,000원의 상이한 '표 값'에 안타가운 마음이 절절하다. 브랜드 등 가치 산정에 애를 태웠을 것이다. 인기연예인과 무용내지는 뮤지컬, 명작 동화의 구현이라는 순수예술의 현실적 인식차이라면 서글픈 일이다. 극복의 계기가 있으면 좋겠다. 관객과 주최측 모두의 숙제다.

(2023. 1. 12)

'내빈소개'

얼마전 서부경남 한 기초자치단체서 '인구정책'을 주제로 토론회가 있었다. 지방의 인구절벽이라는 절체절명의 위기에 처한 지역의 몸부림이 고스란히 담긴, 지역소멸 위기에 경종을 주기에 충분했다. 대응방책 골몰에, 현실적 대안 모색을 위한 고육책이다. 적절하고 고무될 일이다.

'그런데 말입니다'. 토론회 관행을 찾기 힘든, 어처구니 없는 일이 있었다. 국민의례까지 약식된 후, 토론회 시작 전에 단체장과 토론회 패널과의 기념촬영을 하는게 아닌가. 토론회 끝까지 있지 못하는 단체장 일정을 감안했을 것이다. 단체장은 중간에 자리를 떴다.

연말연시에 각양의 기념식 등 행사가 봇물이다. 선출직의 참석이 필수화되어 있다. 주최측은 참석자 대부분이 알고 있는 그들을 연명하면서 일일이 소개한다. 황공할 일은 아니겠으나 그들의 참석은 청중의 심기가 불문되면서 주최 단체의 위상을 높이는 일로 여긴다. 박수를 쳐야 하는 순수하고 진정한 관객에게는 고통이 아닐지라도 즐거운 시간이 못된다.

멀지 않은 지난날, 학회장으로 있는 한 학회의 학술대회를 국회에서 열었다. '북한인권'을 주제로 당시 국회 정보위원장과의 공동주최였다. 국회부의장 등 30여명의 국회의원이 참석하였다. '국정에 다망하심에도 참석해 주신'이라는 말이 따라붙는 단 한분의 국회의원 소개도 없었다. 개회식 진행을 맡은 학회 부회장의 시나리오, '어나운싱', "학술대회 취지에 맞게 일체의 내빈소개가 없음을 양해 바란다"가 빛나 보였다.

(2022. 1. 19)

시산제(始山祭)

나라 땅의 7할 이상이 산으로 형성된 한반도에 살고 있어 산을 오르고 내리는 일, 등산을 으뜸가는 취미로 삼는 사람이 많다. 엄밀히 따지면 산이라는 지형적 기준이 따로 설정되어 있지 않아, 산이 많은 국가라는 등식도 애매하기는 하다. 수호신이 있다는 토속신앙 따라 마을 대부분에 있는 당산(堂山)부터 백미터 단위의 낮은 곳이 많아 산으로 불리는데 모호한 데가 많다. 실제로 미국의 한 지질학회는 산의 개념을 해발 천미터 이상을 설정해 놓기도 한다.

사람이 즐기는 수많은 취미생활 중에 등산을 즐기는 사람이 꾸준히 는다. 우선 상대되는 여러 '즐길 거리'와 비교하면 준비를 위한 복잡이 적다. 운동과 달리 승부를 가리는 스트레스도 거의 없다. 또한 혼자면 혼자대로, 여럿이면 그런대로, 단체면 그것으로 즐기고 흥미를 가지는데 안성마춤이다.

여름의 장대한 숲을 이루는 장관도 볼품이요, 지금 펼쳐지는 나목 일색도 순순한 미소를 머금게 한다. 걸음따라 흐르는 땀으로 생동과 활력을 만끽한다. 주위의 바위에서 억센 인내가 곁들고, 맑은 물소리는 마음의 깊이를 자각케 한다. 때로 큰 폭이든 그렇지 않든 폭포 소리에 생기도 새로 솟는다.

산을 오르는 사람들의 정례의식이 있다. 시산제다. 안전한 산행을 기원하는 제례의 일종이다. 섣달 혹은 정월에 많이 한다. 평일인 오늘도 곳곳서 열린다. 바라는 마음처럼 등산인의 안전을 소원한다. 건강을 담보하며, 곧 나라 부강의 원천이다.

(2023. 2. 9)

시나리오

연전에 어느 영화상 수상식에서 큰 상을 한 배우는 소감으로 "잘 차려진 밥상을 잘 먹어주면 되었다"고 하면서 영화를 같이 만든 스탭들에게 그 공로를 돌렸다. 겸양으로 팬들의 칭송이 따랐다. 주어진 각본, 시나리오를 몸동작과 함께 완벽하게 구현한 결과물에 대한 보상이다. 그 또한 연습되었을 것이다.

방송매체를 포함한 모든 프로그램은 짜여진 시나리오로부터 만들어진다. 다소의 '애드 립'등 '리얼리티'로 덧칠되지만 대부분은 비정규직 작가들의 대본에서 완성된다. 정규직 PD가 철저히 그들과 그것들을 감독하고 관리한다. 그 애드 립도 인기가 보장됐거나 원로급 유명인사가 아니면 허용되지 않는다.

대중매체만 시나리오가 있는게 아니다. 공공 영역의 회의결사체 기구는 거의 다 있다. 국회도 예외가 아니다. 상당수 입법고시를 통해 임용된 사무관 혹은 차상위의 입법심의관이 "지금부터-있겠습니다"와 같은 단순 시나리오를 쓰는게 고유 직무의 일부분이다.

연초에 광역 혹은 기초자치단체에서 '주민과의 대화'이름의 간담회나 토론회가 많다. 질문도 답도 정해져 있다. 리얼리티를 가장하는 기교를 부리지만 어설프다. 행정의 고질병인 현시(顯示)주의, '보여주기'만연이 까닭의 하나다. 뜬금없는 질문과 완벽될 수 없는 답변, 거창해 보이는 회의용어를 모르면 어떤가? 문제 없다. 민도도 행정도 시나리오에 집착할 때가 지났다. 꾸밈보다 소통과 사안의 진정성이 먼저다. 의사결정 과정의 민주성이 담보된 대한민국에 산다.

(2023. 2. 15)

‘단짝’

오직 하나 뿐인 짝꿍 정도로 읽힐 단짝이라는 프로그램이 있다. 사람과 사람간의 연분을 소재로 만든 ‘다큐’로 상상했다. 아니었다. 사람과 반려동물간의 아기자기한 사랑을 소재로 하였다. 법률용어는 아니지만 스스로 한국의 중심방송, 기간방송을 자처하는 방송사의 프로다. 외주 제작이지만 20여명의 PD와 작가가 전담되어 만들어진다. 엄청난 제작비일 것이다. 주말 9시 뉴스 직전의 편성이니 황금시간대라 할 만하다. 그런데 평균 3%대의 시청률이다.

정부가 취합한 비율과 민간단체서 도출한 동물과의 반려인구 비율은 큰 차이가 있다. 각각 15%대와 30%대로 간극이 적지 않다. 가구수와 인구수를 기준으로 한 까닭이다. 어떻든 인구 천만 정도가 동물과 같이 생활한다니 이슈의 중대성은 분명하다. 대부분 개와 고양이가 주종을 이루지만 희귀동물도 많고 심지어 뱀과 반려의 정을 나누는 사람도 있다.

반대로 동물을 혐오하여 기겁을 하는 사람도 많다. 생활은 커녕 보는 것만으로로 무서움과 공포감을 느낀다는 것이다. 사람 몸에서 나는 분비물 혹은 냄새도 위생적이지 않은데 하물며 동물의 그것이 사람의 건강에 유익할 수 없다는 이유도 있단다.

얼마전 ‘풍산개 파양’이슈로 불거진 사육비용에 놀랐다. 많게는 수백만원의 비용이 든단다. 사람의 인식과 경제능력에 따라 문제가 아닐 수 도 있다. 반려 혹은 그 혐오, 존중될 필요가 있다. 지구상의 영장은 인간이며, 천륜의 가족과 이웃에 있는 사람이 우선이다. 굶어 죽는 사람은 없어도, 든든하게 먹지 못하는 사람은 많다. 우리 주위에.

(2023. 3. 7)

여성의 날

오늘, 3월 8일은 법률이 정한 '여성의 날'이다. 구한말인 1908년 3월 8일에 미국서 발발한 사건으로부터 유래되었다. 그곳 그날의 기념은 백년이 넘는 성상을 가졌다. 만여명이 넘는 여성 노동자가 한날 한시에 남성과 임금 불평등을 호소하며 근로시간 축소를 제기한 대규모 시위가 있던, 뉴욕의 그날을 계기로 지정된 것이다. 이후 전세계로 확산되어 공산권인 중국도 국가지정 기념일로 각양의 행사를 펼친다. 러시아는 국가 공휴일로 정했다.

우리도 80년대에 노동현장의 민주화가 도입되고, 여성노동자 조직이 크게 신장되면서 여성인권 확보 인식이 명확해져 그날을 계기로 크고 작은 행사를 치러다, 비로소 5년 전인 2018년에 법정기념일로 정해 정부주관 행사날이 되었다.

여성의 날 지정과 관련한 논란은 여전하다. 마치 지금 정부 공약의 핵심중 하나인 여성가족부 폐지와 연관지어 논쟁이 계속되고 있다. '젠더'갈등에서 촉발된 이 이슈는 급진적 '페미니즘'을 야기했고, 심지어 남성의 날은 왜 없냐는 불맨 소리까지 등장했다. 여성우대에 대한 청년남성의 불만이 특히 또렷하다.

양성평등기본법에 근거한 날이다. '각종기념일 등에 관한 규정'에 의한 기념일에 여성의 날과 같은 개별법에 규정된 기념일을 더하면 법정기념일이 150여 날에 이른다. 하루건너 또 다른 기념일이다. 기념일이 있으면 그 개념은 강화된다. 여성권익 향상의 의미를 상기한다. 기념일의 다다익선과 다른 과유불급, 'Too much is as bad too a little'격언도 동시에 새겨본다.

(2023. 3. 15)

후보자와 당선인

전국의 농협, 수협, 산림조합 등 각각의 조합장 선거가 끝났다. 200만 여명에 육박하는 조합원이 선거권을 갖고 1,300명의 당선자를 뽑았다. 후보자는 길게 몇 년, 짧아도 수개월간 조합원 마음을 얻기 위한 활동을 펼쳤다. 자치단체나 그 유관기관, 친목모임 등에 초청 유무를 불문하고 얼굴 알리는 활동을 해왔다.

현직에 견준 홀대도 있을 만 하고, 때로는 몰염치를 보이기도 한다. 건낸 명함이 면전서 버려지고 청한 악수가 거절당하는 수모를 당하기도 한다. 인격적 모멸이 있어도 미소로 답해야 하는 경우도 있다. 그 고난을 감내해야 하는 것이 선거다.

그렇게도 몸을 낮춘 자세가 당선되면 바뀐다고들 한다. 후보자는 친밀한 정서를 안기는 사람과 그렇지 않은, 심지어 '포커 페이스'의 심중을 눈치로 식별하기도 한다. 속으로 내편과 상대편을 알아 차린다는 말이다. 말과 행동이 아닌, 눈빛 등 교감만으로도 가능한 일이다.

선거에 이긴 당선자는 내편 아니던 사람을 밀어내고 싶을 것이다. 같은 맥락으로 유권자는 자신이 찍지 않은 당선자에게도 다가선다. 당선이 권력으로 보이기 때문일 것이다. 세상의 섭리다. 심리학에서 일컫는 '인출유도 망각'의 일종이다. 개표를 마친 하룻밤 사이에 후보에서 당선인으로 바뀐 신분, 인사의 허리 각도가 달라졌다는 실제적 사례도 들린다. 후보와 당선인, 더도 덜도 아닌 그 간극이 적으면 좋겠다.

(2023. 4. 5)

선진리성

길었던 머리를 '빡빡'밀고, 군인제복같은 교복에 검은 교모를 쓰고 입학한 중학교 첫 소풍지가 사천 선진리성이었다. 조기교육이란게 있을 수 없었던 그때, My name is..., This is a pen을 입에 달고 있던 때다. 입학후 불과 한달여 지나니 봄 소풍이라 했다. 아마도 訊년대 중반의 4월 10일 직후, 벚꽃 개화 절정기였다. 다음해, 그 이듬해도 그즈음 봄 소풍지였다.

선진리성은 임진란 당시 일본군이 축조한 것으로 알려졌 있으나, 조선 각지에 쌓은 왜성(倭城)과는 상당부분 양식이 달라 왜성이 아니라는 학계 주장도 있다. 실제로 YS 정부 당시 '역사 바로 세우기'시책 과정에서 문화재청은 왜성과 구별하여 선진리왜성의 '왜'글자를 떼낸 일도 있었다.

해전은 물론, 세계 전사에 빛나는 이순신장군의 거북선이 출동하여 첫 실전적 승리를 이끌고 일본군을 일거에 격퇴시킨 역사적 승전지이다. 선진리 앞바다에서 처음으로 거북선 포를 쐈다는 난중일기 묘사에서 확인된 바다.

세종왕과 더불어 우리 역사상 가장 위대한 성웅, 이순신의 상징인 거북선 첫 승전이라는 성전의 향이 고스란히 담겨 있다. 하지만 전국적 명성을 얻지 못하고 있다. 행정청인 경남도와 사천시의 미진한 관심 따름일까. 마땅히 지역의 선출직 책임도 없지 않다. 당장 '스토리텔링', 관광성역화에 팔걷어 볼 필요가 있다. 지난 주말 일대 성대히 '선진리 벚꽃축제'를 지냈지만, 여전히 만개한 벚꽃 향연이 계속되고 있다. 또 한켠, 50년 전의 절정기와 지금이 열흘 이상의 차이가 있다. 지구 온난화가 절감된다.

(2023. 4. 12)

폐교

학교를 더 이상 운영할 수 없어 문을 닫은, 폐교는 배울 학생이 없어서가 대부분의 원인이다. 과거 촌락을 이룬 읍면에는 보통 2개 이상의 초등학교가 건재하여 행진곡에 맞춰 줄서서 등교하곤 했다. 도시로만 인구가 이동하고 그럼으로써 마을이 없어지고, 폐교는 늘어나고 악순환이 계속된다. 불과 3-40년까지만 하여도 산아제한 시책이 국정 목표로 설정되던 때를 상상하면 그야말로 격세지감에 상전벽해다.

1990년대 이후 하나 둘 학교가 없어지더니 지금까지 약 4천여개의 학교가 문을 닫았다. 경남의 경우도 500여개교에 이른다. 지금은 면소재지 마다 1개 혹은 아예 학교가 없는 지역도 부지기수다.

마을 전체에 초등학교서 고등학교까지 전 교육과정을 통합 운영하는 곳도 상당수란다. 중등학교는 과목별 전담교사가 없어 국어교사가 영어를 담당하는 기현상도 있다. 폐교를 방치해서는 안된다. 전반적 대책이 절실하다. 흉물이 될 소지가 있다. 효율적 활용에 손 걷을 필요가 있다.

지난 주말 사천시 일원에 10여개 초등학교 동창회가 개최되었다. 그중 절반은 폐교서 진행됐다. 황량한 교정, 뛰놀던 운동장이 대나무밭으로 바뀐 데도 있었다. 졸업생은 얼마나 허망했을까. 눈시울을 적신 졸업생도 보였다. 마치 부모와 고향잃은 실향민처럼. 한켠, 폐교 자산이 3조원에 이른단다.

(2023. 5. 10)

'세계엑스포'

진짜 세계 최초인지 개념 설정의 잣대가 포괄적이라 엄정하지 않지만 국내에서는 처음으로 차(茶)를 주요 콘텐츠로 한 '하동세계차엑스포'가 개막되었다. 앞으로 약 한달간 이어진다. 차 분야 최초로 정부가 승인한 국제행사다. 조직위원회가 구성되어 지난 수년간 대회를 알리는 각양의 이벤트도 있었다. 대회를 유치한 하동군의 괄목할 쾌거라 할 만하다.

이미 전국적 명성을 얻은 하동차의 진수를 알리고 미래 산업으로써의 세계적 각광이 예견되어 퍽 고무적이다. 조직위를 중심으로 한 실무조사자들의 노고가 곳곳에 배어 있다. 사전행사, 공식행사, 특별행사, 문화행사, 경연행사, 부대행사 등 볼거리도 풍성하다. 7만여명 이상의 외국 관광객을 포함, 100만명이 넘는 관람객이 개최지인 하동을 찾을것으로 전망하고 있다. 하동을 중심으로 경남 전역에 총 2천억원 이상의 경제유발효과가 있을 것으로 추산하는 기관도 있다.

티없는 옥은 있어도 완벽한 옥은 없다. 성대하고도 화려한 개막식으로 알려졌지만 운영시스템에 불만이 제기된 사례도 많다. 첫날은 무료로 공지됐지만 특정시간이 한정되어 시혜를 입은 주민도 있고 돈내고 본사람이 혼재되었다. 유료입장했지만 진즉 행사장에 들어가지 못한 사람도 부지기수였다.

명색의 '세계'가 붙은 국제행사에 흔하다면 흔할 총리참석도 없었던 개막식에 제식구 집안 잔치라는 비아냥도 있다. 남은 기간, 자기돈으로 자기물건 사는 '셀프'이벤트가 되지 않도록 배전의 만전이 절실하다. 자타가 인정하는 성공을 예약해야 하기 때문이다.

(2023. 5. 17)

강남스타일

기억속에는 오랜 일 같지 않지만 벌써 꼭 10년이 지난 일이다. 지금 첨단의 영상시대 전성기를 잇는 유투브가 태동될 즈음이다. 세기적 선풍, 가수 싸이의 강남스타일 얘기다. 좀 우스꽝스런 '말춤'액션으로 비영어권 선율은 수십년만에 나올까 말까하는 공전의 인기로 유투브를 달구며 이른바 '오리엔털리즘'까지 몰고왔다.

이 노래가 세상을 뒤흔듦으로써, 공간 콘텐츠로 서울의 강남은 또 한번 지구인의 뜨거운 시선을 모았다. 강남의 유행은 세계의 그것으로 재탄생되고 거리, 도시브랜드는 유수한 세계도시를 압도했다. 강남의 중심인 신사동 가로수길, 압구정동 로데오거리, 청담동 쇼핑몰은 세계 패션을 선도하는 경지에 이르렀다.

이 지역, 강남갑구 국회의원은 태구민(太救民)을 본명으로 하는 태영호다. 주 영국 북한 공사로 있던 2016년에 망명하여 한국 품에 안겼다, 그로부터 불과 4년을 지내면서 권력의 한축, 국회에 입성했다. 영문학 전공에 해박한 인문학과 사회과학의 조예, 유려한 언변은 과히 범인(凡人)의 반열은 아니다.

단순 비교가 다소의 무리는 있겠으나 그의 파이널 공사(公使) 이력은 우리 중앙부처의 국장급 직위와 비교된다. 지구상 최빈국으로 전대미문의 3대 세습체제 북한 외교관이 10대 강국, 대의민주주의 상징인 대한민국 국회의 구성원 등극에 '궤 차질'연상은 생뚱맞을까. 공천과 연관된 녹취파문도 그 부자연을 상상케 한다. 영남에 더한 보수진영 강남 유권자의 실체적 진심이 궁금하다. 반공, 그 보상심리가 작용됐다면 모범적이거나 선도적 강남스타일은 아닌 것 같다.

(2023. 6. 14)

의전

매사에 이해하는 방향과 시선에 따라 왜곡된 사건들이 간혹 있다. 하지만 이 사례는 굴절된 일이 아닌 듯 하다. 경기도 어느 기초의회 해외연수서 발생한 의원의 갑질 말이다. 동행한 공무원에게 가방을 들게 했거나, 이런 사실을 포함한, 의원들의 괴이한 행태를 발설하면 "주둥이를 찢어버리겠다"는 언사가 그렇다.

주민이 뽑은 선출직 공무원의 의전과 관련된 일탈이 유독 많이 노출되는 이유가 뭘까. 복잡다기한 까닭이 있겠으나, 공식 행사장에서의 예법, 의전에 지나친 기대감이 까닭으로 작용하는 것이 대부분이다. 국회의원과 단체장, 기초 및 광역의원 할 것 없이 모두가 자신의 신분에 대한 특별한 예우가 따라야 한다는 강박적 사고(思考)에 따름이다. 허장성세(虛張聲勢), 겉폼으로 능력을 인정받겠다는 발상같다.

공공, 민간단체할 것 없이 여느 행사장에 선출직 소개에 질린다는 볼멘 소리가 많다. 대부분 그들의 표를 의식한 참석에 주최측이 감사하거나 황송해 할 필요가 뭘까, 선출직의 참석을 행사 위상을 가늠하는 일은 넌센스에 시대착오다.

국회의원 선거구에 국회의원 소개없는 행사장이 있다면 의전과 관련한 주민의 불만과 짜증은 상당량 줄어들 것이다. 적어도 시군도의원의 소개는 없어질테니 말이다. 공약하는 사람은 표를 얻을 것 같다. 오래. 깊이 살펴도 선출직의 철옹같은 지정석이나, "바쁘신 가운데,,,참석하셨습니다"멘트를 들어야 하는 이유가 애매하다. 장소나 내용이 불문될 순 없겠으나 최소한 주민의 편리나 즐거움은 아니다.

(2023. 6. 21)

도립대학

광역자치단체 대부분이 직할의 대학, 도립대학 혹은 시립대학을 운영한다. 100년 이상의 역사, 서울시립대학은 유수한 명문대학에 뒤지지 않은 경쟁력으로 우수한 인재를 유감없이 배출하고 있다 경남에도 지역의 성장동력을 튼튼히 하는 두 개의 도립대학이 있다. 입학성적이나 취업률도 실망적이지 않다 남해대학과 거창대학이 그 주인공이다.

경제적 운영주체는 늘 효과, 즉 효율을 따진다. 교육영역도 예외가 아니다. 투자대비 성과, 수요자의 가치, 즉 효능성까지 분석한다. 경남도가 이른바 경제성을 이유로 두 대학 통합 논의에 불을 당겼다. 각각 한해 100억 원 남짓의 예산 투입에 대한 효율성 제고를 염두에 두고 용역하였다. 각각의 대학에 역시 일년간 별도의 약 100억원 남짓 국비지원에 대한 경제성 검증도 부과되었다.

교육의 효과는 짧은 시간에 나타나지 않는다. 성과의 회임은 수십년에 걸쳐 나타난다. 그래서 백년지대계라는 말을 쓴다. 천지지지(天知地知), 하늘이 알고 땅이 아는 섭리다.

지방이 소멸되고 있는 준엄한 현실을 비장한 마음으로 살펴야 한다. 젊음의 상징, 대학과 그 구성원은 찬란한 생동이다. 지역의 광채요, 희망이다. 쌀농사가 경제성이 탁월해서 정부의 처절한 지원을 받는게 아니다. 한국이 정체성, 논밭없는 국토는 생명력을 잃는다. 동식물의 생태계를 파괴한다. 사람의 성장을 살피는 교육, 지역 균형발전의 동력 유지 차원서 다가서야 할 일이다.

(2023. 7. 12)

허장성세(虛張聲勢)

유래를 찾으려면 기원전 때인 춘주전국시대, 제자백가(諸子百家)간 자웅을 겨룬 한 전쟁터에서의 일이다. 실속없이 장대한 목소리만으로 상대를 제압하려한 전술의 일종으로 '허세'정도로 이해되는 허장성세가 주위에 많다. 허영심이거나 속물(俗物) 정도로 표현될 지경, 스노비즘(snobbism)으로도 연관지을 수 있다. 실력없이 껍데기만 요란한 과시욕의 산물로도 비약될 만 한 말이다.

얼마전 한 기초자치단체서 의전차량으로 대당 1억 원에 육박하는 승용차를 따로 구입한다는 계획이 구설에 올랐다. 시군구에 온 외부 손님을 대접하기 위한 차량이 별도로 운행되어야 한다는 당위는 있다. 필요하다는 말이다.

하지만 우리가 사는 이 땅, 한국은 200개가 넘는 국가가 존재하는 지구상 유례가 흔지 않은 문화적 일체감이 독특한 나라다. 순정성은 차치하고, 단일민족 후예라는 역사적 전통이 배경일 것이다. 특정한 문제나 이슈가 부각되면 일순간 나라, 국민 전체의 공통관심 사안이 된다. 강원도에서 제주도, 경기도에서 부산까지 손님을 접대하는 방식과 예법에 큰 차이가 있을리 없다.

판이한 문화 혹은 범절의 차별성이 유난하거나, 국가간 이익이 첨예한 외교와 달리 국내 시군구간 교류가 대부분일 '우리끼리'의 의전이 특별해야 할 이유가 뭘까. 꼭 고급이거나 큰 차로 손님을 맞아야 할 까닭이 무언가 말이다. 있는 그대로, 형편대로 맞아도 결례가 아니다. 자치단체별 실국에 배치된 필요 이상의 다수 업무용 차량으로 대체하면 될 일이다. 차량으로 의전수준을 가늠하다면 시대착오적 퇴행이다.

(2023. 7. 19)

현안질의

흔히들 자주 논다고 하지만 대한민국 국회가 한가한 지대가 결코 아니다. 과거에는 9월 1일에 열리는 정기국회를 제외하고는 국회의원 전원이 참석해야 하는 본회의가 개최되는 사례가 많지 않았다. 지금은 정기국회를 제외한 짝수달에는 의무적으로 임시회를 열어 국회활동이 상시화되었고. 더하여 국회 교섭단체간 합의에 따라 100일간의 정기국회, 30일간의 짝수 달 임시국회와 별도의 임시회의를 열도록 하여 국회활동이 작공되지 않는 기간은 거의 없다.

실정법인 국회법에 근거하고, 마찬가지로 국회법에 따라 분야별 각 상임위원회 활동이 상설화되어 있다. 상임위원회가 열리면 당장의 부처별 현안과 관련한 '현안질의'가 필수다.

현안(懸案), 해결되어야 할 문제에 대한 상임위별 대정부 질문인 셈이다. 대통령을 비롯한 정치지도자와 연관된 정부입장, 민생경제를 비롯한 국민생활, 장마로 불거진 홍수사태 등 상임위별 부지기수다. 경남, 사천의 '우주항공청 설립 특별법'처리가 해당 상임위원회인 과학기술방송통신위 그것의 하나다.

특별법을 우선 매듭짓자는 여당과 후쿠시마 원전 오염수 방류, KBS수신료, 방송위원 선임과 관련한 현안질의를 먼저 하자는 야당과의 입장차이로 상임위가 열리지 못하고 있다. 단순한 갈등, 간단한 입장차이로 보이지만 내밀하고도 섬세한 정치 셈법이 가려져 있다. 쌍방의 원초적 불신이 원인이다. 우주항공청 사천 설립이라는 대통령 공약 사업을 선결하겠다는 여당의 의지, 정부여당 실정(失政)을 부각시키겠다는 야당의 포부가 각각의 그것이다.

(2023. 8. 2)

파크골프

이름 그대로 골프경기와 유사한, 공원인근에서 즐길 수 있는 운동이 파크골프다. 6홀로 국내 처음으로 개장한 진주시의 한 파크골프장이 그 효시다. 1998년에 문을 열었으니 25년여 지났다. 일본의 북해도에서 1980년대 초반에 유래되었으니 그 역사가 짧지만은 않다. 그동안 괄목할 성장세를 보이다가 최근에는 '붐'으로 읽힐 만큼 인기가 대단하다. 기초자치단체별로 한두개 없는 곳이 없을 만큼 선풍이다.

많은 시간이 소요되거나 부킹이 상대적으로 어렵고, 장비구입이 결코 저렴하지 않거나 통념상의 대중운동으로 불리기 힘든 골프의 단점 모두를 해소 할 수 있다는 특장점이 있다. 필요이상으로 꾸며지는 가식(假飾)에 스트레스가 없고, 100분 정도의 부담되지 않을 시간만으로 운동효과나 사교활동이 가능하다는 순기능이 탁월하다.

넘치는 체력의 절정을 넘긴 중년 혹은 노년층이 대종을 이루나, 최근에는 젊은 사람의 친교적 장으로 널리 활용되면서 그야말로 남녀노소를 불문하면서 그 효용성을 크게 떨친다.

상대적 시설부족을 호소하는 시군이 많다. 사천시도 그중의 하나다. 시초의 장인 북해도는 인구 1만명 당 1개소 이상의 시설을 확보하고 있다. 강원도 한곳은 한해 이용객이 200만명을 넘긴 곳도 있다. 여느 스포츠도 마찬가지지만 기초 체력을 다지는 운동시설 확보에 배전의 관심이 필요하다. 걸어서 건강과 활력을 얻는다. 종국적으로 의료비가 절감된다. 신선한 기분은 덤이다. 좋은 기운은 공동체의 생산을 배가한다. 곧 나라의 이익이다. 논법이 아닌, 섭리다.

(2023. 8. 9)

방송위원

합의제 행정기관인 방송통신위원회는 장관급인 위원장에 4명의 상임 방송위원으로 채워진다. 국가공무원으로 모두 차관급이다. 차량과 사무실 규모, 국가직 사무관을 비서관으로 두는 정무직이다. 구성의 셈법이 특이하다. 위원장과 한 명의 상임위원을 대통령이 지명하고, 나머지 3명은 국회교섭단체 의석을 기준으로 나눈다. 대통령 지명 몫이 2명이기에 여당이 소수당이라도 정부여당이 늘상 과반의 지위를 갖는다. 방송의 정치적 중립은 불가능하다는 뜻이 된다.

방통위는 방송국 허가 및 규제 등 모든 방송정책권이 기본 직무다. KBS 등 공영방송사 이사회를 구성하고, MBC의 과점주주인 방송문화진흥회 구성권도 갖고 있다. 종편과 케이블, 유튜브나 네이버 등 통신플랫폼 사업도 총괄한다. 모두가 방송위원 손을 거친다.

지금 야당인 민주당 추천의 한 방송위원 자격과 관련하여 법제처는 이 인사의 부적격을 판정하였다. 구속력 없는 조치다. 선거법 위반 등 치명적 전과가 이유다. 그래서 대통령은 임명을 보류하고 있다. 민주당은 이 추천을 철회하는 것이 온당하다. 그러나 거부한다면 대통령이 임명하는 것이 타당하다. 대통령의 권한이 실질적, 사실적 임명이 아닌 형식적 임명이기 때문이다. 국회교섭단체, 민주당 몫이다. 입법 취지가 그렇다.

국회 '과방위'소관의 이 임명 파동으로 같은 상임위 직무인 사천의 '우주항공청 특별법'에 불똥이 튀었다. 단지 이 사안에 더하여 방송정책과 관련한 여야 대립으로 우주항공청 설립이 기약없이 지체되고 있다.

(2023. 9. 6)

상징조작(象徵操作)

사람의 소통구조는 간단하지 않다. 개인과 개인의 경우는 전달하고자 하는 메시지가 어렵지 않게 닿지만 지금과 같은 대중사회는 그것이 온전하지 못하다. 전달자 당초의 뜻은 전달받는 사람, 즉 수용자의 여건에 따라 다시 가공된다. 대중을 상대하는 정치집단, 위정자는 이러한 인간심리를 고려하여 특정 메시지 전한다. 심리학 이론의 가닥인 상징조작이 그 유별난 수단이다. 진실과 다른 허위를 조작하여 대중에 전달 되도록 한다.

일본 후쿠시마 원전 오염수 방류에도 교묘한 상징조작이 가해지고 있다. 일제 침탈의 역정(歷程)으로 만들어진 반일감정을 상징화하여 바다를 죽인다는 메시지를 끊임없이 공급한다. 굳이 중등학교서 배우는 바다의 자정작용, 지구의 7할을 차지하는 바다 스스로 미생물 활동에 따라 오염물질이 정화되는 지구과학을 들먹이지 않아도 국제연합(UN) 산하 국제원자력기구(IAEA)가 안전이 보장된다는데 말이다.

상대적으로 이미 십 수년간 후쿠시마 삼중수소 배출량의 50배가 넘는 총량을 바다에 버리고 있는 중국의 위험은 무슨 까닭으로 가려지고 누구에 의해 침묵되는지 모르겠다. 사실과 다른 선동으로 표를 모으고 정치적 이득을 꾀하는 세력이 있다면 천벌 받을 일이다.

근대사 상징조작의 최고수는 김일성을 뼈대로 한 지금의 김정은 북한정권이다. 누가 뭐래도, 어떤 경우도 부정하기 힘들 것이다. 역사까지 훼절하고 왜곡시킨 실증적 사례가 지천이다. 이성으로 꾐에 빠지지 않아야 한다. '후쿠시마' 건도 마찬가지다.

(2023. 9. 13)

단식(斷食)

말 그대로 몸을 지탱하기 위한 음식을 중단한 것이 단식이다. 7할이 물로 채워지는 사람의 몸은 공기가 없는 곳에서 3분 정도만 지나고, 물을 먹지 못하는 경우는 약 3일간, 흔히 소금으로 이해해도 무리가 없을 나트륨 공급이 없는 상황에서는 10일 정도 지나면 목숨을 유지하기 힘든다고 한다. 따라서 사흘간 물없이, 소금없이는 열흘을 버티지 못하는게 인간의 생명이다. 조건과 육체적 상태에 따라 일률적일 수 없지만 대체로 그렇다.

건강과 연관된 치료적 목적도 있고, 종교적 신념, 정치적 투쟁을 목표로하는 단식 등 그 유형과 목적이 모두 같지 않다. 근대사 그 상징으로 일컬어 질 수 있는 정치인은 비폭력 정치지도자인 인도의 간디를 꼽는데 주저함이 없다. 일생동안 수차례 물과 소금으로 20일 이상을 버틴 역정이 있다.

국회 제 1당, 야당 대표가 단식을 이어가고 있다. 반정권 타깃의 저항이다. 그런데 의외의 방식에 눈길이 모인다. 공개적으로 정한 단식의 장을 벗어나고 밤에는 아예 모습을 감추기도 하고, 스스로 소화를 언급했고 회의도 참석했다.

지위고하를 막론하고 단식한다면 주위의 누구나 처절한 긴장감에 싸이게 된다. 그 종국적 도착점은 목숨을 잃기 때문이다. 진정성이 온전하다면 죽음이 전제되는 것이다. 염려할 일이다. 먹을 것 먹고하는. '웰빙'단식으로 폄훼하는 시선도 없지 않다. 힘없는 사람의 최후 수단인 단식 순정이 훼절돼서는 안된다. 포장된 겉과 다른 의도가 있다면 그 또한 뿌리깊은 정치냉소를 가중시키게 된다. 아니길 바란다.

(2023. 10. 11)

보궐선거

오늘 실시하는 서울 강서구청장 보궐선거 여론의 시선이 뜨겁다. 전임 구청장의 '직무상 비밀누설 혐의'의 집행유예 형이 확정된 데 따름이다. 되어 치러진다. 선거운동상의 문제가 발생했거나 선거자체에 하자가 있어 치러지는 재선거와는 달리, 당선되어 선출직을 수행하는 과정에서 불거진 문제로 다시 하는 선거가 보궐선거다. 즉, 선출직의 궐위가 생겨서 결원을 보충한다는 말이다.

보궐선거에 입후보하는 사람은 일생의 행운으로 간주된다는 우스개가 있다. 일거에 전국적 관심으로 인지도 측면의 스타덤에 오른다는 얘기가 그것이다. 당 대표를 포함한 당내 명망가들의 출전이 당연시된다. 다음 선거에 대한 전초적 민심의 바로미터라는 의미가 붙여져 사활을 거는 양상까지 진전된다.

주말까지 진행된 사전투표율이 전체 2할을 넘기는 기록을 보였다. 관심의 방증이다. 후보를 낸 정당 각각의 아전인수가 만만치 않다. 상대당에 대한 실망으로 자당 세력의 결집이 고조되었다는 논평에, 반대로 여당 독주에 대한 엄정한 경고 메시지가 또렷하다는 강변도 있다. 제 3자의 시선으로 보면 모두 견강부회의 다름 아니다.

전국 230여개 기초지자체 수장을 다시 뽑는 선거에 나라 전체가 출렁일 정도의 관심이 의아하다. 내년 총선 기류에 대한 민심 확인이라는 의미 또한 비약같다. 해당 지역구도 아닌 국회의원의 거의 전체가 달려 붙는 이유도 모를 일이다. 한번에 수십억원의 재보궐 선거관리 비용, 그것보다 더 많은 각 정당의 선거비용은 국고보조금에서 염출된다. 모두 혈세다. 정당의 후보공천에 하자가 없어야 그게 아껴진다.

(2023. 10. 19)

동창회

같은 스승 문하(門下)서 배웠다 하여 동문수학(同門修學)한 동창생끼리의 친밀감은 누구에게나 각별하다. 생애주기 한창의 성장기에 적게는 3년, 많게는 6년 이상을 같은 교실과 운동장에서 볼 것과 때에 따라서는 안 봐도 될 것들을 모두 보고 생활했기 때문에 그 각별함은 예사롭지 않다. 정서적 교감을 간직하면서 졸업한 이후에도 살가운 교류를 나눈다. 그 공개의 장(場)이 동창회다.

출세한 사람의 폼잡는 공간으로 여기는 사람도 있고, 우스개로 돈자랑 하거나 돈 없어 차용할 기회로 여기는 사람도 있단다. 학창시절을 막 벗어난 시점에 그 진한 잔상이 가득한 정분을 과시하기 위해 자주 모이다가 직장을 얻는 시점에는 모임 횟수가 현저히 줄어든다. 그러다가 자녀를 혼인시키는 시점이거나 부모의 망사(忘死) 즈음에 반짝 활성화되기도 한다.

동창회 활동의 침체나 활성이 연관된 삶의 변곡점을 예외로 두고서도 동창회 혹은 동문의 가치가 점점 퇴락하는 트렌드가 엄연해지는 것 같다. 개인주의 팽배라는 사회적 사조를 무시할 수는 없다. 동창회가 열리지 않는 학교, 여러 졸업기수가 공동으로 주관하거나 심지어 여러 학교가 연합하여 명맥을 유지하는 경우도 허다하다.

누가 뭐래도 공동체 의식이 또렷한 기반, 사회통합화 기능을 묵묵히 지켜왔던 학교에서의 연분 희석이 안타깝다. '그래도 친구 아이가', 동창의 인연으로 많은 것이 양해되고 그 동질감으로 일정한 시간을 공유했던 추억이, 단지 그리움의 대상이 된 세상이 되었다. 참 아쉽다.

(2023. 6. 11)

초여름 햇볕

사각으로 정렬된 창 사이에 선듯나 바람이 든다

햇볕이다.

그 모질고 거센 바람에도 홀연히 위용을 지킨 노송이 장엄하다

나가볼까는 싱그런 마음에 잔잔한 기쁨까지 여민다

얼굴에도 발에도 닿을 빛이다

오늘밤에도 잠들기전 흐뭇한 회상에 웃음으로 반긴다

독 장장한 뙤약볕이 다가 서겠지

따스한 그대

쌓인 정분이 긴장한 속내를 오랫동안 달래줄지.

고대가 가득하다

사설

(2023. 1. 12)

남해-여수 해저터널 착공, 국제적 관광권역 발판된다

남해와 전남여수의 바닷길을 잇는 해저터널이 올 하반기에 첫 삽을 뜬다. 시행청인 부산지방국토관리청이 올 상반기 중에 시공 사업자를 선정하여 늦어도 금년내에 착공한다고 공표하였다. 총 길이 5.93킬로미터의 4차선 도로로, 총 사업비 6천 9백억 원으로 잡혀있지만 오랜 공사기간을 감안한 추가발생 비용을 포함하면 1조원이 넘는 돈이 투입될 것으로 추계된다. 양지역간 이동에 70여분이 소요되는 시간이 10분 정도로 단축된다. 관광수요의 상당 영역인 수도권에서의 접근도 획기적으로 용이해진다. 기존의 광역 교통망에 더해 서해안과 남해안을 잇는 국도의 미개통 지역을 연결하는 부가적 효과가 나타난다.

관광객의 괄목할 증가를 쉽게 상상할 수 있다. 관광호텔을 포함한 대규모 관광인프라가 자연스럽게 구축되게 된다. 자금을 투입에 비즈니스 모델을 창출하고자 하는 민간사업자의 눈길도 모아지게 될 것이다. 고용창출 등 경제생산 유발효과도 따라 붙는다. 당해 자치단체인 남해와 여수간의 인적 및 물적 교류가 활발해지게 되고, 단지 양 지역의 차원을 넘어선 영호남의 실질적 정서융화도 새롭게 나타나게 될 것이다. 남해와 인접한 사천과 하동을 포함한 한려해상공원을 중심으로 한 해양 관광권역의 성장이 예견된다. 지역이 확보하고 있는 무역항과 공항, 향후 개통될 KTX 인프라 등을 활용한 교통요충지로 발전될 호기가 자명해진다.

해양과 육상, 섬을 잇는 남해안의 국제적 관광권역의 새로운 탄생을 기대한다. 수려한 풍광과 천혜의 관광자원을 더 효율적으로 활용할 비전이 요구된다. 선진 관광 브랜드로 명성을 날리고 있는 유럽의 지중해 혹은 이태리의 나포리와 같은 세계적 해상관광지에 뒤지지 않는 기반을 확보하게 된다. 잘사는 나라, 경제대국 대한민국에 소재한 남해안이다. 해상관광 자원으로 개발될 계기를 구축하는데 배전의 정성을 쏟아야 할 것이다. 자치단체와 시행청의 행정력 손실이 없도록 해야 할 것이다. 이 국책사업의 차질없는 성공을 바란다.

(2023. 1. 19)

국산 전투기 KF21 초음속비행 성공에 부쳐

한국이 개발한 초음속 전투기로 공군의 첨단 전투기 개발사업의 결과물이라는 KF21 보라매 전투기가 처음으로 초음속 비행에 성공했다는 낭보가 전해졌다. 국방부는 사천의 공군 제3 훈련비행단에서 이륙한 KF21 시험 1호기가 남해 상공에서 음속(마하1, 1224㎞/h)을 넘는 비행 쾌거를 이뤘다고 밝혔다. 국내 기술로 개발한 전투기가 음속 이상의 수준을 돌파해 정상비행한 최초로 기록된 의미가 있다. 이번 시제 1호기는 이날 오후 3시경 제 3 훈비를 이륙해 약 1시간 비행한 뒤 착륙했다고 공표하였다. 종국적 성공을 위한 한치의 부족과 미흡을 보이지 않았다고 한다.

이번 초음속 비행을 성공리에 마침으로써, 올 하반기의 잠정 전투용 적합판정 목표달성에 한층 가능성을 높이게 되었으며 내년 1기분을 목표로 한 방위사업추진위원회 양산 승인도 안정적 가시권에 돌입시켰다는 평가가 나온다. 향후 3년 내지 5년 사이에 실전배치 및 개발완료라는 국방전략을 순조롭게 이행할 것이라는 전망을 가능케 하는 것이다. 기실, KF-21의 개발 및 연구는 한국항공우주산업(KAI)을 중심으로 국방과학연구소가 매진했고, 200여개가 넘는 항공관련 국내 업체가 공들인 국책사업으로 알려져 있다. 여기에 10여 개의 정부출연 연구소와 항공우주관련 학과를 보유한 15개 대학이 참여한 매머드급 전략적 국가안보 프로젝트 일환이라는 명성을 얻었다. 민관군의 국방대국을 향한 헌신과 노력의 결과물이라는 성과로 매김될 만 하다.

KF-21은 명실상부한 최초의 국산 전투기로 부품의 7할 정도가 순 한국산으로 구성되었고, 실전배치될 때 까지 8할 정도로 늘려간다는 계획까지 있다. 국방의 순도를 차츰 늘려가는 것이다. 기존의 전투기가 5할 정도의 국산비율을 보이는 것과 큰 차별성이 있다. 음속 비행 성공 의미를 더 부각시키는 콘텐츠로 매김될 만 하다. 사천서 시행된 초음속 시험비행을 계기로, 올해 안에 개청을 목표로 매진하는 사천시의 역량 투입에 더하여 사천의 항공우주 및 국방도시 브랜드가 한 단계 더 비상할 것이라는 상징적 의미 또한 더 또렷해 보인다.

(2023. 1. 19)

급식종사자 폐암발생 빈도, 예의 주시해야

학교 등 다중 급식소에 종사하는 사람의 폐암발생 비율이 일반인에 비해 훨씬 높다는 인식이 일반화되었다. 사회문제로 부각되었다. 얼마전 국회 교육위원회 소속 한 국회의원이 발표한 자료에 따르면, 각급 학교 급식종사자의 폐 CT 검사 결과 10명 중 3명꼴로 '이상소견'으로 나타났다. 급식종사자들 사이에서 음식공급 업무에 대한 직업적 불안감, 발병 위험도에 대한 위기의식이 팽배해지게 되었다. 연기를 많이 흡입하게 되니 폐에 위해작용이 자연스럽게 나타날 것이라는 등식이 당연지사가 된 것이다.

알려진 바에 따르면 폐암의 가장 큰 원인은 흡연으로 지목된다. 환경적 요인으로 라돈, 미세먼지 등이 직접적 위해요소로 분류된다. 직업적 위험요인은 석면, 유리규산, 니켈 등이 있는바, 학교급식소가 그런 요소를 다분히 보유하고 있다는 환경인 것이다. 이러한 역학관계를 기초로 학교 급식종사자의 폐암이 질병성 산업재해로 인정되기에 이르렀다. 산재로 처리된 실례도 상당하다.

다량의 음식이 만들어지는 주방에서 각종 식재료를 튀기거나 굽는 과정에서 발생하는 내연 연기로, 각종 발암 유해물질이 융해되어 위험도가 매우 높게 나타난다. 특히 폐 질환을 유발시킨다는 것이다. 연기를 발암 가능 물질로 분류하는 것은 보편적 의학 상식에 따름이다. 요리과정의 매연은 비흡연 여성의 주요 폐암 원인으로 갈음되는 것이다. 쾌청하지 않은 주방환경하의 급식종사자 다발적 폐암 발생이 쉽게 연상되는 것이다.

이런 위험요인에 대한 경각을 가질 경남교육청의 시의적절한 대응방안에 눈길이 모인다. 관내 각급 학교 급식종사자 폐암 관련 예방 대책 마련에 손을 걷었다. 실제로 경남은 이 분야 종사자를 대상으로 한 검진결과에서 20% 이상이 '폐 이상 소견'을 근거로 하여 조리환경에 적합한 관리기준을 마련하고 검진 대상을 확대하며 예방대책 공동 전담 조직을 운영한다는 등의 대책을 강구했다. 고무적이다. 아울러, 어제 실시된 전국 시도교육감협의회에 공식 안건으로 제출한 바 있다. 환경개선의 선도적 역할을 하겠다는 의지로 읽힌다.

(2023. 2. 3)

대통령의 '공직 대수술'의지, 시의적절하다

윤석열 대통령이 공직문화 개혁을 통해 국가경쟁력을 한층 강화하겠다는 의지를 밝혔다. 정부세종청사에서 열린 직전의 국무회의를 통해서다. 정부를 위해 일하는 공직자의 마음가짐이나 방식의 변화없이는 글로벌 경쟁사회, 경제전쟁에서 살아남기 힘들다는 위기의식을 제기하며 드라이버를 당겼다. 공직사회의 무사안일한 고정 병리의 실제를 지적하며 강력한 정부개혁을 주문한 셈이다. 반도체 등 첨단 공장을 설립하는데 경쟁국은 3년에 불과하지만 우리의 경우 8년의 긴 시간이 필요하다는 등의 실제적 예시를 올리며 정부개혁의 당위성을 설파했다.

복지부동 문화 팽배라는 공직사회의 경각을 주기에 충분하다. 고무적이며 시의적절하다는 평가가 있다. 중앙정부 각 부처에 광범위하게 걸쳐있는 이기주의와 퇴행적 관행, 필요 이상의 규제가 각 방면의 성장을 가로막는다는 현실적 문제를 적시하며 근절의 대상임을 강조했다. 경쟁의식이 전제된 민간수준으로 탈바꿈 시켜야 한다는 것이다. 이를 위해 공직에도 실적주의를 과감히 도입할 필요성을 제기하였다. 공직자 개인 혹은 부서별 업무추진 효과를 평가하면서 승진과 임금조정이 가능하도록 한다는 방안도 제시했다. 한번 임용으로 정년까지 특별한 하자나 과오가 없으면 신분이 절대 보장되는 이른바 공직의 '철밥통'경직문화를 과감히 근절한다는 방침을 내보였다.

대통령의 개혁인식이 순조롭게 파급되기를 기대한다. 집권 2년차를 맞았다. 공직대상의 이같은 칼날이 무뎌져서는 안된다. 인사시스템과 성과주의의 유연한 착근이 요구된다. 일률적 호봉 중심의 연봉체계도 수술 대상이다. 과거, 공직에 몰린 인재가 떠나지 않도록 상응하는 대우가 보장되어야 한다. 건강한 정부의 필요충분 조건이다. 당연히 공무원의 기초적 의무사항도 요구도 병행되어야 할 것이다. 공무원법에 조문된 청렴의 의무, 품위유지의 준수 등이 그것이다. 도태되는 공무원의 말로도 자연스럽게 받아들여야 한다. 대통령의 의지만으로 성사될 과제가 아니다. 관련 법률의 손질이 전제되어야 할 사안도 있다. 무엇보다도 공무원 스스로의 자각이 우선이다.

(2023. 2. 15)

무자의 신선한 의견, 도정활력 제고시킨다

경남도가 '경남도정 제안광장' 이름으로 간부 공무원이 아닌, 실무자 중심의 회의체를 구성하여 각양의 시책을 실천한다는 계획을 이행하고 있다. 우선 지난 월요일에 도지사 주재로 중간 간부에 해당하는 5급 사무관부터 신규 직원에 해당하는 8급 서기까지 다양한 직급의 직원들이 한데 모여 현장감 넘치는 의견을 개진하는 회의를 개최했다. 연공서열이 확연한 공직사회의 신선한 의사 수렴 수단으로 평가될 만 하다. 초기이기에 짜여진 시나리오도 있을 터이고, 획기적인 아이디어가 도출되기는 한계가 있겠으나 첫발의 의지가 집약되어 향후에 적지 않은 긍정적 효과가 있을 것으로 전망된다.

행정의 정점에 있는 최고 의사결정권자인 도지사의 도정 철학이 실무자들에게 전달되는 과정이 좀 더 투명해지게 될 것이고, 정치적이거나 정무적 여건을 고려해야 하는 간부 내지는 고위직의 관행적 질서에도 순기능적 영향이 미칠 것으로 기대된다. 현장에서 보고 겪는 행정의 불합리나 합법이되 편법적 요소가 문제없이 지나가는 불합리도 제기될 것이다. 행정의 역기능적 요소가 젊고 패기있는 직원들에게 정책제안이라는 이름으로 개선될 수 있다. 경륜있는 간부직원의 통찰에 더하여 합리성과 효율을 중시하는 프레쉬 맨들의 순수성이 잘 조화되어 더 큰 부가가치가 생성될 것으로 기대한다.

다만, 늘상있는 행정의 보여주기식의 행태는 지양되어야 할 것이다. 억지로 효과를 만들어내기 위한 무리수가 없어야 한다는 말이다. 민간영역에서 구동되거나 실천적 가능성이 충분히 있는 제안이 기존의 고리타분한 관행에 저지되는 일도 터부되어야 할 것이다. 고위직의 심기가 지나치게 적용되는 일 또한 배척되어야 한다. 행정의 칸막이 부작용으로 일컬어지는 업무영역 다툼이나 곤란한 일에 대한 직무유기적 요소도 제거되어야 한다. 새로운 회의체에 대한 새롭고 산뜻한 기대감이 있다. 직무영역을 넘어 공직자로써의 일체감이 제고되는 부가적 효과도 나올 것이다. 화합은 수학적 덧셈에 더 큰 결정체를 탄생시킨다. 이제 막 출발한 새 의견수렴의 장에 더 큰 관심이 모인다.

(2023. 2. 15)

지방자치분권 및 지역균형발전, 입법으로 결실봐야

지방의회가 구성되고 선출직 공무원이 활동하고 있어도 있어도 진정한 지방자치, 지역균형발전이라는 시대적 화두는 썩 또렷해 보이지 않는다. 국가의 통치권과 행정영역의 상당부분이 아직도 중앙에 집중되어 있음에 다름 아니다. 여기에 서울을 중심으로 한 수도권이 생산역량과 인구분포가 편향되어 있다는 현실이 그 위기감을 더한다. 일터의 요체인 대기업 8할 정도가 수도권에, 인구의 거의 절반이 거기에 집중되어 있는 현실이 그 위태로움을 잘 웅변하고 있다. 국가사무와 권한을 지방정부에 과감히 위임해도 특별한 부작용이 나타나지 않음에도 중앙통치 행태는 좀처럼 완화되지 못하고 있다. 지방 주민들의 창의성과 애향심은 그 철벽에 퇴색되기 마련이다.

이 문제에 경각을 줄 괄목할 성명서가 발표되었다. 복수의 언론단체가 공표한 '지방자치분권 및 지역균형발전에 관한 특별법' 제정 필요성을 담은 성명이 그것이다. 이들 단체는 성명을 통해 특별법이 국회 해당 상임위인 행정안전위원회에 상정조차 되지 못하고 있는 현실을 적시하면서 국면의 장기화를 우려하고 있다. 인구절벽에 떠나는 기업 등 소멸 위기를 겪고 있는 지방의 절박한 현실을 타개하기 위해서는 빠른 입법이 절실하다고 강조한 것이다. 시의적절한 입장표명이다.

기실, 정부는 지난 연말에 국무회의를 통해에서 지방자치분권 및 지역균형발전에 관한 특별법안을 성안하여 의결하였다. 정부입법으로 상임위 상정을 기다리고 있다.

그동안 지방분권과 국가균형발전 방책이 별개로 추진되어 정책의 시너지 효과를 거양하지 못한다는 지적에 따라 야 사안을 통합조정하여 과제를 융합시킨다는 목표를 두고 각 법률안을 손질해 왔다. 큰 하자가 발견되지 않은 특별법이라 할 만 하다. 여야를 막론한 정치권의 관심을 촉구한다. 행정의 자치역량 제고와 국가균형발전이라는 원대한 과제는 정치권의 고유직무이다. 주민의 보다 가까운 행정적 시혜, 균형성장을 통한 국리민복에 걸림돌이 있어서는 안된다. 좌고우면에 당리당략, 정쟁없는 입법의 조속한 처리를 주문한다.

(2023. 3. 7)

의원연수, 배우고 연마의 장이 되어야 한다

지방의회 의원을 비롯한 선출직 공무원 해외연수와 관련한 말썽이 끊이지 않고 있다. 엄중한 조직질서가 정착된 일반직 공무원의 국외출장도 정도가 좀 다르지만 좋은 시선만은 얼마전 중부권 광역의회 의원의 해외연수를 위한 여정에서 항공기내 음주 추태가 불거지더니, 마치 퇴행적 행태에 보조 맞추듯 졸속 연수결과 보고서가 눈살을 찌푸리게 한다. 진주시의회 유럽연수 결과보고서가 그렇다. 한 시민단체의 혹평이 그 진상을 잘 말해 준다. 특정 방문지에 대한 방문소감을 언급한 바, 인터넷 백과사전의 상당부분을 토씨하나 다르지 않게 복사한 내용이 주류다. 또 이미 해당 자치단체가 추진하고 있는 정책사안을, 새로 도입할 현안으로 설정한 사례도 들춰졌다. 한심한 일이다.

기실, 결과보고서는 연수를 통한 성찰과 견문 성과를 정리함으로써 전향적이고 모범 정책을 도출한다는 취지를 담는다. 국회의원도 마찬가지겠지만 지방의원 등 선출직 공무원의 유무형의 영향력하에서 일하는 사무처 직원이 대신 작성하여 제출하거나, 그들의 절대적 도움으로 작성되는 경우가 대부분이다. 표본모델과 양식으로 마치 판박이를 연상케하는 무의미한 내용을 탑재하는 경우도 있다. 심지어 짜여진 양식적용도 하지 못하는 의원도 수두룩한 실정이다. 말 인사부터 그들이 생각하는 적당한 사례를 베풀며 대필을 당연시 하기도 한다. 대신 일하는 직원이 의원들에 향한 시선이 고울리 없다.

공무원의 해외연수에 대한 배전의 인식전환이 절실하다. 모든 경비가 자치단체의 곳간, 주민의 세금으로 충당된다. 선진화된 해외의 문화와 자원을 '우리'에 응용하는 연마의 장이 되어야 한다. 그 순기능이 고스란히 주민에 귀착되도록 심기일전해야 할 것이다. 지금과 같이 관광성, 외유성 위주의 아젠더도 과감히 혁파되어야 할 일이다. 출장과 관련한 법규 혹은 조례 정비도 재검토 될 필요가 있다. 결과보고서와 같은 사후관리 단계의 정밀성도 요구된다. 참여자의 책임성을 부과할 평가체계를 손질할 시점이다. 각 지자체별로 국외출장 연수정보시스템의 무한 공개가 그 일환이 될 수 있다.

(2023. 3. 15)

노후 산업단지 경쟁력 강화 사업, 본 궤도에 올려야

창원국가산업단지, 진주상평산업단지, 사천제1·2산업단지를 비롯한 경남도에 산재한 10개 노후화된 산업단지의 경쟁력을 제고시키기 위한 이른바 재생사업 및 구조고도화 프로젝트가 본격화될 전망이다. 경남도가 국비 117여억원을 포함한 총 300여 억원의 예산으로 지정된지 20년 정도에 이르는 노후 산업단지의 대대적 재정비사업을 시행한다고 밝혔다. 집적화된 산업입지 기능을 제고시킴으로써 단지조성 경쟁력을 강화한다는 취지다. 올해만 약 100억원을 투입한다는 계획이다. 도로 등 기반시설의 정비, 공영주차장 신설 혹은 확장, 단지내 편의시설을 확충하는 등 근로자복지 수준도 크게 향상시키겠다는 목표도 설정되었다.

배전의 쾌적한 작업환경을 제공함으로써 생산적 효율을 늘린다는 예측이 가능해진다. 고무적이다. '노후거점산업단지의 활력증진 및 경쟁력강화를 위한 특별법'에 따르면 지방자치단체는 단지의 경쟁력 강화사업을 촉진하기 위하여 필요한 예산을 확보하고 관련 시책을 수립하여 시행하여야 한다고 규정했다. 이 법 제 3조가 그렇다. 산업단지의 경쟁력강화사업이 원활하게 추진될 수 있도록 노력해야 한다는 자치단체의 책임을 조문한 바에 따라, 당연한 수순으로 읽혀질 수 있지만 발빠른 대응이라는 점에서 긍정적 평가가 가능하다.

경남도가 밝힌 구체적 재생 및 리모델링 사업에 차질이 없도록 심혈을 기울여야 한다. 과거 공단으로 불리기도 했던 산업단지의 명실상부한 역할이 제고되기 위해서는 산업의 직종 다양화, 날로 변모하는 근로자욕구 고급화, 글로벌시대의 첨단산업 부상 트렌드에 부응하는 유기적 대처가 요긴하다. 국가 혹은 자치단체서 지정하고 관리하는 만큼, 국가산업단지든 일반산업단지든 그 활성화 여부는 정부의 정성과 노력에 달려있다. 시설과 제반 인프라의 노후화로 생산효율이 퇴감되거나 안전사고가 발생한다면 그 귀책은 당연히 정부에 있다는 말이 된다. 경남도의 이번 경쟁력 강화 프로젝트를 통해 해당 산업단지 주변지역 개발과 인근 주민의 복리 증진의 가치가 부가될 것으로 예측된다. 아울러 해당 지역의 총체적 발전을 기대하는 바, 괄목할 계기가 되기 바란다.

(2023. 3. 15)

탄소중립중점학교 선정 경남 4개교에 찬사를

지난 2021년부터 교육부를 비롯, 환경부 등 6개 중앙부처가 기후위기 대응 역량 함양을 목적으로 공동 추진한 탄소중립중점학교 지정사업이 올해로 3년째를 맞는다. 첫해 전국 5개교 선정을 시작으로 올해는 모두 40개교가 새롭게 선정되었다. 그중 경남도에 소재한 4개교가 선정되었다. 쾌거다. 통영 벽방초교, 함안여중, 함안 산인초교, 합천 평화고교가 그 영예를 안았다. 선정된 학교에는 교육부 주관으로 기후 및 환경관련 프로그램운영, 시설과 공간을 조성하는 등 다각적으로 지원된다. 또 환경주무 부처인 환경부에서도 기후 환경교육 효과를 제고시키는 소통 창구를 만들어 주고 환경관련 도서를 지원하는 등 다양한 프로그램을 제공한다.

기존의 교육예산과 별도로 상당액의 학교운영경비까지 보탠다. 참여한 다른 부처도 목적사업에 부합하는 체험기회를 부여하는 등 온·오프라인을 망라한 미래지향 교육환경을 조성해준다. 해양수산부는 해양환경 교실을 운영할 수 있도록 온라인 교육을 지원하고, 산림청은 목재체험교실과 산림전문가를 초빙하여 '숲 교육'을 체득케 하고, 기상청 또한 기후변화과학 강사를 통해 전문교육을 실시하면서 기후변화과학 프로그램을 운영하며 지원한다. 지정된 학교들은 이같은 각양의 지원을 바탕으로 학교 상호간 협의회를 별도로 구축하여 워크숍 개최와 같은 역량강화 이벤트를 통해 학교별 우수사례를 만들기 위한 노력을 경주하게 된다.

모범적 실례를 집대성하여 다른 학교는 물론, 일반 사회기관 단체 까지 홍보하는 작업을 병행한다는 계획까지 있다. 특정한 프로젝트의 선순환 구조가 확보되는 셈이 된다. 좋은 환경과 긍정적 실적이 더 나은 결과물을 도출하게 되는 것이다. 인간의 생존과 직결된 절박한 화두인 기후환경변화에 능동적 대처는 아무리 강조하여도 무리가 없다. 토지와 바다의 오염, 생태계파괴. 예측 불가능한 기후변질의 심각성은 날로 더해 간다. 초중등학교 현장에서 확보한 실천과 성과는 본받을 모범이며, 그 수요자는 모든 국민이 된다. 이행 하나 하나의 과정에 솔선으로 참여한 교직원과 학생 모두에 진정한 격려와 박수를 보낸다.

(2023. 4. 5)

도내 양대 국립대, '글로컬대학'도전에 만전을

교육부는 전국에 산재한 지방대학을 대상으로 대학행정 시스템의 일대 혁신을 주문하면서 지역발전과 성장을 구가할 수 있는 능력을 갖춘 대학을 선정하여 '글로컬대학'으로 브랜딩하여 집중 육성한다는 방침을 밝힌 바 있다. 수도권에 위치한 대학과 그렇지 않은 대학간의 실질적 격차가 점점 격화됨에 따라 지역출신 인재가 또 수도권에 몰리는 기현상 등 악순환이 지속되고 있다는 위기감에 따름이다. 대학간의 특성화를 유도하고, 글로벌 수준 대학으로 성장하도록 첫해인 올해 10개 대학을 시작으로 향후 5년까지 비수도권 모든 지역에 총 30개 대학을 선정한다는 방침이다. 지방 우수인재들이 타지역으로 떠나지 않도록, 지역에서 인정받는 경쟁력있는 대학으로 지원하겠다는 의지다.

한해 천억원 규모의 큰 국가재정을 투입한다는 정부의 야심찬 청사진으로 읽힌다. 단순히 당해 대학만의 과업이 아니다. 대학이 소재한 지방자치단체와 함께 추진해야 할 프로젝트다. 당장 글로컬대학의 운영을 위한 지자체의 조례 제정과 같은 하위법령의 정비도 고려되어야 한다. 차질없는 준비를 위해 우선 지역내 기업 혹은 연구기관 등에 대한 다양한 인텐티브 부여도 상정할 일이다. 지자체와 공동으로 추진할 과제라는 말이다. 도내에 소재한 경상국립대학과 국립창원대학은 대학 생존과 연관된 사활의 문제로 인식하고 클로컬대학 브랜드 획득에 진력해야 한다.

우수한 지역 학생들의 유출방지와 인력확보 차원을 넘어 경남도가 보다 굳건히 성장할 수 있는 기반을 갖출 절호의 기회로 승화시켜야 할 것이다. 교육부가 이미 밝힌 평가기준을 중심으로 완벽한 정지작업에 돌입하여야 할 때다. 우선 평가기준의 면밀한 점검이 필요하다. 기존의 대학운영 시스템을 과감히 허물 수 있는 혁신성이 먼저다. 절반이 넘는 배점이기 때문이다. 대학자율성과 관리시스템을 기반으로 하는 성과관리, 지자체와 연계적 효율성을 따지는 지역성의 비중도 염두해 두어야 한다. 양대 대학의 통합과 관련한 논란은 지속되겠지만, 클로컬대학 진입 성공으로 수천억원의 재정지원이 물거품이 되지 않도록 우선 매진하여야 한다.

(2023. 5. 10)

정당의 불량 현수막, 근절되어야 한다

민주적 조직체계를 기반으로 만들어진 정당의 홍보물이라고 의심될 무분별하고 저질스런 현수막이 말썽이다. 형태는 공동체 공공장소, 도시미관을 저해하며 내용물은 오히려 정치 혐오를 불러 일으킨다는 지적이 많다. 2022년 12월 정기국회서 개정된 '옥외광고물 등의 관리와 옥외광고산업 진흥에 관한 법률'에 따라 정당명을 표기하고 설치사업자와 통신수단만 확보되면 별도의 승인이 필요없이 장소를 불문하고 최장 15일간 게첨할 수 있기 때문에 그야말로 무작위로 난립되고 있는 형국이다.

이같은 불썽 사나운 실정이 고려되어 행정안전부의 지침을 근거로 경남도는 안전사고가 우려되는 정당 현수막에 대한 대대적 정비사업에 돌입한다고 밝혔다 시의적절한 조치다. 행정안전부는 정당현수막의 설치 금지지역을 명문화하고 해당 지방자치단체가 시행할 수 있는 철거시책을 담은 가이드 라인을 설정하였다. 학교인근의 어린이 보호구역과 노인 및 장애인 행보와 연관된 위험지역에 대해서는 정당 현수막 게첨을 금지토록 한 것이다. 이와 함께 교통사고 빈발이 예상되는 위험지역에 대해서도 그 규정을 적용한다. 아울러 공식적인 정당명이 아닌 정당이 연상될 단체 이름을 활용하거나 일반 당원 명의의 현수막은 정당활동으로 간주하지 않고 불허한다는 내용을 담았다. 관련 법률의 엄격한 적용과 의도적 편법을 방지한다는 취지다.

그러나 법률이 아닌 정부 방침만으로 해결될 일이 못된다. 법적구속력이 미약하기 때문이다. 무엇보다도 행당행위자, 즉 정당활동의 자숙의지가 중요하다. 행위의 정당성이 생명인 정당의 자정요소가 수반되어야 한다. 더불어 실소가 나올 만한 저속적 표현과 선정적이거나 현혹시킬 문구에 대한 경계심이 더 절실하다. 그것은 주민의 몫이다. 본질을 속이고 건전한 정신까지 빼앗을 수준 이하의 문구에 대한 질시를 가져야 한다. 그 혐오감이 경박한 정당활동을 제어할 수 있다. 주민이 노골적으로 싫어하면 정당에서 자행할 의지가 사라지게 되는 것이다. 설치장소 및 개수·규격 등에 관한 좀 더 구체적 개선방향을 포함한 포괄적 법률개정이 또다시 필요해졌다. 국회 행안위에 발의된 여러 법률 개정안 향배에 주목한다.

(2023. 5. 17)

사천곤양 자원순환단지 조성, 갈등의 두 시선

사천시 서부에 위치하는 곤양면 대진산업단지내 자원순환단지 조성 계획을 두고 찬반양론이 격하게 대립하고 있다. 이런 와중에 이 사업과 관련한 당해 사업자인 상위 랭크 대기업군, SK건설의 후신인 SK에코플랜트 이름의 한 기업이 사업설명회를 열었다. 요약하자면 환경보존을 저해하는 혐오시설 설립이 아니라는데 방점이 있다. 불가피할 산업폐기 부산물이 이 일대 광포만에 흘러들어 환경파괴가 명양관화하다는 유치반대측 입장을 우회적으로 설득하는데 역점을 두었다. 아울러, 생산과 고용의 기반이 될 기업유치와 연관된 직간접 경제유발 효과를 어필하면서 지역민과의 상생발전을 도모할 것이라는 향후 비전을 강변하였다.

매립시설의 침출수 유출과 유독가스 유출 가능성에 대한 우려는 분명히 존재한다. 환경보고인 갯잔디 지역에 이물질이 유입되는 일은 환경 훼손을 야기한다. 설치 반대입장에 설득력이 있다. 반면에 자원회수시설 내지 최종처리시설은 친환경화하여 사람의 위락이 가능한 관광인프라로 활용될 여지가 충분하여 경제기반 장치로도 승화될 수 있다는 찬성입장 또한 정당성이 충분해 보인다. 순기능과 역기능을 조정하여 상생의 방도를 찾아야 한다. 고향 또는 정주지인 해당지역, 사천 곤양의 성장과 발전을 염원하는 의지의 발로가 같기 때문이다.

사천시의 고명(古名)이기도 한 곤양면은 긴 역정을 통해 사천시를 태동시켰다는 지역민의 자긍심이 상당하다. 그럼에도 불구하고 성장의 토대를 확보하지 못한 불운도 동시에 스며들어 있다. 상대적으로 낙후되었다는 말이다. 획기적 전기와 터닝포인트가 필요하다는 얘기가 된다. 때로는 대기업이 무진한 자본으로 무자비한 행태를 보이기도 하지만 기업 이미지 제고를 위한 사회적기여 혹은 공익 및 공공성 확보에 많은 정성을 기울이기도 한다. 더욱이 폐기물을 포함한 환경관련 사업은 엄정하고도 분명한 울타리가 확보되어 있다. 자원순환기본법 이름의 실정법이 시공자의 일탈을 방어하고 있음이다. 같은 법 시행령인 대통령령에도 자원순환의 순기능적 책임을 꼼꼼히 조문하고 있다. 각각 역지사지로 상생의 지혜를 발휘해야 한다.

(2023. 5. 17)

에너지요금 인상에 붙은 불가피성의 진실

어제부터 일제히 일부 에너지요금, 전기는 kWh당 8원, 가스요금은 MJ(메가줄)당 1.04원 올랐다. 한 가구를 4인 정도 구성원으로 잡을 때 한 달 전기요금은 약 천 원, 가스요금은 약 4천4백 원 정도 인상되는 값이다. 지난 수년간 누적돼온 요금 인상 요인을 아직 해소하지 못했다는게 정부의 설명이다. 동시에 전기 수요 취약층에 대한 지원책을 발표했는데, 기초생활수급자와 그 차상위계층에 대해서는 평균 사용량까지 요금 인상분 적용을 1년까지 적용하지 않을 계획이란다. 아울러 일반 수요자에 대해서도 전기소비를 절감하는 만큼 특정한 인센티브 적용도 있다.

국제 에너지 가격과 국내 도입 가격은 최대 6개월 정도의 간격이 있다는 점을 감안 할 때, 앞으로도 상당기간 지속될 고율의 에너지 원가는 떨어지지 않을 것이라는 전망이 있다. 여기에 한전 적자의 경우 지난 해 32조 6천억원, 가스를 공급하는 가스공사도 징수하지 못한 미수금 8조 6천억원을 기록하며 사상 최대치 적자를 보였다. 따라서 금년에 이번 한번의 인상에 그치지 않을 것이라는 분석도 나온다. 올해 한번 더 오를 수도 있다는 풀이가 된다. 기실 한전은 kWh당 174원에 들여와서 146.6원에 공급하였다. 이번처럼 8원 더 비싸게 전력을 판다 해도 구매단가에 못 미치기는 마찬가지다. 가스의 경우도 비슷하다. 가스공사 미수금이 급증하고 있다. 이런 형국을 감안하면 인상이 불가피하게도 보인다.

전기요금은 관련법률, 물가안정에 관한 법률 및 같은 법 시행령에 근거하여 결정한다. 당해 공공기관인 한전이 임의로 올리지 못한다는 말이다. 합리적 장치로 통제되고 있다. 이점도 인상 방침에 합당한 이유가 될 수 있다 그럼에도 불구하고, 한전 및 가스공사의 경영합리화 등 자구노력도 병행되어야 한다는 주문을 피하기는 쉽지 않다. 한전이 수장인 사장과 임원 전원이 2021년 경영평가를 근거로 평균 7천만원 정도의 성과급을 지급한 사실이 있다. 수십조의 경영적자를 보인 공기업에서 돈 잔치라는 비아냥도 있다. 에너지 공기업의 공통분담 솔선이 헛구호가 되지 않기를 바란다.

(2023. 1. 19)

급식종사자 폐암발생 빈도, 예의 주시해야

학교 등 다중 급식소에 종사하는 사람의 폐암발생 비율이 일반인에 비해 훨씬 높다는 인식이 일반화되었다. 사회문제로 부각되었다. 얼마전 국회 교육위원회 소속 한 국회의원이 발표한 자료에 따르면, 각급 학교 급식종사자의 폐 CT 검사 결과 10명 중 3명꼴로 '이상소견'으로 나타났다. 급식종사자들 사이에서 음식공급 업무에 대한 직업적 불안감, 발병 위험도에 대한 위기의식이 팽배해지게 되었다. 연기를 많이 흡입하게 되니 폐에 위해작용이 자연스럽게 나타날 것이라는 등식이 당연지사가 된 것이다.

알려진 바에 따르면 폐암의 가장 큰 원인은 흡연으로 지목된다. 환경적 요인으로 라돈, 미세먼지 등이 직접적 위해요소로 분류된다. 직업적 위험요인은 석면, 유리규산, 니켈 등이 있는바, 학교급식소가 그런 요소를 다분히 보유하고 있다는 환경인 것이다. 이러한 역학관계를 기초로 학교 급식종사자의 폐암이 질병성 산업재해로 인정되기에 이르렀다. 산재로 처리된 실례도 상당하다.

다량의 음식이 만들어지는 주방에서 각종 식재료를 튀기거나 굽는 과정에서 발생하는 내연 연기로, 각종 발암 유해물질이 융해되어 위험도가 매우 높게 나타난다. 특히 폐 질환을 유발시킨다는 것이다. 연기를 발암 가능 물질로 분류하는 것은 보편적 의학 상식에 따름이다. 요리과정의 매연은 비흡연 여성의 주요 폐암 원인으로 갈음되는 것이다. 쾌청하지 않은 주방환경하의 급식종사자 다발적 폐암 발생이 쉽게 연상되는 것이다.

이런 위험요인에 대한 경각을 가질 경남교육청의 시의적절한 대응방안에 눈길이 모인다. 관내 각급 학교 급식종사자 폐암 관련 예방 대책 마련에 손을 걷었다. 실제로 경남은 이 분야 종사자를 대상으로 한 검진결과에서 20% 이상이 '폐 이상 소견'을 근거로 하여 조리환경에 적합한 관리기준을 마련하고 검진 대상을 확대하며 예방대책 공동 전담 조직을 운영한다는 등의 대책을 강구했다. 고무적이다. 아울러, 어제 실시된 전국 시도교육감협의회에 공식 안건으로 제출한 바 있다. 환경개선의 선도적 역할을 하겠다는 의지로 읽힌다.

(2023. 6. 21)

매장문화재 훼손 여부 철저히 조사되어야

남해초등하교 운동장 배수로 공사서 불거진 매장문화재 훼손 가능성에 대한 정밀조사가 불가피하다. 땅속에 문화재가 숨겨져 있을 가능성이 많은 유존지역으로 확인된 남해읍성 인근의 남해초등학교 운동장 공사가 무단으로 진행된 데 따름이다. 매장문화재 보호 및 조사에 관한 법률에 따라 유존지역에 대한 공사는 지표조사, 시굴 및 발굴조사의 엄격한 과정을 거치고 문화재청의 승인을 획득한 후 공사하는 것이 법제화되어 있다. 전임자와 업무인수 과정에서 나온 착오라는 시행 관청인 남해교육지원청의 항변은 납득되기 어렵다. 초기 단계인 지표조사때 유존지역으로 고시된 바에 따라 그러한 이유가 설득력이 없다는 얘기다.

매장문화재와 관련한 시공은 일반적 토목사업과는 엄연히 다른 차별적 절차에 따른다. '매장문화재법'은 지표조사의 방법, 절차 및 지표조사 보고서 등에 관한 세부적인 사항을 엄격히 조문하고 있다. 이러한 엄밀한 과정을 거치는 동안 문화재청과 수많은 행정절차가 병행되는 것이다. 이를 단순한 착오로 인식한다면 안일한 태로도 인식될 수 밖에 없다. 더욱이 남해교육지원청은 불과 4년전에도 다른 지역의 임시가설물을 설치하는 과정에서 발굴현장 안전관리에 하자를 보인 시례로 문화재청의 행정적 경고를 받은 사실이 있다. 교육현장의 문화재보호 및 전승에 대한 보편적 인식이 결여됐다는 지적이 있을 만 하다.

지금까지의 공정을 토대로 매장문화재 훼손 여부를 파악하는 것이 선결되어야 한다. 문화재는 선조가 남긴 유물 유산으로 온전히 보존되어야 할 민족자산이다. 현재를 거쳐 다음 세대, 그후의 후손에게 무탈하게 전승되어야 한다. 당연히 훼손이 있었다면 그 원인과 실태에 대한 책임이 따라야 하는 것이다. 행정청의 안일한 감독과 현장에서의 일탈로 소중한 문화재가 훼손된다면 만고의 회한으로 남는다. 사건은 순간의 나태와 주의력 부족에서 비롯된다. 때로는 회복 불가능한 사태로 번지기도 한다. 이번의 매장문화재 훼손 논란에 대한 철저한 조사와 검증이 다른 불상사를 방지한다는 사명감을 갖고 대처하기 바란다.

(2023. 7. 14)

강력범죄 가해자 신상공개 늘릴 필요있다

강도 살인 등 특정 강력범죄 또는 끔직한 성범죄와 같은 흉악범에 대한 신상공개 여부가 도마에 올랐다. 대통령의 강력범죄, 특히 여성관련 사건 가해자의 신상공개를 확대하라는 지시가 법무부에 하달된데 다른 후속 조치의 일환이다. 최근 일어난 부산도심의 이른바 '부산돌려차기', 귀가하던 젊은 여성을 이유없이 무차별 폭행하여 의식을 잃게한 사건의 여진에 따름한 조치로 이해된다. 흉악범의 신상공개는 지난 2010년, 특정강력범죄의 처벌에 관한 특례법과 성폭력범죄의 처벌 등에 관한 특례법 제정을 통해 시스템화 되었다. 특정 용의자 혹은 재판을 받는 피의자의 인권을 존중하여 신상공개를 최소화해야 한다는 의견과, 죄를 지은 죄값의 수단으로 개인 신상을 널리 알림으로써 범죄 예방효과를 가둘 수 있도록 해야 한다는 찬반 양론이 대두된 시점에 있다.

범죄자의 인물공개는 철저히 자제되어야 한다는 근간은 판결전까지 무죄추정 원칙을 따라야 한다는 원칙이다. 아울러, 무분별한 공개가 향후 형기를 마친 범죄자의 사회활동에 치명적 영향을 끼친다는 부정적 인식이 엄존하며, 별도 인격체를 지닌 가족에 대한 차별적 인권이 유린될 소지가 있다는 부정적 판단도 있다. 반면, 범죄자의 인권에 우선될 선량한 다수의 잠재적 피해자인 국민의 보호가 더 요긴하며, 흉악범죄를 예방할 억지력을 발휘할 수 있다는 찬성론이 부각되어 있다.

행위의 선악을 가늠할 대가가 따라야 한다는 응보(應報) 개념, 죄에 상응할 대가가 당연하다는 의식이 보편적 국민정서라는 관점에 주목할 필요가 있다. 아주 최근의 한 설문조사에 따르면 응답자의 절대비율인 9할 정도가 '강력 범죄 방지를 위해 공개하는 것이 좋다'라는 답이 도출 된 바 있다. 나머지 10% 미만이 공개에 반대한 응답이었다. 사형이 선고된 사건 피해자 혹은 그 가족 거의 전부는 가해자, 즉 범죄자 용서는 있을 수 없다는 인식이 지배적이라는 현실도 흉악범죄자의 신상공개 당위를 제고시킨다. 공개를 통해 범죄 억지력이 커진다는 기대심리 또한 공개 확대에 대한 긍적적 시선 갖게 만든다.

(2023. 7. 21)

경남교육청, '청렴실천대회' 의미있는 성과를

경남도 교육청이 청렴의지를 다지기 위한 결의대회를 개최함으로써 모범 교육공무원 표상 강화에 진력하는 모습을 보였다. 촌지와 같은 교육현장에서의 부패는 교육분야 뿐 아니라 공직 사회 전체의 뿌리깊은 병리의 일종으로 반드시 근절되어야 할 과제다. 반부패, 청렴 정책의 효율적 추진을 위해서는 부패의 심각성과 개연성에 대한 정확한 진단이 필요하다. 이러한 취지로 중앙행정기관, 지방자치단체, 교육청 및 교육지원청, 공직유관단체 등 전국 600여개 공공기관을 대상으로 매년 청렴도 설문조사를 이어가고, 이 결과를 토대로 청렴 등급을 공표하고 있다. 국가권익위원회 주관으로 시행된다.

매년 하반기에 약 4개월 동안 전화 혹은 온라인 설문조사를 통해 부조리 및 부패사건 발생현황을 토대로 공공기관 종합청렴도를 도출하는 것이다. 공공기관 청렴도 측정의 중추적 목적은 당연히 공공기관의 보편적 청렴도 제고와 효과적인 반부패 활동을 위한 원칙을 설정하는데 있다. 측정을 통한 기관 및 구성원의 주의력을 견인한다는 것이다. 아울러, 국민의 시선이 집중되는 특정 공공기관의 청렴도를 향상시키기 위한 우선 개선영역이 설정된다. 또한 청렴도 공표를 통해 반부패에 대한 사회적 공유감을 제고시키는데 있을 것이다.

지난해의 경우 경남교육청이 전국 17개 교육청중 유일하게 최상위급인 1등급이라는 쾌거를 달성했다. 전년도와 그 전년도의 각각 2등급과 하위등급인 4등급에 랭크된 전력에 비하면 매우 고무적 성적을 보였다. 부패사건이 드물었다는 방증이다. 도민과 더불어 박수칠 사안이 아닐 수 없다. 이러한 우수 등급을 유지하기 위한 교육청 스스로의 결의 대회는 모범적 행보로 꼽힌다. 이 대회를 통해 청렴에 대한 경각심을 스스로 다지고 공정한 공직 풍토 조성, 조직 문화 저해 행위 방지, 구성원 간 상호 존중 등 핵심 실천 요목을 공표하기도 했다. 좋은 성적이 훌륭한 실천 의지를 구동시키고, 이는 또한 모범적 결과를 도출시키는 선순환이 형성되는 것이다. 스스로의 결의가 또 한번의 우수한 성취도를 나타낼 것으로 기대한다.

(2023. 7. 21)

여성고용률 상승, 경제체질 강화시킨다

코로나 사태 등 국내외 경제상황의 불안전성이 지속되고 있음에도 경남도의 여성고용률이 상승하고 있다는 반가운 소식이 전해진다. 최근 통계청 발표에 따르면, 경남도 소재 여성의 고용률이 56%에 달함으로써 사상 최고치를 나타냈다. 전년도와 비교하여도 무려 4%에 육박하는 상승률을 보였다. 고용인원이 80여만명에 이르고, 역시 전년도 같은달을 기준으로 5만여명이 늘어났다. 고용률의 증대는 당연히 실업률을 감소시킨다. 같은 기간 2.2%의 실업률로 국내 전체 평균을 크게 밑돈다. 매우 고무적이며 바람직한 현상이다. 여성 고용률이 중요한 이유는 무엇보다도 경제체질의 건전성에 중요한 가늠자가 때문이다. 인적자원의 풍요는 전체 구성원의 다양한 사회활동을 견인할 수 있으며 그 파급은 곧 나라의 굳건한 원동력으로 작용하는 것이다.

고용 상승은 코로나 유행에 따른 장기적 불황이 걷어지고 비대면과 달리 여행과 관광, 숙박과 음식점과 같은 대면 서비스업이 회복되거나 증가된 데서 원인을 찾을 수 있다. 여성 고용의 중대 변수는 무엇보다도 결혼 혹은 출산 등으로 인한 경력의 단절에 있다. 남성위주의 노동환경 속에 여성은 노동시장에서 주류가 아닌 방계적 위상에 있음이 사실이다. 남성 못지 않은 고학력 추세가 이어지고 있음에도 아이를 키우는 주요 시기인 여성의 30대 고용률은 상대적 저하를 보이는 현실이 이를 방증한다. 사회문화적 인식이 근원이라 할 것이다.

이러한 불안한 고용환경 속에서 최고치 취업률을 나타낸 것은 경남도를 비롯한 각 자치단체의 지속적인 맞춤형 지원에 따름이라는 평가가 있을 만 하다. 취업을 원하는 대상을 수단껏 발굴하거나 교육지원 사업을 게을리 하지 않았다는 분석도 있다. 장기적으로 취업후의 사후관리에도 관심을 두며 실업의 원인을 상쇄시킨 노고도 인정된다. 이러한 노력과 열정이 이어져 향후의 더 나은 고용률, 경제지표를 어필하기 바란다. 다양한 노동형태와 융통적 탄력근로시간제 등 유연한 근로시간을 늘리거나 지자체 청사 혹은 공공기관의 유휴시설을 육아를 위한 공간으로 활용하는 방안들도 건강한 경제구조, 지표를 도출하는데 적지 않은 기여가 될 것이다.

(2023. 8. 2)

우주항공청 '안건조정위', 정치력발휘 장(場) 되어야

여야합의로 구성한 우주항공청 안건조정위원회가 출범부터 삐그덕 거린다. 조정위 위원장 선임을 두고 여야대치가 시작되었다. 조정위를 소관하는 과방위 야당 간사인 조승래의원이 맡아야 한다는 야당측 입장과 조의원을 우주항공청 설립 실질적 이해 당사자로 지목하면서, 중량감있는 의원이 맡아야 한다는 여당측 주장이 맞서면서 파행으로 치닫는 형국이다. 알려진대로 조의원은 사천시 우주항공청 설립을 사실상 반대하면서, 대신 기존의 과학인프라가 굳게 형성된 대전시에 그 기능을 흡수하자는 입장을 고수하고 있다. 대전시는 조의원의 선거구가 있는 지역이다.

여당의 조의원 배척 사유는 일응 설득력이 있어 보인다. 지금의 항공우주연구원 기능을 확대 개편하거나 장관급을 위원장으로 하는 항공우주위원회를 설립하여 이 분야의 산업적 육성을 배가시키자는 방안을 지속적으로 설파하고 있다. 조직의 위상을 높여 정부내 다른 부처 협력을 합리적으로 견인하자는 의안이 주축을 이루고 있지만, 이면에는 차관급을 수장으로 하는 사천시의 우주항공청 설립을 우회적으로 저지한다는 전략이 숨겨져 있다는 분석이 존재한다. 대통령 공약을 이행하고자 하는 여당측 반대기류에 더하여 조의원이 사실상 내년 총선을 대비한 단발적 포석으로 활용한다는 의심의 근거가 거기에 있는 것이다. 상임위원회의 극심한 대치를 완화한다는 취지로 상임위 내에 안건조정위원회를 구성할 수 있도록 하고 있다.

국회법 제 57조가 그 조문이다. 이 위원회는 이견을 조정할 필요가 있는 안건을 축약 심사하기 위하여 구성되는데, 여야합의에 따름이다. 첨예한 대립을 소수 인원으로 집중적으로 논의, 합의의 장으로 만들자는 취지다. 제 1당과 그렇지 않은 정파와의 구성을 동수로 설정한 취지가 정치력을 발휘하라는 주문이다. 양자간 초반의 기선제압 모양새로 난항을 겪지만, 크고 멀리보면 위원장 선임 면면이 치명적 중요도는 아니다. 더욱이 위원장 배출은 같은 당 출신으로 채워지기 때문이다. 여당은 사천시 우주항공청 설립이라는 대전제 원칙에 충실하면서 실리를 선택할 묘수 골몰이 요긴해 보인다. 그 또한 품량넓은 정치력 발휘의 소산이다.

(2023. 8. 9)

학교 예술교육 활성화 시도, 퍽 고무적이다

각급 학교에서의 예술교육 실행을 위한 협력체계 구축에 경남교육청이 나섰다. 어제까지 이틀간 도내 한 연수원에서 학교 예술교육 활성화 지원 역량 강화 연수회 개최에 따름이다. 경남 학교 예술교육 정책 공표, 학생의 예술 공연 체험, 학교 예술교육 활성화 운영 사례 확산 등 지원 역량을 강화하기 위한 다양한 콘텐츠가 주 프로그램으로 소개되었다. 아울러 학교의 예술교육을 보다 알차게 하기 위해 음악분야인 오케스트라 구성지원, 학교와 지역사회의 특색을 반영한 예술교육 구축 방안을 모색하는 별도의 미팅이 전개되는 등 교사를 비롯한 학교행정 전문인으로 하여금 학생을 위한 예술교육의 중요성을 부각시켰다.

사회구성원의 예술에 대한 관심과 향유는 매우 중요한 가치를 지닌다. 특히 정서적 감성의 민감도가 절정에 달하는 청소년, 학생들의 그것은 더욱 그렇다. 삶속의 예술은 정신적 평화를 가져오게 한다. 예술의 생활화는 종국적으로 생산과 사회적 역량을 더 강하게 만든다. 생활하는 가운데 예술활동은 산소와 같은 청량제 같은 역할을 한다. 그러나 현실에 있어서는 언제나 눈에 나타나는 실제적 성과물만을 인정하는 것이 엄연한 실상이다. 실생활에서의 경험 표현으로도 정의될 예술은 삶의 풍요와 안정적 정신상태를 유지하게 만든다. 개인이 가지는 주관적인 내면의식이 예술이다.

예술의 본질을 인식하게 만드는 이 분야의 교육은 예술활동의 경험과 감상, 예술을 둘러싼 형식을 인지하게 한다. 그만큼 간절한 프로그램인데도 학교학생에게 닥쳐진 현실은 상급학교 진학을 위한 입시라는 관문에 철저히 막혀있다. 정식 교과과목으로써의 예술교육은 불가능한 상황인 것이다. 해도 그만, 안해도 문제가 안되는 부수적 과정에 처해 있다. 문학과 미술, 음악에 더하여 체육분야의 일부로 볼 수 있는 무용분야의 실제적 교육이 더 진지하게 실현되어야 한다. 결코 단발적, 일회성으로 예술교육의 흉내가 아니길 바란다. 학교에서의 예술교육이 전인교육으로써의 가치실현에 중추적 수단으로 활용될 필요가 있다. 교육정책의 일대 전환으로 승화되길 기대한다.

(2023. 8. 9)

금융권 횡령사고, 방치해선 안된다

시중은행을 비롯한 보험 및 증권회사 등 금융기관의 고객돈 횡령사건이 예사롭지 않은 지경에 있다. 월초에 경남권을 주 영업지역으로 하는 한 지역은행에서 560억원 규모의 횡령사고가 터졌다. PF대출 사건에 연루된 피해금액이 그렇다. 금융권 횡령사고가 어제 오늘의 일이 아니다. 금융감독원이 국회에 낸 보고자료에 따르면 지난해만 약 천억원 정도의 고객 돈을 떼먹은 것으로 나타났다. '국내 금융업권 임직원 횡령 사건 내역'에 따름이다. 한 사건에 700억원 정도의 '돈 빼돌리기'가 감행된 일도 있었다. 이러한 대형사고가 터지면 환수하기가 거의 불가능해지는 구조가 여실하다. 실제로 환수율은 전체 피해금액의 1할 정도에 불과하다.

횡령을 방지하기 위한 금융권 자체의 자구노력이 경주되지만 실효성이 떨어진다는 지적이 봇물이다. 금융회사 스스로 각 경영진별 내부통제 책임영역을 사전에 확정한다거나 자율적 내부통제기준 마련 뿐 아니라 운영 및 준수 등 일련의 자금이동 과정 전체를 감시 대상에 포함시키는 방안, 각 금융권 최종책임이 있는 이사회의 내부통제 의무와 권한을 구체적으로 명시하는 등의 방책을 시행하고 있으나 발생건 수나 피해규모가 줄어들거나 축소되지 않고 있다. 이른바 금융권 내부통제가 실질적이지 못하다는 방증이다. 위기나 문제 발생때만 외부시선을 의식한 형식적 조치에 한정했다는 말이 된다.

이대로 방치해서는 안된다. 천신만고로 모으고 저축한 거룩한 예금을 자르고 떼먹는 범죄를 예사 일로 치부해서는 천벌 받을 일이다. 대출업무를 위주로 한 금융직무 과정 전반에 걸친 내부통제의 전반적 상항진단, 점검 및 감독체계 정비에 골몰해야 한다. 실질적 내부통제에 하자가 없도록 하는 것이다. 금융권 종사자의 도덕무장을 위한 대대적 교육활동도 병행할 필요가 있다. 고객돈을 신성시하는 규범적 책임의식을 체득하도록 계기를 제공하는 것이다. 지속적인 외부강의 수강 프로젝트도 한 방안이 될 것이다. 차제에 관련 실정법, 금융회사의 지배구조에 관한 법률에 근거한 내부통제기준을 더 엄격하고 강화할 수단을 고안해야 한다. 법률 위반에 따른 벌칙조항을 보강하고 엄벌될 형량을 늘릴 필요에 대한 숙고도 당연히 따른다.

(2023. 9. 6)

'서이초교 교사 49재', 교권회복 경각심 제고 계기로

피지도 못한 한창의 초임 교사를 추모하는 49재가 진행된 날, 전국의 다양한 교원단체들이 스스로 일제히 '공교육 회복의 날'로 명명하면서 교권회복 의지를 강하게 드러냈다. 초중등학교서 발생하는 교권침해에 대한 경각심이 유별히 부각되는 시점이다. 피교육자, 학생을 지도하고 교육하는 과정에서 발생하는 교육자의 의지와 권리가 침탈 당하지 않도록하는 사회 공감대가 절실히 요구되는 계기로 승화 되어야 한다. 극단적 선택으로 내몰린 참상의 원인은 단지 교육현장 일선의 열악한 환경에서만이 아니다. 교육자에 우월적 지위를 억지로 표출하고자 하는 학부모의 그릇된 생각에서 비롯된다는 인식이 없지 않다. 내 자식은 남의 교육권, 그 영역을 인정하지 않겠다는 이기적이고 기회적 발상이 근원에 자리한다. 이러한 교육관이 횡행하는 한 교권회복은 어렵다.

사람의 성장은 다양한 과정을 통해 이뤄진다. 원초적 교육현장이라 할 가정에서 발원하여 다음 단계인 공동교육 현장인 학교에 옮겨진다. 국가는 그 교육을 담당할 교육자를 양성하면서 교육의 공개념을 근간으로 인간발달의 성숙이 가능하도록 각양의 커리큐럼을 운영한다. 교육자로써의 양식과 지식을 공급한다는 말이다. 개별적 개인 교육이 가능하지 않은, 대중교육이 불가피한 상항에서 교사를 배출하게 되는 것이다. 그 따름으로 사회는 국가가 보증하는 교육자의 양식과 철학을 신뢰하는 의식을 갖도록 조력하여야 한다. 학부모와 학생은 교육자인 교사의 권위를 인정해야 한다는 말이다.

더 억울한 교육자가 양산돼서는 곤란하다. 마침 국회에 교권회복을 위한 관련 법안이 상정되어 논의되고 있다. 교원지위법과 교육기본법, 초중등교육법 및 유아교육법이다 이른바 '교권 4법'이 그것이다. 여기에 학교장의 교육활동 침해행위 축소나 은폐 금지 및 위반시 엄정 조치 방안 등을 담은 '교원의 지위 향상 및 교육활동 보호를 위한 특별법'도 입법 단계에 있다. 난관없이 통과되기를 기대한다. 다만, 교육자의 진정한 교육자로써의 본분과 오직 피교육자의 인간다운 성장을 도모하는 모범과 솔선이 우선되어야 한다는 사실을 잊어서는 안된다.

(2023. 9. 13)

상습 사기범죄자 신상공개 필요성 있다

사람을 속이는 사기사범이 근절되도록 범죄자의 신상공개가 필요하다는 정책제안이 나왔다. 대통령 직속 국민통합위원회의 의견 제시에 따름이다. 상대를 불법으로 꾐을 만들어 속이는 사기범들이 단속당하는 것을 두려워하도록 상습범에 한하여 인적사항을 공개하는 방안이다. 지금 시행하고 있는 특정강력범죄인에 대한 신상공개 제도에 부합하는 방향으로, 일종의 겁을 주는 위하력을 발휘하도록 하는 것이다. 범죄예방을 위한 위하력은 상당한 효과가 있다. 죄를 지으면 반드시 처벌되며 무서운 형벌이 적용된다는 사실을 직접적으로 고지시키는 작용이다. 사람을 속이고 사기치는 사람은 형벌의 전 단계로 신상을 세상에 알린다는 의미이다. 사기범죄를 예방하는데 적절하고 타당하다는 의견으로 평가된다.

개인과 개인의 정보노출이 일상화되고, 컴퓨터나 SNS를 활용하는 빈도가 날이 가면 갈수록 지능화되고 있는 현실이다. 보이스 피싱, 메모리 해킹 등 전자금융범죄가 날로 기승을 부리는 국면이다. 과거 정신적 집중력이 이완되어 있는 사람이 당한다는 사기범죄가 오늘날에는 그 정도와 범위가 상상을 초월할 정도로 확산되었고 수법 또한 다양화되어 있다. 눈뜨고 당한다는 사기 피해자가 급속도로 늘어나고 있는 추세다. 수사역량도 첨단화되고 과학화되어 있지만 속이려는 사람이 줄지 않은 상황에서는 방어기제는 한계에 처하게 된다.

예방을 위한 수단확보라는 취지에서 중대 상습 사기범죄자에 대한 신상공개 방침이 더 정교하게 다듬어져 빠른 시일내에 도입되어야 할 긴박한 지경으로 보인다. 다만 시행과정에 있어 시행착오를 겪지 않도록 좀 더 진중히 다듬는 과정을 거쳐야 할 것이다. 예컨대 특정강력범죄인에 시행하는 신상공개 적용기준을 더 명확히 하는 방안을 참고할 필요가 있다. 사기수법이 사람의 보편적 인식을 크게 벗어난 범행이거나 유죄입증이 명확한 증거가 확보된 피의자에 한정한다거나 하는 등의 원칙이 그것이다. 신상공개가 만능이 되지 않도록 엄격한 심사와 심의가 병행되어야 한다. 새로 도입될 수 있는 방안에 국민적 공감대가 형성될 수 있도록 정책의 성숙을 기대한다.

(2023. 9. 13)

삼천포수협 경매영역 확대, 수산업 활로 넓힌다

삼천포어업협동조합을 효시로 '100년 성상'을 간직한 삼천포수협이 패류(貝類) 경매 위판을 새롭게 실시함으로써 침체된 수산업 활성화를 위한 기지개를 펼쳤다. 패류지정위판장 지정에 따른 효율성을 제고시킨 결과로 보인다. 그동안 삼천포수협은 살아있는 생선, 말린 건어물 경매를 중점하여 사업을 펼쳐왔다. 경매영역을 확대시킴으로써 바지락 등 패류생산 어업인의 편의와 실익 증대는 자연스러울 전망이다. 삼천포항과 사천만 인근에서 채취된 바지락을 영외의 다른 지역으로 옮겨가며 판매해야 했던 불편이 해소되게 되어 관련 어업인은 적지 않은 부가적 이득을 얻게된다. 비용절감에 더하여 늘상 보며 더불어 사는 이웃 사람과 정감이 더해진 어업인 상호간의 교류도 돈독해지게 됨으로써 심리적 안정감도 커질 것이다.

한때 전국 최대급 규모를 구가하던 삼천포수협의 업무영역도 확장되었다. 과거 영화를 누렸던 것처럼 지역경제 중심축으로 재탄생 시킬 수 있는 성장력을 배가시킬 것이라는 전망도 생긴다. 수산물 생산을 증대시키고 그럼으로써 지역경제 활성화로 연결되는 선순환이 구축되는 것이다. 마땅히 수요자, 즉 사천시민과 경남도민에게 더 신선한 수산물을 공급할 수 있다. 지역경제 활성화의 기반을 구축하는데 일조하게 된다. 그동안의 유통 불편은 열악한 구매환경을 불가피하게 만들고, 고물가를 불러 일으켰다는 역설을 낳게하는 것이다.

주지하는 바대로 패류생산을 포함한 수산업계가 대내외적 어려움에 봉착되어 있다. 지구가 더워지는 온난화와 수산자원 자체의 감소에 따라 생산량이 급감했다. 적조발생 빈도가 높아지고 하절기는 고수온. 동잘기는 저수온 등 예기치 않은 부정적 환경이 어업인을 우울하게 했다. 이런 와중에 경매방식 변형을 통해 어업인의 활력을 돋우고 생산유형을 늘려가는 방향 선회는 퍽 고무적 정책실행으로 평가될 수 있다. 일종의 수익 다변화 시도다. 수산자원의 합리적 활용, 지속가능한 수산업 발전 견인을 위해 안간힘을 기울이는 수협의 의지가 순조롭게 관철되도록 기대하는 바 크다. 마땅히 지역 수산업 성장을 위한 지역민의 성원이 따라야 한다.

(2023. 10. 11)

남해 독일마을맥주축제, 전국명성 도약으로

지난 주말에 남해의 대표 가을 페스티벌인 독일마을 맥주축제가 성황리에 펼쳐졌다. 지난해와도 확연히 구분될 정도로 인기가 더해 있었다. 한국과 유사한 분단국가 역사를 안고 있는 독일과의 수교가 이뤄진지 100년하고도 40년이 더해진 해로, 특히 국가차원의 해외근로 파견 효시로 볼 수 있는 '파독광부'60주년을 맞는 즈음에 개최되어 돋보인 잔치로 평가된다. 라인강의 기적으로 일컬어지면서 세계대전 패전국의 잿더미에서 세계가 괄목할 경제부흥의 위업을 이룬 독일의 발자취는 민족상잔의 상흔을 딛고 쟁취한 세계 경제대국 위상을 일군 우리와 유사한 역정들이 많다.

역사적 유사는 각별한 친밀감을 부른다. 1인당 국민소득 100불 남짓에 불과했던 60년대 한국의 고등교육을 이수한 고급인력이 해외소득 거양이라는 거창한 명분으로 이역만리로 취업하였다. 육체노동이 절대치인 석탄을 캐는 광부라는 직군(職群)에 파견되었다. 그들은 한국인 특유의 근면과 성실, 꺽이지 않는 의지로 성공과 일정한 부를 이루었다. 자랑스런 영예를 가질 만하다. 그들이 발휘한 애국과 자부심으로 귀국할 터전이 필요했다. 자연스럽고 유연하게 돌아올 기회로 일정한 은전이 부여된 곳이 경남 남해군이다. 지난 2001년부터 차근히 진행된 귀국 행렬이 오늘의 '독일마을'로 성장하였다. 굴뚝없는 산업, 관광의 핵심적 콘텐츠가 확보되었다는 말이다.

독특한 내공이 깃들여져 있는 환경에서의 활용은 남해군의 몫이다. 전국 명성의 관광인프라 구축으로 더 성장시키고 숙성하게 만들어야 한다. 지금도 군외 관광객 비중이 상당하다. 독일상징 요소의 하나인 맥주도 인상적이다. 남해군의 대표브랜드로 집중화하여도 손색이 없을 듯 하다. 티없는 옥(玉)은 있어도 완벽한 옥은 없다. 맥주 축제에 음주운전을 염려하게 해서는 곤란하다. 숙박이 용이한 읍내 혹은 인근 관광지와 연계한 셔틀버스를 구축해 보는 것도 방안이 될 수 있다. 외지인의 당일이 아닌, 숙박을 유인할 묘안이 필요하다. 성장 잠재력이 충분해 보인다. 남해는 독일마을을 포함한 천혜의 풍광, 수려한 관광자원을 보유하고 있기 때문이다.

(2023. 10. 18)

진주 수서간 SRT, 황금노선으로 매김되길

진주서 서울 강남에 위치한 수서역까지의 SRT철도 탑승 이용률이 기대치를 넘어서고 있다. 지역발전의 실마리로 읽혀지는듯 하여 퍽 다행스럽다. 개통한지 이제 겨우 한달여를 넘겼는데 탑승률이 매진에 가까울 정도로 인기가 커졌다. 7일간의 추석 연휴가 있었던 기간의 평균 이용률이 100%를 넘어 대부분 좌석이 매진됐었다. 당연히 추석 당일을 포함한 전후 양일은 입석 판매도 어려울 정도였다. 평일의 8할 이상대, 주말은 90% 이상의 예약률을 보이는 등 서울부산간을 포함한 여느 고속철 구간에 못지 않은 운행실적을 보인다.

SRT는 KTX를 운영하는 한국철도공사의 자회사 형태의 별도 법인시스템이다. KTX와 경쟁체제를 구축함으로써 고객의 편의와 안전을 서로 겨누는 양상을 두고 있다. 서울 강남에 소재한 수서역을 시종점으로 역시 같은 입장의 부산을 상대로 경부선을 단일 노선으로 한다. 서울역에서 운행하는 KTX와 차별을 둔 체계다. 서울서 광주를 포함한 호남노선과 일부 경부선 노선을 이용하는 KTX 선로와는 고객 타킷이 다르다. 경남을 포함한 영남지역 주민이 서울의 한강이남에 일을 볼 때는 당연히 서울역보다 가까운 수서역을 이용하는 편이 비용이나 시간에서도 유리하다. 행정구역이 아닌 지리적 기준으로 한강남쪽과 북쪽의 이동거리는 상당하며 소요시간도 한시간을 넘는 경우도 있다.

진주수서간 노선 활로의 단초는 이러한 편의를 적극 홍보하는데 있다. 인천공항과 연결되는 공항철도를 포함하여 지하철 3개 노선 환승의 중심인 서울역보다는 수서역 이용이 비교적 편리하다. 뿐만 아니라 리모델링을 거듭, 거듭하였지만 건축된지 1세기가 넘는 서울역에 비하여 지은지 얼마되지 않은 수서역이 더 모던화 되어있다. 때에 따라서는 한산하기까지 하여 역사(驛舍)에서의 여유도 즐길만 한 수준이다. 진주수서간, 지금은 창원을 경유하는 노선이 포괄되어 있다. 이 철로의 활성은 곧 지역경제의 도약을 견인한다. 지금과 같은 시발점의 호황을 바탕으로 노선증설 등을 포함한 더 큰 번성의 초석이 되기를 기대한다.

(2023. 10. 18)

경찰관 범죄행위 근절에 만전을

국민의 생명과 신체 및 재산을 보호하고, 공공의 안녕과 질서를 유지함을 사명으로 하는 경찰관의 범죄행위가 불길한 수위를 넘었다. 위험천만한 지경이다. 국회 행정안전위원회 정우택의원이 입수한 올해 국정감사 자료에 따르면 2018년부터 올 7월까지 경남 경찰 74명이 각종 범죄 행위로 기소된 것으로 나타났다. 한해 평균 10건이 넘는 수치다. 경찰 공무원은 국가와 민족을 위하여 충성과 봉사를 다하며, 현행법을 비롯한 법령을 준수한다는 기본강령을 기반으로 복무하는 국가공무원이다. 스스로 법을 지키고 법을 감시한다는 기본업무를 수행하는 최일선의 공복이다. 국민에게 모범을 보여야 할 이들의 범죄행위는 어떤 이유와 명분으로도 설명되지 못한다.

경찰의 청렴 의무는 당연히 경찰관 복무 기본강령에도 명시되어 있다. 이를 비웃듯 뇌물수수와 같은 청렴의무 위반범죄도 수두룩 한 것으로 확인되었다. 심지어 수사 초기단계인 경찰의 조사과정에서 피의자로부터 금품을 받은 범죄도 있단다. 음주운전에 더하여 특별히 사회적 지탄의 대상이 되는 성범죄도 들어 있다니 혀가 차질 일이다. 추행 수준을 넘어선 강간에 준하는 성폭력범죄 처벌 등에 관한 특례법 위반 혐의가 해마다 복수 이상 발생하고 있다는 사실도 이번 국정감사로 밝혀진 것이다. 그뿐 아니다. 전직 기자로부터 신문구독료와 연관된 돈을 받은 경찰이 있었다 하니 어안이 벙벙할 따름이다. 이런 행위로 인한 파면, 해임, 강등 및 정직 등의 중징계도 상당수 있다.

경찰 스스로의 자성과 성찰이 특별히 요구되는 시점이다. 경찰에서의 수사라는 특수한 직무에는 금품수수나 돈과 관련한 배임과 횡령 사고도 빈발할 수 있는 소지가 늘상 있다. 국민의 감시와 관찰도 중요하겠지만 무엇보다도 경찰의 자발적 경각이 요긴하다. 경찰관의 범죄행위는 우리 사회의 안전을 위협하고 뿌리를 흔드는 일이다. 민중의 지팡이로 일컬어지는 경찰의 수범(垂範)은 아무리 강조하여도 무리함이 없다. 너무나 당연한 일이란 말이다. 무너진 기강을 바로잡고 쇄신해야 할 절박한 시점에 있다. 주위의 시선이 매우 엄중함을 명심하기 바란다.

(2023. 10. 30)

가을저녁 단감 밭

이어지는 불빛이다. 마을을 밝힌다

눈길닿아 스친다,

익어가는 늦가을 단감이 가지런히 내민다

마음이 취한다.

그 또박한 기다란 단감잎도 휙하는 바람에 나부낀다.

또닥이는 빗소리에 장단이 더 흥겹다.

가을비에 내려앉을 채비를 수줍어한다.

더 많은 그리움이 밀린다.